天津市重点出版扶持项目

永恒的延安精神
（修订版）

姬丽萍　江沛　主编
程斯宇　杨莲霞　副主编

天津出版传媒集团
天津古籍出版社

图书在版编目(CIP)数据

永恒的延安精神 / 姬丽萍,江沛主编. -- 修订本. -- 天津:天津古籍出版社,2019.9
 ISBN 978-7-5528-0847-6

Ⅰ.①永… Ⅱ.①姬…②江… Ⅲ.①中国共产党—党的作风—研究 Ⅳ.①D261.3

中国版本图书馆CIP数据核字(2019)第202557号

永恒的延安精神(修订版)
YONGHENG DE YANAN JINGSHEN

姬丽萍、江沛/主编

出版人/张玮

天津古籍出版社出版

(天津市西康路35号 邮编300051)

http://www.tjabc.net

唐山鼎瑞印刷有限公司印刷

全国新华书店发行

开本 787 毫米×1092 毫米 1/16 印张 21 字数 270 千字

2019 年 10 月第 1 版 2019 年 10 月第 1 次印刷

ISBN 978-7-5528-0847-6 定价:48.00元

编委会名单

主　编：姬丽萍　江　沛
副主编：程斯宇　杨莲霞
撰　稿：江　沛　姬丽萍　程斯宇　纪亚光
　　　　　熊亚平　祖金玉　杨莲霞

修订说明

《永恒的延安精神》一书,原由天津古籍出版社于2005年1月出版,此书出版后,学术影响和社会影响极好。中国延安精神研究会曾评价此书:将延安精神阐释得非常到位,对中央倡导的开展中国近现代史教育、弘扬红色文化精神的理解十分适宜,是一部内容丰富、论述精当、学术水平高、现实性强、具有重要教育意义的好著作。

延安精神的本质与特征是树立毛泽东思想在全党的理论权威地位,实事求是精神的核心是反对教条主义,艰苦奋斗精神的内涵是要求全党万众一心,保持为人民服务的宗旨,抵制贪污腐化思想的侵袭。这些精神实质经历代中国共产党人的宣传与阐释,已成为中国共产党执政理念的重要组成部分,也是改革开放之后中国特色社会主义理论的根基之一。原书出版后,特别是2017年中共十九大召开后习近平新时代中国特色社会主义思想正式成为党在新时代的指导思想,延安精神作为中国共产党人"不忘初心,牢记使命"要求的重要组成部分,显然应该给予新阐释,以赋予其新时代的新内涵;新时代继承和发扬延安精神,对于大家统一思想、发奋图强、决胜全面建成小康社会、实现中华民族伟大复兴的中国梦,同样具有重要的教育意义。

由此,天津古籍出版社与本书实际负责人、南开大学江沛教授共同商定,对本书进行修订,主要是增加以习近平新时代中国特色社会主义思想为根本点的修订内容,并修正原有的字句错误。原主编郭德宏先生由于身体原因无法继续主持此书的修订,经他本人、原副主编江沛教授商量并推荐,原书各章

作者认可,大家一致同意授权原书主要作者、南开大学的姬丽萍、江沛两位教授全权负责此次修订并担任此书修订版的主编。

2018 年 3 月 5 日

前　　言

奉献给读者的这本书,主旨在于:以丰富的史料为基础,以生动的文笔为形式,以理论的思索为导向,对曾在中国革命进程中发挥巨大作用的"延安精神"进行理论上的深入探索,从中寻求中国革命的成功经验和精神动力,总结出以毛泽东、邓小平、江泽民、胡锦涛、习近平为主要代表的中国共产党人在中国革命、建设、改革进程中的思考、探索成果,并力图揭示其内在规律与逻辑联系。

十一届三中全会以来,中国共产党制定并大力推行改革开放政策,对中国社会与经济进行全方位的改革与实践,使中国社会的现代化进程大大加快。40年来,中国的经济、政治、文化、社会、生态文明等各方面均取得了巨大成就。仅就经济建设而言,从1978年到2007年,中国国内生产总值由3650亿元增长到26.8万亿元。① 至2011年,国内生产总值已达47.3万亿元。② 党的十八大以来的五年间,中国经济继续保持中高速增长,在世界主要国家中名列前茅,国内生产总值从54万亿元增至82万亿元,稳居世界第二,对世

---

① 《在纪念党的十一届三中全会召开三十周年大会上的讲话》(2008年12月18日),《胡锦涛文选》(第3卷),人民出版社2016年版,第151页。

② 胡锦涛:《坚定不移沿着中国特色社会主义道路前进,为全面建成小康社会而奋斗——在中国共产党第十八次全国代表大会上的报告》(2012年11月8日),《中国共产党第十八次全国代表大会文件汇编》,人民出版社2012年版,第2页。

界经济增长贡献率超过30%。① 党的十九大指出:"中国特色社会主义进入了新时代,社会主要矛盾已经转化为人民日益增长的美好生活需要和不平衡不充分的发展之间的矛盾。然而,我国仍处于并将长期处于社会主义初级阶段的基本国情没有变,我国是世界最大发展中国家的国际地位没有变。"②实现中华民族伟大复兴的中国梦是一项光荣而艰巨的事业,需要全民族的共同努力。

当前,我国已经进入全面建成小康社会的决胜期和实现"两个一百年"奋斗目标的历史交汇期,全国人民在以习近平同志为核心的党中央领导下,既要全面建成小康社会、实现第一个百年奋斗目标,又要乘势而上,开启全面建设社会主义现代化国家新征程,向第二个百年奋斗目标进军。到21世纪中叶,中国能否在基本实现现代化的基础上,成为富强、民主、文明、和谐、美丽的社会主义现代化强国,今后几十年的发展极其关键。而要实现"两个一百年"奋斗目标,除了大力发展经济、科学技术和文化教育外,中国人仍然需要保持革命时期的"那样一股劲,那样一股革命热情,那么一种拼命精神"③,只有同心协力,共同奋斗,实事求是地思考未来,以艰苦奋斗的精神对待事业,以勇往直前的气概克服困难,爱党爱国,精诚团结,才能实现既定的发展目标。在全面深化改革,坚持新发展理念,毫不动摇地走新时代中国特色社会主义发展道路的同时,以高度的文化自信,大力传承和弘扬中国革命文化。

---

① 习近平:《决胜全面建成小康社会,夺取新时代中国特色社会主义伟大胜利——在中国共产党第十九次全国代表大会上的报告》(2017年10月18日),《中国共产党第十九次全国代表大会文件汇编》,人民出版社2017年版,第3页。

② 习近平:《决胜全面建成小康社会,夺取新时代中国特色社会主义伟大胜利——在中国共产党第十九次全国代表大会上的报告》(2017年10月18日),《中国共产党第十九次全国代表大会文件汇编》,人民出版社2017年版,第9—10页。

③ 《坚持艰苦奋斗,密切联系群众》(1957年3月),《毛泽东选集》(第5卷),人民出版社1977年版,第420页。

前　言

与推翻旧政权、建立新政权的中国革命相比，改革开放实际上是新时期中国社会的又一次重大变革，也是对社会主义建设道路前所未有的一次探索。因此，它所面临的问题更复杂，困难更多。当今时代条件下的变革，常常会使一些人在解决现实问题的同时，不自觉地产生一种忽视历史经验、盲目崇洋的思想意识。其实，产生于中国革命特殊环境中的中国政治体制与思想意识，直到今天仍是影响中国社会发展最为关键的因素之一。因此，在以开放胸襟面对世界大潮的同时，中国共产党人如何在历史上的思想传统宝库中找寻值得汲取的经验与教训，是新时代中国共产党人团结带领人民实现伟大梦想、进行伟大斗争、建设伟大工程、推进伟大事业不可缺少的条件。诚如习近平总书记所指出的那样，"历史是最好的教科书。学习党史、国史，是坚持和发展中国特色社会主义、把党和国家各项事业继续推向前进的必修课"，要"在对历史的深入思考中做好现实工作、更好走向未来，不断交出坚持和发展中国特色社会主义的合格答卷"。①

国家现代化的根本条件之一在于人的现代化，而人的现代化不仅需要现代化的技术与知识素养，更需要一种适应于此的文化传统与精神气质。世界上还没有哪一个国家的现代化是完全依赖于全面引入异质文化而获得成功的，任何一个国家的现代化都必须植根于民族的传统文化与精神气质之中。"文化是一个国家、一个民族的灵魂。历史和现实都表明，一个抛弃了或者背叛了自己历史文化的民族，不仅不可能发展起来，而且很可能上演一幕幕历史悲剧。"②"中国特色社会主义文化，源自于中华民族五千多年文明历史所孕育的中华优秀传统文化，熔铸于党领导人民在革命、建设、改革中创造的革命

---

① 《习近平主持中共中央政治局第七次集体学习》，人民网，网址：http://jhsjk.people.cn/article/21981531。

② 《要有高度的文化自信》(2016年11月30日)，《习近平谈治国理政》(第2卷)，外文出版社2017年版，第349页。

文化和社会主义先进文化,根植于中国特色社会主义伟大实践。"[1]其中,以"红船精神""井冈山精神""苏区精神""长征精神""延安精神""西柏坡精神"等为主要内容的革命文化,不仅是中国共产党人历史担当、价值追求和中华民族精神内涵的生动象征,更是党在前进道路上战胜各种艰难险阻,不断从胜利走向胜利的强大精神力量和宝贵精神财富。正因如此,中华人民共和国成立以来,各个历史时期的中央领导集体都不断强调要用战争年代的革命精神进行社会主义建设和改革。党和国家领导人多次考察井冈山、延安、西柏坡等革命圣地,这些具有重要政治意义的行动不仅宣示革命精神没有过时,而且表明一代代中国共产党人必须不断结合新的时代条件使之发扬光大。

在习近平新时代中国特色社会主义思想的指导下,中国共产党领导全国各族人民推动中国特色社会主义进入了新时代。新时代坚持和发展中国特色社会主义的基本方略之一,是坚持社会主义核心价值体系。在构筑中国精神、中国价值、中国力量,为人民提供精神指引时,只有"继承革命文化""不忘初心,牢记使命",才能更好地"吸收外来、面向未来"。[2] 在各种红色精神中,以艰苦奋斗、为人民服务、实事求是为核心内涵的延安精神,是中国共产党人最为成熟、宝贵的思想资源,既适于对中国共产党员和全体国民的理论教育,又适于坚持社会主义核心价值体系以及培养民众思想、提升民众道德水准的现实需要。因此,在新时代历史条件下对延安精神的再探讨与再理解,对于增强党自我净化、自我完善、自我革新、自我提高的能力,始终保持党同人民群众的血肉联系,决胜全面建成小康社会,具有特别重要的意义。

何谓延安精神?延安精神的意义是什么?这似乎是大多数中国人能认

---

[1] 习近平:《决胜全面建成小康社会,夺取新时代中国特色社会主义伟大胜利——在中国共产党第十九次全国代表大会上的报告》(2017年10月18日),《人民日报》2017年10月28日。

[2] 习近平:《决胜全面建成小康社会,夺取新时代中国特色社会主义伟大胜利——在中国共产党第十九次全国代表大会上的报告》(2017年10月18日),《人民日报》2017年10月28日。

识到的问题。延安精神,已成为了今天中国政治生活与意识形态中不可或缺的思想与理论基础。然而细究一下,延安精神的基本内涵是什么?这又是一个并非人人都十分明了的问题。

从红军完成长征进入陕甘宁边区,特别是1937年1月中共中央由保安进驻延安后,直至1949年中国革命胜利,围绕着延安时代中国共产党指导思想的变化、中国革命持续壮大的内外动因以及马克思主义中国化的内涵等问题,国内外不少关注红色力量的政治家、知识人士一直争论不休,因为这些问题是直接关系到如何认识中国共产党的本质、特征及前景,判断中国政治走向的大问题。

随着抗日战争的展开,中国共产党人不断成长壮大为影响中国政局走向的主要力量之一,有关的国内外观察家长期聚焦延安,力求通过延安社会方方面面的变化,通过中共高层在延安的活动,认识中国共产党人的思维方式、生活特征与行动方法。如美国记者斯诺、史沫特莱等人即从延安在政治、经济、文化等方面的变革中看到了诞生一个崭新中国的希望。

延安时期中国共产党的组织建设、规章制度与领导艺术,有效地保证了中国革命的胜利,是一份巨大而又宝贵的财富,由此形成的一整套革命的价值观念体系,同样是一份具有重大历史意义的革命遗产。

中华人民共和国成立以后,中国共产党人为书写自己辉煌的历程,开始对近代中国历史进行新的阐述,特别强调延安时期是中国共产党历史的转折点;中国革命的胜利,被视为在实事求是的政治路线和毛泽东思想的指导下取得的。为使中国共产党人继续保持战争年代的革命精神,渡过新中国成立之初的经济调整与经济困难时期,中共中央和毛泽东多次强调要把延安精神作为中国共产党人的优良传统加以继承。中华人民共和国成立当月,毛泽东在给陕甘宁边区人民的复电中就表示,希望"全国一切革命工作人员永远保

持过去十余年间在延安和陕甘宁边区的工作人员所具有的艰苦奋斗的作风"①。

此后,有关延安精神的论述不断完善,对其内涵的解释也随着时代的变化而变化。逐渐地,中国共产党人群体精神的作用被视为延安时期中国共产党在政治建设上获得成功的重要因素之一,自力更生、艰苦奋斗、实事求是、团结奋进和为人民服务等内容被视为延安精神的基本内涵,延安精神成为中国共产党人成功的不可或缺的要素之一,也成为中国共产党人传统精神的渊源。

我们认为,从文化哲学的层面上看,中国共产党人推崇备至的被称为"延安精神"的革命传统,其实质性内容集中体现为毛泽东等人所倡导且为中国共产党人身体力行的人生与价值准则。具体地说,它们是一套革命的社会道德观念与生活态度,这些才是中国共产党人更加珍视的革命遗产,因为这些准则被中国共产党人视为自己的事业能够持续推进的根本因素。这些植根于中国革命之中并使整个革命岁月充满壮烈的英雄主义色彩的价值观念,包括为了国家、民族和人民的利益英勇斗争的精神,不畏艰险、敢于牺牲的精神,艰苦奋斗、努力奋进、勤俭节约的观念,毫不利己、专门利人以及严格要求自己的观念等等。同样,这些精神与观念也转变为中国共产党人的意识形态,并表现为众多中国共产党人壮丽的英雄主义的行为。在中国共产党内和党领导的人民军队里,实行真正的生活待遇上的平等;党的干部与政府官员在生活方式上,力求与普通民众一致;在关键时刻共产党人随时准备牺牲自己以保护人民群众的利益,而这一切并不要求得到物质上的回报。这些价值观念的确立,是革命年代中国共产党建设的最大成就,也是中国共产党能够

---

① 《永远保持艰苦奋斗的作风》(1949年10月26日),《建国以来毛泽东文稿》(第1册),中央文献出版社1987年版,第96页。

形成自己光荣的革命传统,最终取得革命胜利的思想基础。

翻检已有的研究成果,对延安精神的理解各有不同,概念定义也有多种。然而,不管专家学者怎么理解延安精神及其意义,实事求是的思想路线、艰苦奋斗的革命传统、为人民服务的优良作风、一往无前的奋斗精神却为大家所公认,也与马克思主义中国化系列成果——毛泽东思想、邓小平理论、"三个代表"重要思想、科学发展观、习近平新时代中国特色社会主义思想——有关党的建设之认识总结相一致。本书以此作为延安精神的基本概念,并力求从这几个方面阐述延安精神的思想内涵、历史价值与时代意义。

目 录

一、源流：马克思主义中国化 ·· 1
  中国道路：马列理论的借鉴 ································ 1
  凤凰涅槃：延安精神的产生 ································ 11
  文化景观：传统精神的滋养 ································ 20

二、实质：思想信仰的伟力 ·· 24
  选择道路：整顿学风的关键 ································ 24
  转变观念：文风改造的配合 ································ 36
  树立旗帜：整顿党风的意义 ································ 46

三、特色：艰苦朴素的品质 ·· 59
  自己动手：倡导独立自主 ···································· 59
  艰苦奋斗：培育高尚风格 ···································· 65
  廉洁自律：抵制精神变质 ···································· 73

四、灵魂：实事求是的路线 ·· 87
  反对教条：思维方式的革命 ································ 87
  求真务实：中国气派的展现 ································ 101
  开拓进取：民族精神的升华 ································ 114

五、保证：强化党的建设 ... 126
制度为本：党的建设的根基 ... 127
"党指挥枪"：革命胜利的保证 ... 138
血肉情深：密切联系群众 ... 146

六、力量：巩固统一战线 ... 157
顺应时代：变革旧有策略 ... 157
荣辱与共：携手抗御强敌 ... 168
肝胆相照：缔造民主中国 ... 179

七、指向：一切为了人民 ... 192
党的宗旨：为人民服务 ... 192
政治取向：人民当家作主 ... 205
利归民众：社会动员显伟力 ... 219

八、风采：万众一心得胜利 ... 232
红色热土：一个新型的社会 ... 232
明朗的天：崭新的精神风貌 ... 248
宝塔之光：战时中国的希望 ... 262

九、拓展：再创新时期辉煌 ... 282
二次飞跃：延续奋斗精神 ... 283
与时俱进：传承红色基因 ... 291
筑梦强国：开启新的时代 ... 303

一、源流：马克思主义中国化

延安精神，一直以来被誉为中国革命胜利的精神象征。之所以如此，就在于传自德、英、俄的马克思列宁主义，经过三次传播高潮才在中国完成了基本的理论准备，此后，中国革命的实践呈现出极其曲折的从照搬照抄的教条主义到实事求是、灵活运用的中国化过程，直至延安时期，中国共产党人才在思想理论与实践上真正成熟起来，在对马克思主义的融会贯通中，探索出一条适合中国国情的革命道路，总结出了全党公认的中国式马克思主义的理论与方法——毛泽东思想。正是在这一凝聚全党智慧的正确路线方针的指引下，中国革命才真正走上了成功之道。从精神源流上讲，延安精神就是对一条根植于中国传统文化、吸纳先进的马克思列宁主义革命理论的东方式革命道路的概括与总结。

中国道路：马列理论的借鉴

18世纪后期，世界工业化的潮流席卷着近代化的生产与生活方式汹涌而来，"资本主义如果不经常地扩大其统治范围，如果不开发新的地方并把非资本主义的古老国家卷入世界经济的漩涡，它就不能存在与发展"[①]。身处封建

[①]《俄国资本主义的发展》(1895年底至1899年1月)，《列宁全集》(第3卷)，人民出版社1984年版，第547页。

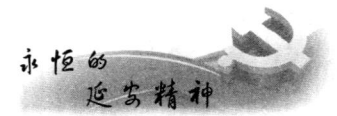

中央集权体制下的中国,由于明清两代实行闭关锁国政策而与世界缺少必要的交流,与世界潮流渐行渐远。对外部世界的发展知之甚少,沉湎于康乾盛世余晖中的中国,已成为世界上最后一块未被开发的大陆。正如马克思所言:不管情愿与否,任何一个国家与民族,都只能被纳入并适应资本主义发展体系才能存活。① 1840年,英国的大炮率先轰开了"天朝上国"的大门。从此,中国被迫进入了世界经济与政治的发展体系,也由此开始了传统中国由古代向近代化转型的进程。而实现这一转型的代价,是弱小民族在政治与经济诸方面的利益损失——割地赔款、丧权辱国、原料被掠、市场大开,原先在文化与经济上始终认为身处世界领先水平的中国,突然之间被诸多"蛮夷之辈"任意欺凌,民族利益的失落、文化心理的落差所引发的情感痛苦,个中三昧,唯有自知。

无数苦难的中国人,在痛苦中求生。无数先进的中国人,在求生中思考着一个问题:中国向何处去?在他们的意识里,中国传统文化博大精深,无与伦比;但在现实中,偌大中国却无力战胜小小的英吉利和"弹丸之国"日本。世界在沧海桑田中究竟发生了什么?是什么让昔日的帝国沦落如斯?鸦片战争之后,先进的中国人展开宏大的胸襟,从内心承认中国的落伍,开始了向西方学习的过程。在经历了一个从器物、制度到思想文化的艰难认识历程后,在血与泪的探索中,强盛的欧洲成了中国人寻求民族自强自立的精神源泉。

1876年,随郭嵩焘出使英国的黎庶昌在其所著《西洋杂志》一书中,首次介绍到被译作"平会"的"索昔阿利司脱"(Socialist)会党的活动。② 据介绍,这是中国人开始接触社会主义思想与实践的开始。

---

① 马克思:《鸦片贸易史》,《马克思恩格斯选集》(第2卷),人民出版社1972年版,第26页。
② (清)黎庶昌:《西洋杂志》,湖南人民出版社1981年版,第57页。

一、源流：马克思主义中国化

"欲天下一切平等,无贵贱贫富之分"的社会主义思想,既与中国传统文化的"大同理想"相近,又与农业共产主义意识中的一些观念相仿。尽管西学东渐,但它的基本观念却与中国传统文化意识与社会理想具有天然的契合点,并逐渐开始吸引中国的一些先进知识分子的目光。1902—1907 年间,中国知识界掀起了第一次社会主义思想传播热潮,留日学生群体中,以康有为、梁启超为首的改良派和孙中山、朱执信等同盟会骨干,通过译书、办报等形式,宣传流行于欧美和日本的社会主义思潮,社会主义思想开始为中国知识界所重视。

晚清民初时期,处于政治与社会变革前夜的中国知识界成为西方思潮传播的试验场,无政府主义、工团主义、互助论、基尔特社会主义等不一而足,中国知识分子都在试图吸纳西学,从中找到富强中国的救世良方。盘旋在欧洲上空的"共产主义幽灵",此时在中国知识界开始获得迅速传播。1911—1914 年间,孙中山、江亢虎、刘师复等人代表不同的政治派别,大力鼓吹各自理解的社会主义学说,"民主""平等""阶级斗争"等名词开始为知识界所熟知。

第一次世界大战后,不少中国人认为,西方资本主义已陷入了自我毁灭的境地。先前力主学习西方的梁启超,此时也发出了"欧洲三百年科学,尽作驱禽食肉看"①的感叹。1894 年甲午战争中战胜中国的日本,也在 1915 年和 1919 年先后爆发的反日运动中成了中国人憎恨的对象。由于俄国十月革命的成功和苏俄两次对华宣言的发表,1918—1922 年间,中国思想界出现了第三次社会主义传播热潮,这次热潮直接促成了中国共产党的成立。

1917 年 11 月初,俄国"阿芙乐尔"号巡洋舰攻打冬宫的炮声震撼了它的亚洲近邻——中国。处于民国初年北洋军阀统治黑暗中的中国知识界,在

---

① 《何嗣五赴欧观战归,出其纪念册子索题,为口号五绝句》,王栻主编:《严复集》(第 2 册),中华书局 1986 年版,第 403 页。

"乌拉"的欢呼声中,似乎看到了被压迫民族起而捍卫自身尊严与权利的希望。舆论界不断报道着苏俄革命及其国家建设的进展,"布尔什维克"的名称成为激进主义的象征,也成为中国社会反抗帝国主义压迫的学习榜样。正如毛泽东所言:"十月革命一声炮响,给我们送来了马克思列宁主义。"①李大钊,这位在中国传播马克思列宁主义的先驱,连续撰写了《庶民的胜利》和《BOLSHEVISM 的胜利》两篇文章,称赞十月革命是无产阶级的社会主义革命,是世界历史"不可挡的潮流"②;他赞扬十月革命"是世界革命的新纪元,是人类觉醒的新纪元。我们在这黑暗的中国,死寂的北京,也仿佛分得那曙光的一线,好比在沉沉深夜中得一个小小的明星,照见新人生的道路"③。他高瞻远瞩地预测:"试看将来的环球,必是赤旗的世界!"④此后,先进的中国人开始以颇为期待的目光,密切关注苏俄的政治动向。"走俄国人的路——这就是结论。"⑤

1919 年 7 月和 1920 年 9 月,俄罗斯苏维埃联邦社会主义共和国政府两次对华宣言相继发表,声称放弃沙皇政府同中国订立的不平等条约,放弃沙皇时期俄国独自或与日本及其他协约国共同掠夺的一切帝国主义特权并交还中国人民,建议中国政府就废除 1896 年条约、1901 年北京协议、1907 年至 1916 年与日本签订的一切协定进行谈判。尽管苏俄发表声明的外交背景,是希望北京政府驱逐在中国东北活动的白俄势力,帮助苏俄稳定远东地区,其后苏俄也没有将其承诺完全兑现,然而,对于并不明了外交背景的中国思想

---

① 《论人民民主专政》(1949 年 6 月 30 日),《毛泽东选集》(第 4 卷),人民出版社 1991 年版,第 1471 页。
② 李大钊:《BOLSHEVISM 的胜利》,《新青年》第 5 卷第 5 号(1918 年 10 月 15 日)。
③ 李大钊:《新纪元》,《每周评论》第 3 期(1919 年 1 月 5 日)。
④ 李大钊:《BOLSHEVISM 的胜利》,《新青年》第 5 卷第 5 号(1918 年 10 月 15 日)。
⑤ 《论人民民主专政》(1949 年 6 月 30 日),《毛泽东选集》(第 4 卷),人民出版社 1991 年版,第 1471 页。

界而言,其引发的震动可想而知。这是近代以来一个欧洲大国第一次以平等的观念对待中国,领导者就是十月革命后执政的布尔什维克党。这一政治举措引发的好感,使整个中国思想界寻求西方精义的主流立即转向了北方近邻苏俄,转向了马克思列宁主义。

从此,近代中国政治历史发展的每一个关键时刻,无不打上苏俄的深刻烙印,黄土地上开始刮起一股马克思主义的红色旋风。中国共产主义小组的出现,中国共产党的成立,第一次国共合作,苏区的红色割据,无不与苏联的支持密切相关。

然而,中国革命的急迫性与困难性,没有留给中国共产党人消化理论、构建中国化思想体系的时间,中国革命是在理论接受与政治实践双管齐下的环境中开始的。

这一时期,马克思列宁主义的理论与思想,随着中国共产党的成立与工人运动的开展得到了广泛传播。20世纪前30余年中,马克思列宁主义的经典政治论著源源不断地涌入中国,《共产党宣言》、《科学的社会主义》(《社会主义从空想到科学的发展》第三节)、《马克思的资本论自叙》(《资本论》第一版序言)、《历史要走到无产阶级专政》(《马克思致约瑟夫·魏德迈》)、《权力的原理》(《论权威》)、《中央委员会告共产主义者同盟书》、《哥达纲领批评》(《哥达纲领批判》)、《中国革命和欧洲革命》、《1848年到1850年法兰西阶级斗争》、《共产主义原理》、《马克思的唯物史观》(《〈政治经济学批判〉序言》)、《拿破仑第三政变记》、《英哲尔士论家庭的起源》(《家庭、私有制与国家的起源》摘译)、《法兰西内战》、《英国工人运动》等马克思、恩格斯、列宁的著作先后被译成中文,在中国思想界产生了重大而深远的号召力,影响了五四运动至20世纪30年代两代中国人的思想倾向。

中国共产党的早期领导人如李大钊、陈独秀、李达、瞿秋白、邓中夏、毛泽东、周恩来等人,都十分重视对马克思主义经典著作的学习,并努力将理论与

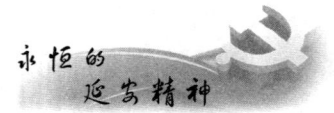

中国革命的具体实践相结合。毛泽东最重视的马列著作有马克思、恩格斯的《共产党宣言》《社会主义从空想到科学的发展》《反杜林论》,列宁的《社会主义民主党在民主革命中的两种策略》《国家与革命》《共产主义运动中的"左"派幼稚病》以及斯大林主持编写的《联共(布)党史简明教程》等。这些数量庞大、内容精深的马列经典著作,集中体现了马克思列宁主义的思想认识与政治实践的精髓,为中国共产党政治思想的形成与完善提供了特别充分的理论条件。

然而,如何学习和理解马克思列宁主义的理论,特别是如何运用这一理论指导复杂的中国革命实践,是一个极富挑战性的政治与理论问题。

中国共产党人在展开中国革命实践之初,既缺乏斗争的经验,也无成功的先例可循,他们唯有从苏俄(苏联)革命的经验中汲取营养。从教育背景上看,留日学生为中国共产党的建立做出了巨大贡献。此后,留俄学生成为中国共产党的中坚力量。自1922年起,第一代留俄生如刘少奇、任弼时、罗亦农、彭述之、汪寿华、萧劲光、柯庆施、俞秀松等人归国,主要负责党内的宣传、组织、工运和青运工作。① 他们来自社会主义革命的发源地,较为熟悉苏俄的革命情况和苏俄党的组织状况,在初期的中国革命实践中影响较大。

这一时期,幼稚的中国共产党人尚不具备在理论与实践上结合国情自主选择的能力,加上苏俄力量的影响巨大,使得中国共产党人不自觉地按照苏俄革命的模式展开了中国革命。

中共一大即决定,"本党的基本任务是成立产业工会","党在工会里要灌输阶级斗争的精神","对现有其他政党,应采取独立的攻击的政策","每月向

---

① 徐行:《近代中国社会主义思潮与社会改造》,天津社会科学院出版社1999年版,第266页。

第三国际报告工作"。① 1921年11月,中国共产党中央局再次发出通告,要求"以全力组织全国铁道工会"②。此后,中国共产党人积极组织全国铁路运输业、矿业、海运、纺织业的罢工活动,旨在以苏俄城市暴动的模式推翻北京政府统治,完成中国革命。

随着1923年一系列罢工运动被镇压,中国革命陷入了第一个低潮期。为重新掀起中国革命的高潮,在苏俄的帮助与支持下,中共放弃了"不同其他党派建立任何关系"的原则③,与孙中山领导的国民党在打倒北京政府统治、推动国民革命的共同前提下走到了一起。1924年,国共实现了第一次合作。

第一次国共合作期间,中国共产党人以个人身份加入国民党,同时保持组织的独立性。这一方式,既使中国共产党在国民党控制的广东地区获得合法活动空间,也使中国共产党的力量借助国民党的发展获得快速的成长。1921年7月,中共成立时只有50余名党员。1922年6月,中国共产党拥有党员195人。④ 到1926年7月时,中国共产党拥有党员1.3万名以上,集中分布在广东、湖南、湖北和上海等地。⑤ 当时,中国共产党人的主要工作是通过城市的工会与农村的农会发动民众配合北伐军和国民革命,并没有真正意识到中国农业大国的基本特点将会制约中国革命的形式与内容,既无足够的军队支撑,又无对第一次国共合作期间建立的革命统一战线的领导权,合作的根

---

① 《中国共产党第一个决议》,中央档案馆编:《中共中央文件集》(第1册),中共中央党校出版社1982年版,第7—9页。

② 《中国共产党中央局通告》(1921年11月),中央档案馆编:《中共中央文件集》(第1册),中共中央党校出版社1982年版,第10页。

③ 《中国共产党第一个决议》,中央档案馆编:《中共中央文件集》(第1册),中共中央党校出版社1982年版,第9页。

④ 《中共中央执委会书记陈独秀给共产国际的报告》(1922年6月30日),中央档案馆编:《中共中央文件集》(第1册),中共中央党校出版社1982年版,第27页。

⑤ 《中央局关于最近全国政治情形与党的发展的报告》(1926年9月20日),中央档案馆编:《中共中央文件集》(第2册),中共中央党校出版社1982年版,第251页。

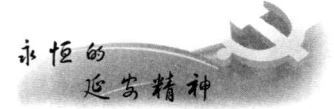

基实际上并不牢靠。1927年4月,当以蒋介石为代表的国民党右派无法忍受中共力量的快速增长,企图独占国民革命果实而展开大规模"清党"时,中国共产党人陷入了腥风血雨之中。囿于共产国际的继续保持与国民党合作的指示,陈独秀不能断然与国民党"左派"汪精卫决裂,处处妥协,从而丧失先机,使中共在"七一五"清党运动中遭受了重大损失。

1927年8月后,在"清共"血泊中损失惨重并饱受教训的中国共产党人,开始对中国革命的基本特点有所感悟,表现在三个方面:一,强调党在各项工作中的领导权;二,组建由中共领导的工农红军;三,开展土地革命。由此,中国革命进入了土地革命的新时期。

这一时期,中国共产党人开始初步意识到,必须将马克思列宁主义理论与中国具体的政治实践相结合。在国民党拥有强大武装并占据大城市,中国共产党人被迫转入农村与山区的现实状况中,一些清醒的中国共产党人渐渐意识到,苏俄革命模式在中国难以实现。毛泽东通过《星星之火可以燎原》《给林彪同志的信》等一系列文章,不仅精辟地分析了中国革命的基本特点,也开始强调由农村包围城市的革命道路。但是,苏俄城市暴动的成功经验及共产国际不顾中国国情的指示,仍是年轻的中国共产党人难以化解的情结。在不少红军控制的苏区,中国共产党人一方面以"打土豪、分田地"的政策,发动农民参加中国革命;一方面在不具备足够军事力量的情况下攻打如长沙、武汉等一些中心城市,企图以此引发各地的响应,进而迅速完成中国革命。这些做法成为中共力量无法向全国发展的障碍。

1928年后,以蒋介石为首的国民政府平定了北方军阀张学良、冯玉祥、阎锡山等势力,并与桂系实现了政治联合,国民党的统治逐渐稳定下来。拥有数万红军的中国共产党,成为国民党政治统治的最大障碍。此时的日本对中国也虎视眈眈。但奉行"攘外必先安内"信条的蒋介石,还是将枪口对准了中国共产党人。处于国民党军队强大兵力包围中的中国共产党人,难以得到外

一、源流：马克思主义中国化

来的经济援助,其活动范围多选择在几省交界的偏僻山区,连续的战争破坏使这里贫穷的经济根本无法长期支撑十几万红军的粮饷,虽然有正确的战略战术,红军也取得了前四次反"围剿"的胜利,但终于还是在国民党军队全力进攻下丧失了赖以生存的苏区根据地,第五次反"围剿"失败后红军被迫走上了长征的艰难道路。

1935年1月,在遵义召开的中共中央政治局扩大会议上,始终坚持在农村建立根据地的毛泽东被中共中央确立为军事三人小组成员之一。这一决定,预示着苏联革命经验在多数中国共产党人心目中动摇。直至1935年10月,红军大部队经过二万五千里的长征,由江南来到了陕甘宁交界地区,与徐海东、刘志丹等领导的陕北红军会合后,中国共产党人才真正开始了对如何从中国实际出发进行革命的反思。

经过血与火的考验,中国共产党人逐渐意识到了中国革命的长期性与复杂性,模仿苏联革命迅速成功的情结渐渐淡化。特别是中日战争全面爆发后,由于西北的陕甘宁地区尚未处于日军的进攻范围之内,中国共产党人特别是毛泽东、刘少奇等人,得以有机会对马克思列宁主义进行系统的学习与消化,也得以系统地对中国革命的经验与教训进行反思。在此基础上,1938年10月,毛泽东在中共六届六中全会上第一次提出了"马克思主义中国化"的命题:

> 我们这个民族有数千年的历史,有它的民族特点,有它的许多珍贵品……共产党员是国际主义的马克思主义者,但马克思主义必须和我国的具体特点相结合并通过一定的民族形式才能实现……离开中国特点来谈马克思主义,只是抽象的空洞的马克思主义。因此,使马克思主义在中国具体化,使之在其每一个表现中带着必须有的中国的特性,即是说,按照中国的特点去应用它,成为全党亟待了解并亟待解决的问题。洋八股必须废止,空洞抽象的调头必须少唱,教条主义必须休息,而代之

以新鲜活泼的、为中国老百姓所喜闻乐见的中国作风与中国气派。①

"马克思主义中国化"这个口号,并不是以毛泽东为代表的中国共产党人一时心血来潮的产物,而是中国共产党人对1921年后不断奋斗、屡挫屡战的革命实践进行深刻总结并升华出来的,是对马克思主义理论中诸如阶级社会、阶级斗争、暴力革命概念以及苏联布尔什维克党的组织形式等的充分吸收,是与中国历史与文化的重大遗产——农民起义相结合,并转化为以反帝反封建为核心目标的现代中国农民运动的重大成果。

"马克思主义中国化",为中国共产党人找到了一条消化苏联模式的理论与实践经验的道路,将中国革命与中国历史及文化进行了完美结合,中国革命从此被注入了民族主义的活力,改变了中国革命的"俄化"面目,极大地促进了中国共产党人在中国社会的生根与拓展。

此外,毛泽东先后撰写了《实践论》《矛盾论》《论持久战》《中国革命和中国共产党》《新民主主义论》等极具中国特色的经典著作。毛泽东等人集中精力反思马克思列宁主义在中国革命实践中出现的重大问题,特别是在反对教条地理解马克思列宁主义理论上下了极大功夫。实事求是的思想路线的出现,表明延安时期的中国共产党人真正从思想与理论上获得了马克思列宁主义的精髓,并掌握了结合实践巧妙运用马克思列宁主义的法门,"马克思主义中国化"不再只是一句口号,而是中国革命具体实践的缩影。

作为一种理论武器的马克思主义,是被先进的中国人当作一种救亡图存的利器引入的,它犹如一架高倍望远镜,借助于它,先进的中国人看到了自己美好的未来。美好前景的激励,使得每个人都从心底燃起了无穷的希望,增添了无尽的勇气。

---

① 毛泽东:《中国共产党在民族战争中的地位》(1938年10月14日),《毛泽东选集》(第2卷),人民出版社1991年版,第533—534页。

一、源流：马克思主义中国化

凤凰涅槃：延安精神的产生

在谈及中国革命成功经验时，不少人都正确地看到了中国共产党人对马克思列宁主义理论与方法的吸收与改造。然而，立足于东方文化传统的中国共产党人，是如何吸收与改造产生于欧洲近代工业文明基础之上的马克思列宁主义理论的，学界却论及较少。

任何一种思想与理论，如果要在一个前近代化国家的民主和民族革命中发挥精神变物质的作用，非要有一个理论与国情、现实相结合的过程，否则不仅不能结出美好的果实，反而可能出现南橘北枳的现象，成为阻碍革命进程的绊脚石。

在找到马克思列宁主义这一先进的思想体系作为理论武器之后，并非就万事大吉了。要想革命成功，还要在先进思想理论的指导下，切实了解中国国情，深入考察中国的经济与社会现状、传统的政治文化与民众意识，找到能真正唤起民众的革命激情、吸引民众自觉追随的具体理论与行为方式，只有如此，才能保证中国革命能得到大多数人民的支持，才能使中国共产党人立于不败之地。在解决"马克思主义中国化"这一问题上，毛泽东、朱德、周恩来、刘少奇、邓小平等老一辈革命家是中国共产党人的杰出代表。

出身农民的毛泽东，早在第一次国共合作时期领导湖南农民运动时，就深入农村进行了广泛的田野调查。正是通过对农村现状的调查、农民心态的理解，毛泽东才会在《湖南农民运动考察报告》中大声疾呼开展农村革命。

1927年第一次国民革命失败后，中国革命向何处去？如何发展？不少中国共产党人都在思考这些重大的问题。凭着对中国社会与传统的深刻理解，毛泽东认为，历代反抗封建统治的农民战争，都是通过建立根据地进而攻打重要城市并最终获得胜利的。"马日事变"后不久，毛泽东在武汉召开的党的

会议上号召:靠山的上山,靠湖的下湖,拿起枪杆子保卫革命。"八七会议"前后,瞿秋白曾要求毛泽东去上海中共中央机关工作。毛泽东则回答说:"我不愿跟你们去住高楼大厦,我要上山结交绿林朋友。"①秋收起义后,起义部队连续打了几个败仗。毛泽东在文家市召集受挫部队,坚决制止了再次攻打长沙的主张,准备把部队拉到江西省罗霄山脉中段建立根据地。他多次对一些同志讲,明末李自成领导的农民起义军之所以会失败,关键在于没有巩固的根据地。因此,建立稳定的根据地是毛泽东中国革命理论中极为关键的思想之一。

随着中国革命在南方苏区的不断发展,此时中国革命的基本格局是:中国工农民众武装在农村与山区聚集力量,而国民政府则把大城市及重要的交通线作为统治的重点,双方力量悬殊,活动区域泾渭分明,中国工农民众武装在农村或山区进行红色割据,聚集力量,包围城市的态势俨然天成。然而,在苏联共产党影响下的共产国际,仍然是中国革命绝对的理论权威与实际行动的领导者,其对中国革命的指导方针,依旧沿袭旧有的苏维埃革命模式,不考虑中苏两国间巨大的政治、社会与经济发展背景差异,其命令与指示常使中国共产党人的革命实践处于极其被动的境地。年轻的中共中央,此时尚不具备摆脱苏联模式的思想与精神力量,瞿秋白、李立三、王明等先后成为中共中央的实际领导人,他们对共产国际指示的教条化遵循招致中国革命不断受挫。以1935年10月中央苏区红军被迫"长征"北上为标志,共产国际对中国革命不切实际的指导遭到了重大挫折。

当中国共产党人以大无畏的革命气概征服雪山、草地,克服千难万险冲破国民党军队的包围与封锁,进入地理位置上较为偏僻的陕甘宁地区后,中国革命再次遇到了一个老问题,面临着一个新选择:中国革命将以何种方式

---

① 谭震林:《井冈山的实践与毛泽东思想的发展》,《红旗》1978年第12期。

一、源流：马克思主义中国化

进行下去？

长征后保留下来的数万红军将士，远离国民党政府统治中心的江南地区和东部大城市，短期内无力再对其统治构成有效威胁。而中国是一个农业大国，农民人口占90%以上，由于土地制度的不合理，农村土地占有比例严重失衡，近代以来各资本主义列强的资本与商品蜂拥进入中国，对农村的自然经济形成了极大压力与冲击。处于社会最边缘的农民，不但经济、民主等权利没有得到社会各界的充分重视，而且基本的生存权利也面临着严重的威胁。20世纪30年代的中国社会，城乡差别与经济差别决定了城市市民革命的积极性远远不如农民，城市暴动不易展开，即使可以展开也无法得到农民的支持。而只有解决农民的生存权与经济利益，才能从根本上掀起中国革命的一个新高潮。这一现实状况，决定了以共产国际指导为根本的苏联式革命策略——以城市暴动带动全国革命，在中国显然没有成功的可能性。

由此，长征途中新成立的中共中央，在抵达陕甘宁地区后，以实事求是的思维方式，义无反顾地展开了对中国革命的新思考。中国共产党人集体智慧的结晶——毛泽东思想，就是在这一背景之下产生的，其有关中国革命的核心内容是武装夺取政权、农村包围城市。为实现这一目标，党的一切行动必须强调实事求是的原则，强调密切联系群众的干群关系；强调党对军队的绝对领导，并努力实现自身的民主化建设；强调艰苦朴素的工作作风，廉洁自律的高尚情操；强调团结一切可以团结的力量的统一战线策略；强调一切为人民服务的宗旨。这些就是后来被概括为"延安精神"的基本内容。正是在马克思列宁主义中国化的形成过程中，一个为中国革命而奋斗，视人民利益高于一切的党，才会强调在具体行动中的上述原则，也才会有延安精神的产生。

延安精神，是中国共产党人在延安和陕甘宁边区13年实践中形成的一整套革命传统和优良作风的集中概括，是中国共产党人把马克思列宁主义普遍真理与中国革命具体实践相结合的产物，也是中国共产党的无产阶级政治本

色与中华民族优秀传统道德相统一的结晶。它的产生,是有其独特的思想、物质和社会基础的,因此也具有产生的必然性。与毛泽东思想的形成相一致,延安精神的产生标志着中国共产党人在政治文化层面上的成熟。

1942年12月,在中共中央西北局高干会议上听取《经济问题与财政问题》报告时,毛泽东对延安县干部为人民服务的作风大加称赞。他说:"延安县同志们的精神完全是布尔什维克的精神。"他最早阐述了延安精神的基本内涵:一,"延安同志们没有一件事不是实事求是的。他们对于他们所领导的延安全县人民群众的情绪、要求及各种具体情况是充分了解的,他们完全和群众打成一片,他们有很好的调查研究工作,因而他们就学会了马克思主义的领导群众的艺术,他们完全没有主观主义、宗派主义与党八股";二,延安县的同志,对人民的事业"充满了负责精神",体现了为人民服务的观念;三,延安县的同志为人民服务时,"完全不怕困难,他们像生龙活虎一般能够征服一切困难,他们能够根据群众的需要,创造生动的办法,解决群众的问题",具有艰苦奋斗的特征。①

在当时条件下,毛泽东的这一番话,虽然局限于对延安县干部具体工作作风的理解,但却是从历史唯物主义的立场、观点出发,对中国共产党人应有的工作原则、立场、观念、作风的高度提炼和要求,也为我们今天理解延安精神提供了重要依据。从广义上讲,延安精神的本质就是"布尔什维克的精神",即马克思列宁主义的立场、观点在中国共产党人的具体思想、观念、作风中的体现。从狭义上讲,延安精神可以概括为:以实事求是为原则的思想方式,以全心全意为人民服务为宗旨的政治观念,以独立自主、自力更生与艰苦奋斗为特征的工作作风。

---

① 《经济问题与财政问题(节选)》(1942年12月),《毛泽东文集》(第2卷),人民出版社1993年版,第458页。

一、源流：马克思主义中国化

除了上述的时代背景及中国共产党人政治传统的积累外,延安精神还有其产生的物质基础和思想积淀。

进入抗日战争时期,日本侵略军在快速进攻中占领了中国大片的领土,中华民族面临着亡国灭种的危险,"中华民族到了最后的时刻"。在民族矛盾高于一切的时候,国共两党携手组成统一战线,共御外侮。此时,中国共产党人面临一个重大的问题,即以长征后所余的数万兵力,能不能在抗日战争中发挥作用？特别是共产党人进行中国革命的模式,能不能仍照苏俄革命的道路继续走下去？

抗战开始后,在毛泽东、朱德等领导人的正确指导下,八路军、新四军数万人马在短短的两三年内开辟了近1亿人口的根据地,干部数量也在快速增长。然而,有关今后中国革命的斗争方式、策略、出路等问题,在中国共产党内部和八路军中仍然颇有争议,中共中央高层领导人内部也认识不一。这一问题不解决,将在实际工作中严重影响中国共产党的政策实施及斗争的开展。

陕甘宁边区面积约10万平方千米,人口150余万。地处黄土高原和西部地区,气候干燥,土地贫瘠,耕作粗放,与中、东部地区的联系及交通十分不便,近代化经济更是极其落后和稀有,经济以农业为主。然而,中华文化在这里却有过异常发达的时期,这里是黄帝生长的地方。史称,黄帝有25子,其中14子得12姓,历史上的尧、舜和夏、商、周的诸王,都是黄帝的后代。黄帝的遗迹很多,遍布陕西、甘肃、河北、河南、湖南等地。1975年,陕西省黄龙县出土的距今约3万至5万年左右的人类头盖骨化石,经鉴定属于晚期智人中一种过渡性的类型,黄龙人早于山顶洞人、柳江人,说明在旧石器时代后新石器时代前,延安曾经是黄龙人生息、活动的地区。总之,黄帝是中华民族的始祖,黄河是中华民族的母亲河,就连小米也是黄色的,陕北黄土高原是中华民族的发祥地,这里生长着"中国根"。

汉代史学家司马迁曾总结出一种中国传统政治更替的规律,即中国历代

的政治更替,往往始于东南,而收功于西北。其实,这一规律的形成,可能与陕甘宁地区沟壑纵横的地理环境有关,这里易守难攻,出易进难,最适宜建立军事与政治的根据地,向东虎视。在中国政治统治中举足轻重的中原地带,在前近代化时期,地理环境常常是政治成败的决定性因素。正是在这种地理环境中,中国共产党人不仅得以休养生息,逐渐发展,而且还有了更充分的时间了解中国农民的所思所想,逐渐找到获取民意的政策,最后胜利走出黄土高原。黄土高原是中国革命的落脚点,也是中国革命走向成功的起始点。

陕甘宁地区的经济极其落后,然而这也促使中国共产党人想方设法走出困境。1939年,陕甘宁边区的农作物,一般亩产量只有20千克左右。而中国共产党所领导的陕北地区,是更加落后贫穷的地区,基本上没有什么工业,"一半以上县份的农民不懂耕织,除粮食、羊毛外,其他一切日用所需,从棉布到针线,甚至吃饭用的碗,全靠小米来换"①。这就是当时陕甘宁边区的生存条件。由于中共中央驻扎延安,陕甘宁边区成为中共抗战的大后方,战时大批知识青年涌向延安。一时间,延安人满为患,延安所有的干部长年维持在7万人左右,最高时达到了13万人,陕甘宁边区的干部占整个中共抗日根据地的70%。这一特殊的状况,使得陕甘宁边区不得不承担起边区政府和中共中央机关财政支出中的绝大部分。此时,必需的经费与事业开支给陕甘宁边区民众带来沉重的压力。

第二次国共合作后,中共成立了陕甘宁边区,从此有了自己独立的根据地。由于不处于抗日的最前方,相对和平的环境给了陕甘宁边区发展经济的大好机会,逐步形成了新民主主义共和国的雏形。1939年后,国共关系逐渐逆转,国民党政府停发了八路军的军饷和边区的财政经费补贴,边区也遭到

---

① 中国财政科学研究院主编,陕甘宁边区财政经济史编写组、陕西省档案馆编:《抗日战争时期陕甘宁边区财政经济史料摘编》第3编《工业交通》,长江文艺出版社2016年版,第2页。

了国民党军队事实上的封锁。这样,占边区财政收入71%的外援断绝了。

当时,毛泽东代表中共中央曾提出了"饿死""解散"和"大家动手生产"三条道路,可见当时边区经济处于严重困难的境地。在这紧要关头,中共中央发出"自己动手,丰衣足食"的号召,边区军民各行各业行动起来,掀起了轰轰烈烈的大生产运动。在大生产运动中,党、政、军各级领导干部以身作则,军队和民众共同响应,艰苦奋斗,大生产运动取得了丰硕成果。1945年,边区棉花产量达到150万千克,粮食和农产品已经完全自给或基本自给,边区的生产得到了较大改善。到抗战结束的1945年8月,边区已拥有炼铁、炼油、机械制造、军工、化工、造纸、玻璃、陶瓷等行业,仅纺织业年产布就达150万匹以上;边区的纸张、石油、煤炭、棉花等工业品,也实现了自给或半自给。毛泽东说:"这一阶段的经验,使我们发生要感谢那些封锁我们的人们的感觉。因为封锁这件事,除了它的消极的坏处一方面外,还产生了一个积极的方面,那就是促使我们下决心自己动手,而其结果则居然达到了克服困难的目的,学会了经营经济事业的经验。"①

以自力更生、艰苦奋斗为特征的延安精神,为苏维埃时期中国共产党人的自力更生精神增添了新的内容。它在发扬勤俭节约、吃苦耐劳传统的同时,更注重自力更生、丰衣足食,体现了艰苦奋斗的建设意义。陕甘宁边区十多年奋斗的主要成就表现在政治、经济、文化等各个方面的建设上,特别是经济建设上,更是有目共睹。延安时期的大生产运动,开创了军政人员大规模参与生产建设的先例,成为中国共产党及人民军队又一个优良的传统。延安时期提出的"自力更生为主,争取外援为辅"的经济方针,也成为此后中华人民共和国经济建设的指导方针。至此,延安精神所体现的独立自主自力更

---

① 《经济问题与财政问题(节选)》(1942年12月),《毛泽东文集》(第2卷),人民出版社1991年版,第462页。

生、自己动手丰衣足食、艰苦朴素勤俭节约的艰苦奋斗精神,已经形成了多方面、多层次、较完整、具有时代特征的科学观念。几十年的历史证明,作为一种精神传统,延安精神成为支撑中国共产党人在逆境中奋起,不断追求进步的动力。正如习近平同志所言:"伟大的延安精神教育滋养了几代中国共产党人,始终是凝聚人心、战胜困难、开拓前进的强大精神力量。"①

全心全意为人民服务,是中国共产党人始终不渝的宗旨。随着抗日战争的爆发,中日民族矛盾上升为国内主要矛盾,为适应全民族抗战的形势需要,中国共产党制定了抗日民族统一战线政策,而对以往所认定的"人民"概念的内涵及外延进行新的解释,不仅将愿意抗战的各党派、各团体包括进来,还包括了除汉奸之外一切有抗日要求的民众,对国民党也采取了抗日民族统一战线政策。因此,抗战时期中国共产党全心全意为人民服务的宗旨,实际上是为一切愿意抗日的中国民众服务的政策,从而也使延安精神有了深厚的社会基础。

在陕甘宁边区及其根据地,除了继承苏维埃时期工农政权的特性外,中共领导的抗日政权还进一步扩大了其代表性与民主性。在政治上,各边区政府给予地主、富农、资本家、僧侣等以公民权,以各抗日阶级的联合专政代替内战时期的工农专政。在经济上,停止没收地富阶级、资本家的土地与财产,代之以减租减息政策,调动了地主、资本家的生产积极性,也调节了他们与农民、工人间的关系,形成了中共各根据地空前团结的新局面。此外,各根据地各级政府均由各地民众直接选举的方式产生,大大激发了民众政治参与的热情,强化了民众对各级政权的管理与监督,密切了政权与人民群众间的血肉关系。中共在抗战时期的政治民主化实践,有力地批驳了国民党人所谓的国

---

① 《"平语"近人——习近平谈革命战争年代的红色精神》,新华网,网址:http://www.xinhuanet.com/politics/2016-06/30/c_129103280.htm。

情落后不能实行民主、人民无知不能实行民主、战争时期不能实行民主、当时中国社会首要问题不是政治民主的谬论。由此产生的中共各根据地各级政权中,不称职的干部要被民众罢免,干部不能当官做老爷,所以当时边区各级政权极少发生干部压制民众、报复打击民众的事件。即使发生问题,多数干部会从中发现原因,解决问题,以赢得民众信任。正是在这种政治民主化的气氛中,才会孕育出至今仍然令人津津乐道的延安精神。

陕甘宁边区的民众经历过土地革命战争,以刘志丹、谢子长为首的中国共产党人,在这里坚持了长达十余年的斗争,并守住了抗战前中共最后一块较大的根据地,培养了一大批革命骨干和积极分子,中国共产党在陕甘宁地区拥有较好的群众基础和很大的影响。边区政府成立后,十分关心农民疾苦,努力减轻人民负担。正如毛泽东所言:"一切空话都是无用的,必须给人民看得见的物质福利。"[①]只有这样才能赢得人民的支持。1942年,国统区民众人均负担公粮75千克,而经过大生产运动后的陕甘宁边区民众,人均仅负担公粮17千克,约是国统区民众负担的1/4,其他根据地的农民负担状况大致相同。由于各根据地注重发展经济,生活水平有所提高,一些民众摆脱了贫穷,成为了中农或富裕中农,过上了丰衣足食的生活,对中共更加拥护,使得中共有了形成延安精神的群体基础和群体保障。

延安精神的产生,也与当时平等的干群关系、融洽的军民关系密切相关,这些都反映在干群一致、官兵一致、军民一致的平等原则与政策上。这种平等,并不是士兵步行、领导不能骑马的绝对平均主义,而是具体体现在政治地位、人身平等和"物质分配大体平均"上。1942年前的延安时期,党、政、军系统实行军事共产主义的供给制度,没有级别,没有工资,仅在生活津贴上略有

---

① 《经济问题与财政问题(节选)》(1942年12月),《毛泽东文集》(第2卷),人民出版社1993年版,第467页。

差别。例如1941年前的边区议长、政府主席,每月津贴是边币5元,分区专员4元,县长2元半,一般人员1元至1元半(当时1千克猪肉是边币3元)。在伙食上,1942年后分成大灶、中灶、小灶,伙食相差不大。延安最早有两部汽车,朱德一辆,"延安五老"①使用一辆,"最大的官"毛泽东并没有配备汽车,这样分配完全是考虑到军事工作及照顾老同志,这种吃苦在前、享受在后的事例不胜枚举。正是这种平等的精神在延安蔚然成风,才产生了强大的吸引力,吸引了无数知识青年放弃相对优厚的生活待遇而甘愿到延安吃苦。正是这种平等的精神,使得延安的人际关系格外融洽,极少内耗。正如邓小平所言:"为什么过去很困难的局面我们都能渡过?根本的问题是我们的干部、党员同人民群众一块苦。"②在这种气氛下,根本不用刻意说教,延安精神在潜移默化中就成了人们的道德准则。

延安精神,的确有它所以产生的时代背景、物质基础与社会环境。它是中国革命发展到即将成熟阶段,领导中国革命的力量——中国共产党审时度势、把握时局、实事求是转变中国革命路线与方针的结果,是中国共产党人艰苦创业、时刻牢记人民利益高于一切的宗旨的结果,是排除万难、自力更生而又与时俱进的结果。

文化景观:传统精神的滋养

任何新的先进的民族精神形态的出现,都不是无源之水、无本之木,它必然要扎根于传统的民族精神文化之中,既是对传统的民族文化精神营养的汲

---

① 中共中央驻扎于延安时,中央领导和全体机关干部将董必武、林伯渠、徐特立、谢觉哉、吴玉章五位老同志尊称为"延安五老"。

② 《高级干部要带头发扬党的优良传统》(1979年11月2日),《邓小平文选》(第2卷),人民出版社1994年版,第217页。

取和发扬,又是对传统精神的批判与超越,从而升华为一种新的民族精神形态。

孕育并成熟于20世纪三四十年代的延安精神,并不只是近代中西文化冲突的产物,也不仅是马克思列宁主义中国化的产物,从更深一层的意义上讲,它是中华民族爱国忧民、救亡图存的社会责任感与历史使命感在抗日战争新形势下的继承与发展。

中华民族的爱国主义、救亡图存精神历史悠久,源远流长。无论是抵御外侮、保国卫边,或是富国强兵、变法图存,都曾产生过无数可歌可泣的英雄事迹,无数英雄儿女表现出了令人景仰的人格精神。汉代霍去病的"匈奴未灭,何以家为",范仲淹的"先天下之忧而忧,后天下之乐而乐",岳飞的"待从头收拾旧山河,朝天阙",顾炎武的"天下兴亡,匹夫有责",林则徐的"苟利国家生死以,岂因祸福趋避之",谭嗣同的"我自横刀向天笑,去留肝胆两昆仑"等等,这些民族主义、爱国主义词句所表现的共同特点之一,就是把国家的命运与个人的生命及价值完全融合为一体,集中体现了中华民族的意志、尊严和向心力、凝聚力。

众所周知,20世纪三四十年代,中华民族正面临着亡国灭种的严重危机,拯救国家、拯救民族、驱除外侮、恢复主权,成为压倒一切的首要任务。因此,汲取一切优秀的传统民族精神的内质,是反抗外来侵略、爱国爱民、自尊自强、救亡图存所必需的。由于近代以来西学东渐的过程一直在进行,诞生于西方世界的近代化、民主化思想不断传入中国,特别是五四运动以来科学与民主的精神在中国的广泛传播,马克思列宁主义与中国工人运动的相结合以及民族救亡图存的特定历史环境与条件,决定了中国共产党人爱国爱民、救亡图存的精神,比起历史上任何一次国难当头时的爱国热情都来得更广泛,更深刻,更富有理性,对中华民族的生存发展也具有更深远的影响与意义。

在中国革命的具体过程中,根据马克思列宁主义的理论,中国共产党人

在充分汲取中华民族传统爱国主义养分的同时,抛弃了宗法家长制愚昧落后的忠孝节义观,超越了封建将士拼死沙场、忠君报国的历史局限,克服了资产阶级妥协软弱的先天不足,这使得中国革命成为当代中国无产阶级及劳苦大众在先进政党领导下所进行的一场最伟大的历史变革,并将帝国主义、封建主义和官僚资本主义作为革命的对象。延安时期中国共产党人的爱国思想、情感、行动,既不以任何剥削阶级的政治权力为依托,也不为个人功名利禄所束缚,而是新的历史时期所体现出的一种创造性、理性的思考力量,是新的现代化的爱国主义精神,延安呈现出了中国人期盼已久的、新型的民族之光。这就是当年生活条件异常艰苦的延安及其他抗日根据地却成为了千万爱国青年心中的"圣地""革命摇篮",并纷纷投奔,欲一展抱负的根本缘由。

如果从纵横交错的历史文化传统中追根溯源的话,我们可以看出,延安精神中所具有的反抗侵略、彻底革命、求实唯实、开拓创新、自尊自强及爱国爱民等精神气质,也在广阔的文化背景下体现了中华民族几千年来的优秀品质和群体性格。从《易传》中的"天行健,君子以自强不息",孔子的"三军可夺帅,匹夫不可夺志",到孟子的"富贵不能淫,贫贱不能移,威武不能屈";从女娲补天、精卫填海,到大禹治水、愚公移山;从屈原的"路漫漫其修远兮,吾将上下而求索",到文天祥的"留取丹心照汗青";从古代的"舍生取义"到近代的"天下为公",无一不展现了中华儿女屡经磨难、艰苦卓绝的斗争气质和与国家、民族共命运的崇高风范。这种历史文化传统,在先秦理性、楚汉雄风、盛唐气魄、近代悲壮中,如一条红线般绵延不绝,也深植于每一个中国人的深层意识之中。毛泽东"雄关漫道真如铁,而今迈步从头越"的气概,朱德总司令"猛士如云唱大风""太行浩气传千古"等诗句,作为中华民族御侮斗争的激越心声,无不深受中华民族文化性格的熏陶和洗礼。

至于延安时期中国共产党人所倡导的同甘共苦、团结互助的精神,则更直接与中国传统文化中的群体一致、和谐统一、厚德载物、"奢侈其精神,淡泊其物欲"等品质有着密不可分的源流关系。中国共产党人把中国传统文化中的集体主义意识,不惜牺牲个人生命与利益共赴国难、实现理想的精神,与马克思列宁主义先进理论相结合,使之成为延安时期中国共产党人及其影响下的民众共同的理性选择。使个人利益服从于民族、国家利益的要求,在此基础上实现自我价值的选择,成为延安时期的社会主流价值观念。

延安精神所体现出来的中华民族的优良品质与精神,并不像一些对中国文化与历史一知半解的人所谈的那样,是一种"封闭意识",一种"纯粹的农民观念",一种"苦行僧主义"。在当时的历史条件下,中国共产党人最大限度地把中国传统文化中的优秀品质如变革图强、开放进取、生存竞争等意识与时代精神进行了高度的结合,这种结合是对民族精神的再创造和升华,否则,就无法解释中国共产党人何以在十四年抗战中既得到广大民众的无私支援,又能与原来的对手国民党和其他政党、派别结成最广泛的抗日民族统一战线并最终打败了日本侵略者,也无法理解美国著名记者埃德加·斯诺和美国的史迪威将军、驻延安观察组的美军成员何以均对红色中国如此推崇。

总而言之,延安精神是马克思列宁主义中国化的产物,是中国共产党人根据中国实际国情,逐渐探索出的一种思维和行动方式,是植根于中国文化与民族传统并发扬光大的一种新的文化景观。

二、实质:思想信仰的伟力

　　以西方马克思列宁主义理论和中国传统文化优秀成果为共同源流的延安精神,形成于中国共产党政治思想发展成熟的延安时代,其中以"反对主观主义以整顿学风,反对宗派主义以整顿党风,反对党八股以整顿文风"[①]和党史学习为主要内容的延安整风运动,是延安精神形成的重要环节之一。正是通过延安整风运动,以实事求是的思维方式统一了全党的思想认识,坚定了以农村包围城市、武装夺取政权为基本特征的具有中国特色的革命道路,并把马克思主义与中国革命具体实践相结合的优秀成果——毛泽东思想作为全党的指导思想。中国革命的成功经验告诉我们:没有正确的思想信仰,革命就不可能成功。

选择道路:整顿学风的关键

　　何谓学风? 毛泽东认为:"所谓学风,不但是学校的学风,而且是全党的学风。学风问题是领导机关、全体干部、全体党员的思想方法问题,是我们对待马克思列宁主义的态度问题,是全党同志的工作态度问题。"[②]可见,这里所谓的学风,是以什么样的态度学习西方及苏联的学说和理论,特别是马克思

---

　　① 《整顿党的作风》(1942年2月1日),《毛泽东选集》(第3卷),人民出版社1991年版,第812页。
　　② 《整顿党的作风》(1942年2月1日),《毛泽东选集》(第3卷),人民出版社1991年版,第813页。

二、实质：思想信仰的伟力

主义理论，来探索救国救民的道路。在向西方寻求救国真理的过程中，中国知识界形成了两种截然不同的学风。一种是教条主义的态度，生吞活剥，照搬照抄，完全模仿西方和苏联所走的道路；另一种是以理论联系实际的学风，把西方和苏联的革命理论与中国的实际相结合，寻找具有中国特色的道路。不同的学风，对中国革命产生了不同的影响，在中国革命道路的选择中起了至关重要的作用。正如毛泽东所说，"学风问题就是一个非常重要的问题，就是第一个重要的问题"①。

鸦片战争后，为完成反帝反封建的大业，实现中国的独立自主和繁荣富强，一代又一代先进的中国人不断向西方寻求救国救民的真理。洪仁玕第一个提出了在中国发展资本主义的方案；康有为、梁启超率先尝试建立君主立宪的政治体制；孙中山则主张以暴力革命推翻腐朽的清政府，建立资产阶级共和国，最终实现中国的独立富强。这些探索均遗憾地失败了。原因固然很多，但只知道照搬西方经验，却忽视了这些经验必须与中国实际相结合是一个重要的原因。

中华民国成立后，难以适应西方体制的中国政治，很快在北洋军阀以武力为后盾的争夺下陷入混乱之中。此时，俄国于1917年爆发了十月革命，同中国一样资本主义不发达的北方近邻，一夜之间成为赤色的国度，工农大众翻身做了主人。这一变革，令中国知识界看到了中国走出武力政治黑暗的一线曙光。学习欧美的先进体制，在中国发展资本主义，我们失败了；学习近邻日本，实行君主立宪，又没有成功。于是先进的中国人便把目光转向了俄国。十月革命胜利后，孙中山致信列宁，祝贺俄国革命成功；李大钊撰文宣传布尔什维主义，呼吁中国走俄国革命道路。这些活动，在彷徨中的中国知识界，特别是青年人中引发了"俄国热"。一时间，"列宁几乎受到崇拜，斯大林是最受

---

① 《整顿党的作风》(1942年2月1日)，《毛泽东选集》(第3卷)，人民出版社1991年版，第813页。

爱戴的外国领导人,社会主义被视为理所当然是中国未来的社会形式,俄罗斯文学读者最多……"①在这股热潮推动下,马克思主义及其在俄国的创造性成果——列宁主义被介绍到中国。

马列主义同中国工人运动相结合的产物就是中国共产党,她的诞生不仅使中国革命的面貌焕然一新,而且使中国向西方学习救国救民真理的运动进入到一个新阶段。

在向西方特别是苏联学习的过程中,是坚持理论联系实际的学风,把马克思列宁主义与中国革命的具体实践相结合,从革命实践中寻找中国革命的道路,还是从主观主义的学风出发,对共产国际采取教条主义式的态度,盲目接受共产国际的一切指示,不加分析地生搬硬套,照搬俄国十月革命的经验?中国共产党内以毛泽东为代表的理论联系实际学风的坚持者和以王明为代表的"左"倾教条主义者给出了截然不同的回答。两种选择孰是孰非,通过延安整风思想认识水平大大提高的人们,自然找到了答案。

俄国十月革命,是以列宁为首的布尔什维克党在资本主义力量较为薄弱的俄国率先取得胜利的一次无产阶级革命,其显著特征之一便是依靠工人举行武装起义,先占领中心城市圣彼得堡,再把革命推向全国,即由中心城市向农村发展的革命道路。

中国共产党是在马克思列宁主义在中国传播的过程中,在共产国际和苏俄的帮助下成立的。因此,十月革命的成功经验不可避免地深刻影响着年轻的中国共产党。最初,中共也像俄国布尔什维克党那样把工作重心放在中心城市,以领导工人运动为主要任务。1922—1923年间,中共先后领导了香港海员、安源路矿、京汉铁路等一系列工人罢工,虽然罢工多次取得胜利,但最有影响力的京汉铁路工人罢工却失败了,从而使中国共产党人开始意识到:

---

① [美]埃德加·斯诺著,董乐山译:《西行漫记》,生活·读书·新知三联书店1979年版,第334页。

二、实质：思想信仰的伟力

中心城市的敌人力量远远超过革命力量,要想取得革命成功,单靠工人阶级孤军奋战是极其困难的。于是,在共产国际的帮助下,共产党与国民党合作建立了革命统一战线,共同推动打倒北洋军阀统治的国民大革命。

在国共两党的推动下,1924—1927年的国民大革命一度取得很大胜利。但由于共产国际坚持中共进行以城市暴动为中心的革命,并要求中共与国民党无原则地合作,致使国民党右派悍然叛变革命,中国共产党的力量受到了极大的损失。此时,幼稚的中国共产党人仍然不能清醒地对中国国情进行判断,也不具备摆脱共产国际指示的能力,中共中央仍然坚持以城市为中心的革命道路。教条主义的指导思想和对形势的错误判断,使党内的"左"倾情绪很快发展起来,最终形成了分别以瞿秋白、李立三和王明为代表的三次"左"倾错误路线。

中国共产党内的"左"倾情绪,在1927年的八七会议上就表现得十分明显。在同年11月的中共中央扩大会议上,开始形成以瞿秋白为代表的"'左'倾盲动主义"。他们对中国革命的性质和形势做出了错误的判断,认为革命的性质是不断革命,革命的形势是不断高涨的。从这种认识出发,要求全国各地的党员和少数群众,组织毫无胜利希望的地方起义。这次"左"倾错误虽然给中共力量造成了一定的损失,但在受到党内众多批评后很快被纠正了。

1929年下半年至1930年上半年间,国民党内蒋介石派系、冯玉祥派系及阎锡山派系间发生大规模混战。这种混乱的政治形势,使中国共产党内的"左"倾思潮又有了某些发展,形成了以李立三为代表的"'左'倾冒险主义"。他们看不到中国革命的不平衡性,看不到革命形势在总体上已趋于低潮,错误地认为革命危机在全国各地同样生长着,要求各地准备起义,中心城市尤其要首先发动起义以形成全国革命高潮的中心。在这种错误决策的指导下,他们制定出组织全国中心城市武装起义和集中全国红军进攻中心城市的冒险计划,把党、青年团、工会的各级领导机关合并为准备武装起义的各级行动

委员会,使经常性的工作陷于停顿。"左"倾冒险主义错误同样使革命力量遭到不小的损失,受到了党内干部和广大党员的批评、抵制,在党中央统治了不到四个月就停止了。

虽然"左"倾冒险主义错误得以纠正,但是当时中共中央领导层尚不能从根本上清算和纠正党内自八七会议后一直存在着的"左"倾教条主义思想和"城市中心论"主张,于是再次酿成了以王明为代表的"'左'倾冒险主义"。

王明早年曾留学苏联,与张闻天、秦邦宪(博古)等人是同学,由于得到共产国际代表米夫的赏识,在中共六届四中全会上取得了党中央领导权。在此后四年中,他们的一整套理论和政策在实际中得到推行和贯彻,再次给中国革命事业造成危害和损失。他们在政治上继续鼓吹"左"倾革命理论,排斥毛泽东的正确主张;在组织上奉行宗派主义,以博古等留学苏联回国人员为主,组成中央领导机构,排挤和打击与其意见不一的同志;在军事上反对毛泽东的正确作战方针,盲目地和敌人打正规战、阵地战、消耗战。在第五次反"围剿"作战过程中,这些错误不仅使中央苏区及其他南方根据地全部丧失,红军数量锐减,而且使中央红军不得不进行战略转移,走上了长征之路。直到1935年1月,中共中央政治局在遵义召开扩大会议,重新确立了毛泽东的领导地位,第三次"左"倾错误的领导才宣告结束。

中国共产党早期出现的这三次"左"倾错误,虽然各有特点,但也有共同之处。其中最为重要的一点便是以主观主义的学风对待马克思列宁主义,不顾中国革命的实际,照搬俄国革命经验,幻想中国也能以中心城市暴动的方式,迅速引发全国性革命高潮并夺取最后的胜利。与之相反的是,毛泽东等中国共产党人坚持理论与实际相结合的学风,从中国革命的实际出发,尝试探索出一条有中国特色的农村包围城市的革命道路。

毛泽东参加过中共一大,也是中国共产党早期为数不多的没有留学经历的领导人之一。在中国共产党的主要领导人将注意力集中于中心城市和工人运动的时候,农民出身的毛泽东却在致力于农村工作和农民运动。正是在这一过程中,他深刻体会到了农村社会对中国的重要性,深刻意识到了迫切要求改变自身地位与经济条件的农民群体中蕴藏着要求革命以改变旧制度的巨大力量。在工作中,勤于思考的他渐渐开始怀疑屡屡失败的中心城市暴动道路在中国社会的可行性,并多次建议中央领导人给予农民运动足够的重视,但均未被采纳。

大革命的失败,使中国共产党人以城市暴动为革命中心的俄式实践受到了沉重打击。在中国共产党人继续探索中国革命道路的过程中,毛泽东率先开创了一条与俄国十月革命完全相反的农村包围城市的革命道路。

1927年9月,毛泽东领导了以攻取中心城市长沙为目标的湘赣边秋收起义。在进攻受挫之后,他改变了原定目标,开始向敌人力量薄弱的乡村进军。毛泽东率领这支部队到达了井冈山地区,在那里建立了农村革命根据地和农村政权,把武装斗争与农民运动结合起来,大力发展农村土地革命和农民游击战争,逐步形成中央根据地的雏形。受井冈山模式的启发,贺龙、周逸群等人在湘鄂西创建农村根据地,鄂豫皖、湘鄂赣、闽浙赣及左右江根据地等都得到了相当程度的发展。到1930年3月,全国已建立了十余个农村革命根据地。此后,南京国民政府多次调动军队"围剿"中央苏区和其他根据地。各根据地红军运用机动灵活的战略战术,粉碎了国民党军队的多次"围剿"。在"围剿"与反"围剿"的斗争中,中央苏区、各根据地和工农红军不断得到发展和壮大。

在领导工农武装割据斗争的同时,毛泽东在进行中国革命实践的尝试中,积极从理论上对中国革命的道路进行探索。1930年前后,他先后撰写了《井冈山的斗争》和《星星之火,可以燎原》等文章,对半殖民地半封建的中国政治、经济等方面发展不平衡的实际状况进行了深入的分析,初步阐述了工农武装割据的思想。这一时期,毛泽东对中国革命道路的探索还没有完全摆

脱"城市中心论"的影响,虽然这一探索符合中国的实际,却因为与俄国的成功经验相违背,不仅没有得到共产国际的支持,受到了教条主义者的反对,也没能被大多数党员认可。但它对其后的继续探索无疑具有十分重要的开拓意义。

1935年,中央红军到达陕北,特别是中共中央迁到延安之后,中国革命的实际状况是:长征仅保留下来3万红军,中国共产党在城市的地下组织几乎被破坏殆尽,陕北在地理上又远离国民党统治的中心城市,短期内无力也不可能对国民党的统治构成威胁。面对日本帝国主义加紧侵略中国,中日民族矛盾上升为主要矛盾的新形势,如果不适应新形势,不参与以抗日民族统一战线为中心的新的政治组合,而仍持续进行内战,就更加不可能领导中国革命的发展方向。因此,在号召全民抗战的同时,中国革命是继续走苏俄式的道路,还是走符合中国实际的农村包围城市,最后夺取城市的道路,再一次成为延安时期中国共产党人不得不面对的选择。

1936年12月,毛泽东在《中国革命战争的战略问题》一文中,进一步深入分析了中国革命战争的特点和中国共产党及其军队应该坚持的战略战术。毛泽东在文章中指出"围剿"和反"围剿"是中国内战的主要形式,全面分析了如何正确对待战略防御、战略反攻等战略以及如何成功运用运动战、速决战、歼灭战等战术,在以实事求是、理论联系实际的学风探索中国革命道路的征程中又迈出了重要的一步。

1940年,在著名的《新民主主义论》一文中,毛泽东系统阐述了中国革命应分两步走,即先完成新民主主义革命,建立新民主主义社会,再向社会主义社会过渡的理论。在这篇文章中,毛泽东明确指出:"中国革命的历史进程,必须分为两步,其第一步是民主主义的革命,其第二步是社会主义的革命,这是性质不同的两个革命过程。而所谓民主主义,现在已不是旧范畴的民主主义,已不是旧民主主义,而是新范畴的民主主义,而是新民主主义。"并且认

二、实质：思想信仰的伟力

为："这就是现时中国革命的历史特点。在中国从事革命的一切党派，一切人们，谁不懂得这个历史特点，谁就不能指导这个革命和进行这个革命到胜利，谁就会被人民抛弃，成为向隅而泣的可怜虫。"①

毛泽东这些论著的发表，集中表明了中国共产党人在长期革命实践中，以理论联系实际、实事求是的学风，把马克思主义与中国革命的具体实践相结合，最终找到了符合中国实际的革命道路，即走农村包围城市、武装夺取政权的革命道路。这条革命道路与俄国的成功经验是完全不同的，是一条具有中国特色的革命道路。

毛泽东之所以能够建立起适应中国国情的中国革命道路新体系，并非一时的天才灵感，而是在于他始终能够坚持以理论联系实际的学风，把马克思主义与中国的实际相结合，注重实际应用。这一符合中国国情的中国革命道路新体系是毛泽东在实践中长期积累，在理论上独立思考并逐步升华的结果。

大革命时期，毛泽东就以在湖南的农村调查而名闻全党。井冈山时期，毛泽东提出中国革命的胜利要靠中国同志对国情深刻了解的论断，指出没有调查就没有发言权，反对教条主义与本本主义的作风。与此同时，他还带头进行实地调查，并撰有《兴国调查》《长冈乡调查》和《才溪乡调查》等文章，以此作为制定适应现实需要的政策的依据。

中共中央迁到延安后，毛泽东多次强调要坚持理论联系实际的学风，在工作之余也坚持深入群众，进行调查。② 1938 年 10 月，在中共六届六中全会上，毛泽东再次指出："共产党员是国际主义的马克思主义者，但是马克思主义必须和我国的具体特点相结合并通过一定的民族形式才能实现……对于

---

① 《新民主主义论》(1940 年 1 月)，《毛泽东选集》(第 2 卷)，人民出版社 1991 年版，第 665 页。
② 师哲回忆，李海文整理：《在历史巨人身边——师哲回忆录》，中央文献出版社 1991 年版，第 234 页。

中国共产党说来,就是要学会把马克思列宁主义的理论应用于中国的具体的环境。成为伟大中华民族的一部分而和这个民族血肉相连的共产党员,离开中国特点来谈马克思主义,只是抽象的空洞的马克思主义。因此,使马克思主义在中国具体化,使之在其每一表现中带着必须有的中国的特性,即是说,按照中国的特点去应用它,成为全党亟待了解并亟须解决的问题。洋八股必须废止,空洞抽象的调头必须少唱,教条主义必须休息,而代之以新鲜活泼的、为中国老百姓所喜闻乐见的中国作风和中国气派。"[1]探索革命道路需要理论联系实际的学风,使广大干部群众接受并坚持这条道路同样需要这种学风。

虽然以毛泽东为代表的中国共产党人找到了符合中国实际的革命道路,但是由于共产国际的权威地位,党内长期存在的主观主义学风及其表现形式的教条主义和经验主义仍然有着不小的影响。1935年1月召开的遵义会议,虽然结束了"左"倾教条主义在中央的统治,但仅仅解决了当时较为迫切的军事和组织问题,并未能在政治和思想上对其进行彻底清算。抗战初期,以王明为代表的教条主义者仍然以共产国际的指示为圭臬,为巩固国共合作的局面,提出了"一切经过统一战线"的口号。由于王明在党内的特殊地位,加之共产国际的至上影响,此口号在党内造成了思想认识上的不少混乱。

为帮助广大党员认清中国革命的实际,做到理论联系实际,认识正确的革命道路,1942年2月初,在毛泽东倡议下,中共中央发起以"反对主观主义以整顿学风,反对宗派主义以整顿党风,反对党八股以整顿文风"[2]和党史学习为主要内容的马克思主义学习教育活动,即整风运动,"反对主观主义以整

---

[1] 《中国共产党在民族战争中的地位》(1938年10月14日),《毛泽东选集》(第2卷),人民出版社1991年版,第534页。

[2] 《整顿党的作风》(1942年2月1日),《毛泽东选集》(第3卷),人民出版社1991年版,第812页。

顿学风"被列为第一位。毛泽东还在《改造我们的学习》和《整顿党的作风》两篇论作中专门对学风整顿问题做了集中论述。

毛泽东肯定了抗战以来党在根据马列主义普遍真理研究抗日战争具体实践中已经取得的进步,同时指出党内仍然普遍存在着的缺点,即对国内和国际的政治、军事、经济、文化等方面缺乏系统的研究;对中国古代史,尤其是近百年史还没有认真研究;在学习国际的革命经验,学习马克思列宁主义的普遍真理时,只会片面地引用马克思、列宁、斯大林的个别词句,而不会运用他们的立场、观点和方法具体地研究中国的现状和历史,具体地分析和解决中国革命问题。毛泽东还着重批驳了党内长期存在的主观主义学风,提倡用调查的方法系统地研究周围的状况,提出"没有调查就没有发言权"①的论断。毛泽东认为,"反对主观主义以整顿学风"是延安整风的三大主要任务之一,要求广大干部群众以理论联系实际的学风学习马克思列宁主义并在中国革命中加以运用,而不要"把它看成是死的教条"②。

1942年2月正式开始的整风运动,在4—8月首先展开的就是学风学习阶段。

这一阶段的开始,以1942年4月3日中宣部发出的《关于在延安讨论中央决定及毛泽东同志整顿三风报告的决定》为标志,以"反对主观主义以整顿学风",解决如何正确对待马克思主义理论和端正党的思想路线为主要任务,以毛泽东的《改造我们的学习》和《整顿党的作风》等22个文件为主要学习内容。延安各单位先后有万余人参加了学风学习。各抗日根据地也先后展开了学风学习活动。

---

① 《改造我们的学习》(1941年5月19日),《毛泽东选集》(第3卷),人民出版社1991年版,第802页。

② 《整顿党的作风》(1942年2月1日),《毛泽东选集》(第3卷),人民出版社1991年版,第817页。

整顿学风的运动收到了良好的效果,使马克思主义者和教条主义者对中国革命道路的不同选择分出了是非。

首先,广大干部群众的学习,不是孤立静止地停留在对文件词句的研究上,而是从总结中国革命的历史经验,批判王明的"左"倾和右倾错误中来领会文件的精神实质;运用学习到的理论来分析现实生活中的新情况、新问题;从大量事实中深刻认识教条主义者的主观决策脱离中国实际,给革命事业造成了重大损失。

其次,广大干部群众认识到实践和调查研究的重要意义。懂得了调查研究是反对主观主义的有力武器,是掌握和执行政策、转变工作作风的基本条件。要做到实事求是,理论联系实际,就必须对周围事物进行全面系统的调查研究。

再次,广大干部群众认识到要真正扫除主观主义,还必须反对粗枝大叶的思想作风和工作方法。

更为重要的是,广大干部群众"由于能够掌握了政治思想武器,思想开朗,胸怀开阔,认清斗争方向,掌握斗争方法,看到光明前途,并为此目标而奋斗,自觉地从政治上、思想上与党中央保持一致。而党中央有了一大批能够拥护党的路线政策,独立处理政治、军事问题的干部,更有信心来领导"①。

整顿学风的意义,归结到一点,就是扫清了教条主义学风在党内的影响,坚定了广大干部群众对农村包围城市、武装夺取政权、由新民主主义革命向社会主义革命过渡的具有中国特色的革命道路的信念,为中国革命取得最后的胜利奠定了基础。

由此可见,反对主观主义的学风,树立理论联系实际的优良学风,不仅是

---

① 莫文骅:《谈谈延安精神》,中国延安精神研究委员会宣传委员会:《延安颂歌——继承和发扬延安精神》,新华出版社1992年版,第27页。

延安整风的主要内容之一,而且是延安精神的实质性内容之一,它在中国革命道路的选择上起了至关重要的作用。

学风问题不仅关系着中国革命能否取得胜利,而且关系着社会主义革命、建设、改革的兴衰成败。我们要继承和发扬延安精神,就必须继承理论联系实际的优良学风。改革开放40年来,以邓小平、江泽民、胡锦涛、习近平为主要代表的中国共产党人,促成了中国特色社会主义理论体系的诞生并推动其不断发展和完善,先后创立了邓小平理论、"三个代表"重要思想、科学发展观和习近平新时代中国特色社会主义思想,多次与时俱进地开辟马克思主义中国化新境界、中国特色社会主义新境界。以科学理论武装起来的中国共产党,带领全国人民取得了举世瞩目的建设成就,彰显了马列主义的科学性、开放性及其强大生命力。

习近平新时代中国特色社会主义思想是马克思主义中国化的最新成果,是全党全国人民为实现中华民族伟大复兴中国梦而奋斗的行动指南。习近平同志在党的十九届一中全会上发表讲话时,不忘强调学风问题。他指出:"生活之树常青。一种理论的产生,源泉只能是丰富生动的现实生活,动力只能是解决社会矛盾和问题的现实要求。在新时代的征程上,全党同志一定要弘扬理论联系实际的学风,紧密联系党和国家事业发生的历史性变革,紧密联系中国特色社会主义进入新时代的新实际,紧密联系我国社会主要矛盾的重大变化,紧密联系'两个一百年'奋斗目标和各项任务,自觉运用理论指导实践,使各方面工作更符合客观规律、科学规律的要求,不断提高新时代坚持和发展中国特色社会主义的能力,把党的科学理论转化为万众一心推动实现'两个一百年'奋斗目标、实现中华民族伟大复兴中国梦的强大力量。"①这既

---

① 《习近平在党的十九届一中全会上的讲话》(2017年10月25日),人民网,网址:http://jhsjk.people.cn/article/29738466。

是对全体党员干部在新时代历史条件下运用理论方面提出的新要求,也是以习近平同志为核心的党中央践行延安精神的写照。

转变观念:文风改造的配合

与俄国十月革命不同,中国革命实际上是以马克思列宁主义为指导思想的中国共产党领导下的现代农民革命,革命的主要阵地在农村而不在中心城市,要想取得革命的胜利,就必须发动占全国人口90%的农民。受经济、教育水平的制约,中国农民整体的文化素质较差,不识字率在90%以上。因此,要在农民中广泛宣传党的方针、政策,就必须采用他们所喜闻乐见的形式。同样,要坚持走这条革命道路,必须反对教条主义,反对其宣传形式——党八股。这两个特点决定了党的基层干部,尤其是宣传干部不仅要废除党八股的文风,而且要善于向农民大众学习,丰富自己的语言,培养新鲜活泼、为百姓喜闻乐见的文风,以促使广大干部群众思想观念的改变。

要废除党八股的文风,必须对其来源、表现及危害有清醒的认识。

所谓党八股的文风,"就是不看实际情形,死守着呆板的旧公式、旧习惯"。毛泽东对党八股的表现形式和特点进行了概括,即"空话连篇,言之无物"、"装腔作势,借以吓人"、"无的放矢,不看对象"、"语言无味,像个瘪三"、"甲乙丙丁,开中药铺"等八条。[①]

面对知识程度较低的民众,要想宣传党的路线、方针、政策,宣传文章应具有充实的内容、适当的长度、浅显的程度,才能够适应对文化水平不高的广大民众进行宣传的需要。但在当时的延安,却存在着相反的情况。一些文章

---

① 《反对党八股》(1942年2月8日),《毛泽东选集》(第3卷),人民出版社1991年版,第833—841页。

写得很长,教条主义的味道极浓,动不动就引经据典,对中国革命的实践没有提出具体措施,当然不能引起广大党员、工农大众的兴趣。长此以往,就会严重影响到对中国革命道路的宣传,影响对广大农民群众的动员力度与广度。因此,毛泽东将"空话连篇,言之无物"列为党八股的第一条罪状。

"装腔作势,借以吓人",是党内的主观主义者和教条主义者在文风上的主要表现。由于他们宣传的那一套多半脱离了中国实际,得不到干部、民众的回应,而他们又想得到支持,才能有生存空间,所以就在文风上大做文章。这些人大多读过马克思、列宁的一些著作,于是就出现了引经据典的长篇大论,指责这个不懂马列主义,那个是狭隘的经验论,这个违背了列宁的教导,那个不听共产国际的指示等等,以扩大自己对中共政策的影响力。

党的路线、方针、政策的宣传对象,本来就是广大群众,尤其是农民,可是有些宣传工作者却不加考虑。做宣传之前,既不调查宣传对象,也不研究宣传方法,"无的放矢,不看对象"。这种宣传很难被广大群众理解和接受,自然收不到良好效果。毛泽东举例说,有人在写"工人"两个字时,将"工"的第二笔转两个弯,把"人"的右边一笔加上三撇。这在写法上虽然没有错,但是却使本来就不识几个字的老百姓更加看不懂,也就无法理解党的宣传了。

党要在群众中进行宣传,必须熟悉群众的语言,向群众学习。但一些受教条主义影响较深的人,盲目照搬十月革命经验,要求中国革命走以城市为中心的道路,这就使得他们在宣传上重城市而轻农村。不熟悉中国农村及农民的现状与农民的要求,就只能在语言上满足于照抄、照搬马克思、列宁的原句,不知道如何使用民众喜闻乐见的丰富生动的语言,更不知道吸收外国语言中的合理成分。于是,"一篇文章,一个演说,颠来倒去,总是那几个名词,一套'学生腔',没有一点生动活泼的语言,这岂不是语言无味,面目可憎,像

个瘪三吗?"①

"甲乙丙丁,开中药铺",也是毛泽东列举的党八股在文风上存在着的严重的形式主义。虽然文章、演说、报告的内容空洞无物,语言干瘪乏味,但在形式上却是方方面面,无所不备。"写文章,做演说,著书,写报告,第一是大壹贰叁肆,第二是小一二三四,第三是甲乙丙丁,第四是子丑寅卯,还有大ABCD,小abcd,还有阿拉伯数字,多得很!"②

党内的主观主义者和教条主义者,既然一味地相信俄国十月革命的经验,自然看不到中国革命的现实条件,也就不愿意进行调查研究,也就提不出具体问题和解决问题的措施。他们只能罗列一大堆现象,满足于形式主义的分析方法。这样的做法,根本谈不上进行革命宣传和发动民众。这些党八股的表现形式,不仅出现在文章、演说、报告和决议中,而且在党的政治、组织、教育、文学艺术以及其他各个部门的工作中均有表现,其实质则是主观主义与教条主义。

如果允许这种文风在党内流行,就会使党的宣传日渐脱离实际,使党不能够得到广大民众尤其是农民的支持和拥护,最终结果必然是"妨害革命"。

从对党八股的来源、表现形式及危害的分析中,我们不难发现,它确实是主观主义和宗派主义在宣传中的表现形式,如果不将其彻底清除,就不能用正确的态度对待马克思列宁主义,就不能使真正的马克思主义在中国得到广泛的传播和发展,广大干部群众就不可能获得真正的思想解放,就不能培养生动活泼的革命精神,也就不可能取得革命的最后胜利。

既然党八股有这么大的危害,那么就必须反对这种文风,树立马克思主义的新文风。

---

① 《反对党八股》(1942年2月8日),《毛泽东选集》(第3卷),人民出版社1991年版,第837页。
② 《反对党八股》(1942年2月8日),《毛泽东选集》(第3卷),人民出版社1991年版,第838页。

二、实质:思想信仰的伟力

新文风究竟有什么样的要求呢?中国共产党的著名宣传工作者胡乔木对此做了很好的回答。他认为,新文风有以下几个特征:第一,新文风应当打破一切固定的格式,既要借鉴别人文章的形式,又要根据自己文章的内容来确定它的样式。第二,内容要有新东西。要善于从生活中获得新材料,不能重复和抄袭。第三,要写得具体细致,对写作内容有仔细的研究和周密的考察,还要把题目范围定得小一些。这三个特征归纳起来,就是要用丰富的语言来写那些从群众生活中获得的新材料。① 所谓的新文风,就是能够贴近群众生活,为群众喜闻乐见,新鲜活泼的文风;就是能够帮助广大党员干部转变观念,深入群众,更好地宣传党的路线、方针、政策的文风。

要树立这种新的文风,就要转变观念,深入群众的生活,运用通俗易懂的语言,采用灵活多变的形式。毛泽东正是中国共产党人中树立这种新文风的典范之一。他不仅深刻地分析了党八股的来源、表现形式及危害,为大家提供了反对党八股的正确方法,而且还身体力行地采用通俗易懂的语言写文章、做演说、讲课;他亲自参与延安《解放日报》的改版工作,领导了党内的整顿文风运动;他亲自参加了延安文艺工作者座谈会并发表重要讲话,指导文艺界反对党八股的文风;他为纠正党内的教条主义影响做出了贡献。

毛泽东在《反对党八股》一文中,提出了反对党八股文风的几种方法:其一,在写文章和传单前,要深入工农中进行调查,了解他们的要求,听取他们的意见。其二,写作时,不是照搬书本上的公式化语言,而是使用大众语言。只有这些大众语言,才能最准确地反映千百万民众的思想和情绪。也只有这样,才能使他们领会党的路线、方针、政策。其三,写文章要遵循鲁迅提出的几项规则,即"留心各样的事情,多看看,不看到一点就写","写不出的时候不硬写","写完后至少看两遍,竭力将可有可无的字、句、段删去,毫不可惜。宁

---

① 《报纸和新的文风》,《胡乔木文集》(第1卷),人民出版社1992年版,第81—83页。

可将可作小说的材料缩成速写,决不将速写材料拉成小说","不生造除自己之外,谁也不懂的形容词之类"。①

在积极倡导马克思主义新文风的同时,毛泽东在写作和讲课中带头使用通俗易懂的语言和讲话方式。

为从哲学理论的高度展开对党内教条主义的批判,毛泽东写成了《实践论》和《矛盾论》两部哲学著作。但八路军团级以上干部,绝大多数出身工农,文化水平较低,且连年征战,很少受到系统的理论教育。营连级以下干部的文化水平更低,不少人根本不识字。要让这样文化水平的干部理解《矛盾论》和《实践论》的精髓,不使用通俗易懂的语言和形象化的方式,是不可能做到的。

为此,毛泽东不仅亲自给这些干部讲课,而且在讲课中常常列举许多浅显的例子,来说明抽象的哲学道理。

在讲感性认识到理性认识的飞跃时,毛泽东说,延安西北菜馆里有个老师傅,50多岁了,炒菜炒了34年,人家总愿意到他那里去吃,因为他炒的菜非常香。他炒的菜为什么受人欢迎呢?他开始时也是没有经验,盐放多了菜咸,放少了就淡,于是大家就给他提意见。可他通过在长期的实践中慢慢摸索,不断总结经验,今天如果人家叫他来讲,他能讲出一大套道理,这就是由感性提高到理性,就是人们对客观事物的认识过程。

在讲"矛盾"这个词时,毛泽东举例说,矛盾就是打架。世界上的一切事物都在打架。你要战胜我,我要战胜你。正在这时,有个泥瓦匠恰巧在修理房顶,敲得丁丁当当一阵乱响,于是毛泽东就说,我们和泥瓦匠也在"打架"。我们上课需要安静的环境,他却要工作,这样就发生了

---

① 《反对党八股》(1942年2月8日),《毛泽东选集》(第3卷),人民出版社1991年版,第843—844页。

二、实质：思想信仰的伟力

矛盾。

讲实践论时,毛泽东结合亲身经历说,我在师范上学,当教员出身,从未想过去搞军事,去打仗。后来自己带起队伍打起仗来,上了井冈山。在那里先打了一个小胜仗,接着又打了两个大败仗。于是我们总结经验教训,才产生了打游击的十六字口诀。①

毛泽东的文章,也尽量使用形象化的语言。如《反对党八股》一文,为说明党八股的危害,拿洗脸来打比方："一个人偶然一天两天不洗脸,固然也不好,洗后脸上还留着一个两个黑点,固然也不雅观,但倒并没有什么大危险。写文章做演说就不同了,这是专为影响人的,我们的同志反而随随便便,这就叫做轻重倒置。许多人写文章,做演说,可以不要预先研究,不要预先准备;文章写好之后,也不多看几遍,像洗脸之后再照照镜子一样,就马马虎虎地发表出去。其结果,往往是'下笔千言,离题万里',仿佛像个才子,实则到处害人。"②

由于毛泽东坚持在讲演与写作中使用通俗易懂的语言,因此这种方式使他的思想和理论能为文化水平不高的各级干部、党员及民众所接受,从而有利于扩大党的路线、方针、政策在群众中的传播和影响。

延安整风时期,党内反对党八股文风的一个典型事件,就是对党的机关报——《解放日报》的改版。

抗战初期,中共中央已创办了《新中华报》《解放》及《中国文化》《中国工人》《共产党人》等十余种报刊,但1940年后由于形势发展而不能满足读者日益增加的需求了。如四开版中型三日刊的中央机关报《新中华报》,内容不

---

① 以上三段内容皆参见张志清、孙立、白均堂的《延安整风前后》(江苏文艺出版社1994年版,第42—43页)。

② 《反对党八股》(1942年2月8日),《毛泽东选集》(第3卷),人民出版社1991年版,第840页。

够,周期过长,分量不足。中央机关刊物《解放》属于周刊,有时两周合刊,长文章多,短文章少,也不能适应形势。其他报刊也有类似情况。1941年后,各抗日根据地进入困难时期,纸张经费困难,发行渠道堵塞,必须进行改革。

基于上述原因,毛泽东向中共中央建议,停办延安的《新中华报》和《今日新闻》,集中力量办一份中共中央机关报《解放日报》,以适应形势的需要。

《解放日报》在创刊后的十余个月中,在宣传党的路线、方针、政策,报道八路军、新四军和各根据地军民英勇抗战的事迹,揭露敌伪的暴行和国民党的反共阴谋等几个方面发挥了重要作用,其副刊《文艺》也成为活跃边区文艺创作的重要阵地。

然而,《解放日报》在编排上也存在着严重缺点。

首先,编排形式固定化。机械地搬用某些大报的具体做法,追求形式上的"程式化"和"正规化"。该报版面编排,一版为国际,二版为国内,三版为边区,四版为本市(延安市)。国际报道占了绝对优势,有关边区军民活动的有价值的新闻和涉及边区民众生活的重大决策,却受固定版面编排的限制,上不了一版头条。这样就在一定程度上脱离了群众。据统计,该报创刊后的七个半月里,共发表了217篇社论,其中关于国际方面的就占到64.1%,关于解放区的仅占16.6%。①

其次,对党的路线、政策宣传不力。《解放日报》创刊时,正值延安整风运动的准备阶段。该报未对毛泽东《改造我们的学习》这一纲领性文件进行突出报道,没有重视整风运动对共产党人思想解放的重要意义,仅对作为整风运动标志的毛泽东的《整顿党的作风》演讲,发表了一个简讯。

再次,文风上染上了党八股。如该报每天必有一篇社论,国际新闻、战况报道、会议新闻、气象新闻等都分别有固定的模式。

---

① 王敬主编:《延安〈解放日报〉史》,新华出版社1998年版,第22页。

二、实质:思想信仰的伟力

《解放日报》染上八股文风的原因,主要有两个方面:其一,党内还没有从思想上肃清以王明为代表的教条主义、主观主义、宗派主义和党八股,也就不可避免地表现在报纸宣传上;其二,多数编辑人员是抗战开始后参加革命工作的青年知识分子,很少注意研究在延安办报纸与在国内外大城市办报纸的区别。

在延安《解放日报》改版问题座谈会上,作家萧军等人对《解放日报》的八股文风进行了批评。萧军认为该报作为全边区的唯一大报,应考虑读者的需要,要群众化,党的消息可占1/3,群众性消息可占2/3。不应该总是板着面孔说话,表现方式应轻松活泼,可以增加一些社会新闻。社论不必每天有,有多少话就写多少,没有话干脆不要写。文字要开门见山,不要拐弯抹角。①

朱德则强调,报纸要反映战争,反映敌后残酷的扫荡和反扫荡斗争,并帮助解决军民关系中的问题。毛泽东在发言中认为:要高度重视党报的作用,要利用报纸推动全党整顿三风的工作,要充分反映群众生活,传达他们的意愿和呼声。文字应该通俗易懂,简洁明了,为广大群众所喜闻乐见。党报要有适当的、正确的批评,以增强党性。②

1942年4月1日,改版后的《解放日报》以新的姿态出现。整个版面做了重大调整,一版是以根据地消息为主的要闻版,二版是陕甘宁边区和国内消息版,三版为国际消息版,四版是综合副刊版。其后,版面进一步调整为:一版,要闻、战况、社论;二版,生产、政治、战斗通讯;三版,思想、艺术文化、科学知识;四版,国际消息。

《解放日报》的改版,是反对党八股以整顿文风运动的重大成果。诚如有的学者指出的那样:"这个转变,从'言必称希腊'转到让人民群众上头版,大

---

① 张志清、孙立、白均堂:《延安整风前后》,江苏文艺出版社1994年版,第128页。
② 张志清、孙立、白均堂:《延安整风前后》,江苏文艺出版社1994年版,第128—129页。

大扩充了报道根据地和陕甘宁边区的篇幅。"①作为一个风向标,它清楚地表明,以毛泽东为代表的中国共产党人在找到农村包围城市的革命道路后,党的宣传工作重点也同样转向了以农民为主的广大群众。反对八股文风,正是对这种理论思维方式转变的有力配合。

除文风之外,《解放日报》改版的另一个重要原因,是该报曾先后发表了一些思想和立场与党的路线、方针、政策不尽一致的文章,特别是一些文艺作品,在读者中产生了一些负面影响。毛泽东由此认识到,要正确地宣传党的路线、方针、政策,仅靠改版《解放日报》是远远不够的,还要改变延安文化界人士的思想观念。为此,他先后主持和参加了三次延安文艺工作者座谈会,并发表了著名的《在延安文艺座谈会上的讲话》。

在讲话中,毛泽东指出,革命文艺要有正确的发展,要更好地协助其他的革命工作,"借以打倒我们民族的敌人,完成民族解放的任务"。他分析了文艺工作者的立场、态度、工作对象、工作和学习等一系列问题,强调了革命文艺的中心问题是为群众的问题和如何为群众的问题,即文艺要为工农兵大众服务和怎样为工农兵大众服务的问题。在此基础之上,他还特别强调了共产党的文艺工作的位置和方向,"因此,党的文艺工作,在党的整个革命工作中的位置,是确定了的,是摆好了的;是服从党在一定革命时期内所规定的革命任务的"。②

毛泽东的这些讲话清楚地表明,在确定了正确的革命道路后,党的工作重心开始由中心城市转向农村,当前任务变为建立敌后抗日根据地,党所依靠的主要力量就是广大农民。要想争取更多的农民投入到这场为争取民族

---

① 张志清、孙立、白均堂:《延安整风前后》,江苏文艺出版社1994年版,第130页。
② 《在延安文艺座谈会上的讲话》(1942年5月),《毛泽东选集》(第3卷),人民出版社1991年版,第866页。

解放和革命胜利的斗争中来,就要使文艺创作配合党的宣传工作,向广大工农兵群体宣传党的路线、方针和政策。

毛泽东这一讲话发表后,引起了延安文艺工作者的热烈讨论。在学习及讨论中,绝大多数文艺界人士开始有意识地转变观念,尝试着从民族解放的要求与适应人民文化水平的目的出发,力求做到文学作品写人民大众的生活、斗争、要求、愿望及情感,做到思想内容大众化,同时尝试在文学作品中采用大众喜闻乐见的艺术构思、情节组织、篇章结构及叙述语言,做到艺术表现形式的大众化。一场文艺革命由延安向各根据地推广开来。

各根据地戏剧艺术表现形式的大众化,是从秧歌剧的改革开始的。秧歌剧是在对民间流行的旧秧歌形式进行大胆革新与创造的基础上,由秧歌发展而来的。秧歌剧不仅有歌有舞,而且有说白,有多种表现形式,有化装、服饰与道具,是一种融戏剧、音乐、舞蹈、美术、文学于一体的综合性艺术形式。抗战时期秧歌剧的代表作有《兄妹开荒》《白毛女》等。秧歌剧这一艺术表现形式的创造成功,为抗日民主根据地戏剧创作开拓了一条通向大众化的道路。

拥有广大读者的小说创作,这一时期也开始表现出大众化的趋向。从1943年5月起,小说家赵树理连续推出了《小二黑结婚》《李有才板话》《李家庄的变迁》等一系列小说,在推进小说大众化的发展上独领风骚。赵树理小说的大众化,主要体现在既吸收了传统章回体小说讲究故事连贯性与完整性的特点,又抛弃了章回体小说的基本框架,情节首尾连贯,大故事套小故事,一环扣一环,形成了自己的新的艺术构思模式,即先介绍人物,然后掭述不同时空里发生的与人物相关的故事,涵盖着广阔的生活画面、社会矛盾斗争、人物性格及其精神风貌,最后交代人物命运及结局。

文艺大众化的另一个表现,是诗歌创作的大众化,其代表作有李季的《王贵与李香香》、阮章竞的《漳河水》、张志民的《王九诉苦》、田间的《赶车传》等。

这一时期,延安及各根据地文艺创作上所表现出来的大众化的趋向,极

大地改变了文艺脱离民众、脱离现实生活的现象,吸引了大批中下层文化水平的干部群众。透过这些通俗易懂的作品,战时形势、中国革命的特点、党的路线方针政策、民族英雄的形象得到迅速传播,其所蕴含的价值观念也逐步深入民心。

从毛泽东深刻分析党八股的来源、表现和危害,到"反对党八股以整顿文风"的运动,从《解放日报》改版到延安文艺座谈会的召开,延安整风运动有层次、有节奏地展开,而所有这一切都是为了通过历史与现实的比较,通过理论学习,特别是通过文风、学风的改造,将实事求是的思维方式灌输给广大的党员干部,使他们在党的路线、方针、政策发生重大变化的情况下,彻底改变原有观念,摆脱教条主义思潮的影响,适应新的形势,坚定对毛泽东所开创的中国革命新道路的信念。

树立旗帜:整顿党风的意义

在探索中国革命道路的进程中,早期中国共产党人之所以犯了很多"左"倾和右倾错误,走了不少的弯路,一个重要的原因,就是党在长时间内没有能够真正地把马克思列宁主义与中国革命的具体实践结合起来,没有形成能够统一全党的指导思想,没有产生一位有威望、能阐明中国革命理论、为全党公认的领袖,党的组织纪律不太严明,党内长期存在着严重的宗派主义作风,从而妨碍党的统一,危害革命事业。因此,要想真正成为中国革命事业的领导核心,就必须反对宗派主义作风,用正确的思想武装全党,保持党在政治、思想上的团结统一,树立起新的党风。

所谓党风,就是指一个政党及其党员、干部在政治、思想、组织、工作和生活等方面的作风。党风反映着党的思想原则、工作态度、生活作风及道德行为,体现着一个政党的性质和宗旨,是党的性质和世界观的外在表现。

二、实质：思想信仰的伟力

中国共产党在性质上不同于资产阶级政党，有着显著的作风特征。由于种种原因，虽然党的早期领导人在党风建设上做了不少努力，使宗派主义在共产党内并没能占据支配地位，但宗派主义的残余却是长期存在着的，严重地影响了党的团结统一，阻碍了党在革命中发挥更大的作用。

作为主观主义在组织关系上的表现之一，宗派主义的特点是思想狭隘，只顾小集团利益，好闹独立性和做无原则的派系斗争。有宗派主义思想的人"只看见局部利益，不看见全体利益，他们总是不适当地特别强调他们自己所管的局部工作，总希望使全体服从他们的局部利益"①。

宗派主义在共产党内长期存在的原因主要有以下几个方面：其一，个人主义思想的影响。受此影响的党员，只知道替自己打算，而不顾及别人和全党的利益，在党内闹名誉、闹地位、闹出风头。其二，旧有观念的影响。由于中国长期以来是一个宗法社会，人们在社会生活中逐渐形成了乡土意识、地域观念，形成了裙带关系等。其表现就是，利用同学、同乡、上下级等各种关系，结成宗派主义的小团体，排挤和打击与自己意见不同的同志。其三，中国共产党成立后，一直是在共产国际指示下开展工作的。党虽然确认马克思主义为指导思想，但没能使之与中国革命的具体实践真正结合起来，从而没能形成统一全党的指导思想。其四，一段时间内，中央主要领导大多是由共产国际推荐并在其支持下主持党内工作的，没有从实践中产生一位能够真正得到全党承认和拥护的领袖。

抗日战争全面爆发前，党内主要有以王明为首和以张国焘为首的两大宗派主义。

以王明为首的宗派主义，是指王明在共产国际及其代表米夫的支持下取

---

① 《在延安文艺座谈会上的讲话》(1942年5月)，《毛泽东选集》(第3卷)，人民出版社1991年版，第866页。

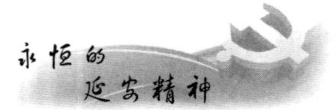

得中共中央领导权后,指派博古为中共中央总书记,组成以留苏人员为主的中央领导机构。这些人在推行"左"倾教条主义路线的同时,排斥和打击与其意见不一的同志,尤其是极力排挤毛泽东、刘伯承等长期在国内进行革命斗争的同志,在长征开始前甚至一度把毛泽东等反对其错误路线的人排除在长征人员名单之外。在多数同志的极力反对下,他们才勉强同意毛泽东等人参加长征。

王明"左"倾宗派主义所推行的路线,不仅给中国革命和红军造成了空前损失,而且严重影响到中国共产党的内部团结。遵义会议虽然结束了"左"倾教条主义在中央的统治,但是却没能彻底消除宗派主义的影响。宗派主义在党内依然存在。

中国共产党内宗派主义的另一个著名代表人物是张国焘。张国焘参加过党的一大并担任过领导职务,是党的创始人之一。在党创建农村革命根据地时期,他是鄂豫皖根据地和红四方面军主要领导人,推行"左"倾教条主义路线和宗派主义政策,打击与其意见不合的干部,先后杀害许继慎等著名红军将领,迫害曾中生等原鄂豫皖根据地主要领导人。长征途中,红四方面军与毛泽东等人率领的红一方面军会师后,当红四方面军比红一方面军人多马壮时,张国焘的野心开始膨胀起来。先是借口红四方面军人多而在军委委员中的名额少,向中央要求增加名额。后来又提出更多的要求,甚至在他当了红军总政委后仍不满足。在中央做出北上决定后,他先是表面同意,后来又认为南下正确。在其意见被中央否定后,他竟然妄图以武力解决问题。毛泽东和部分中央领导人得知消息后先期北上,张国焘竟然不顾朱德等人的强烈反对,另立中央,走上了分裂党和红军的道路。南下遭到重大失败后,他虽然被迫北上并取消第二中央,但是内心却拒不承认错误,最终背叛了中国共产党。

除了以王明和张国焘为代表的宗派主义外,在党内,本地干部和外来干

二、实质:思想信仰的伟力

部间,军队干部和地方干部间,老干部和新干部间,也部分地存在着宗派主义的思想。

宗派主义的存在及其危害表明,要想取得革命的胜利,必须在党内反对形形色色的宗派主义,加强自身团结。要做到这一点,就不能以教条主义的学风对待马克思主义,照搬别国经验,而是要将马克思主义与中国革命的具体实践相结合,找到能够真正统一全党的指导思想,产生能够得到全党公认的领袖。

经过长期探索后,中国共产党终于找到了能够指导全党的思想——毛泽东思想,产生了为广大党员所公认的领袖毛泽东。

早在大革命时期,毛泽东积极领导两湖的农民运动并撰写了《中国社会各阶级的分析》和《湖南农民运动考察报告》等著作,指出了农民阶级对中国革命的重要性。当时中国共产党还处在幼年时期,革命工作大都是在共产国际指导下进行,工作重心主要在城市。毛泽东的主张并未受到重视,也没有产生实际的影响。

在井冈山开展武装斗争时期,毛泽东不断地总结经验。他先后撰写了《中国的红色政权为什么能够存在》《井冈山的斗争》《星星之火,可以燎原》等著作,从理论上初步探讨了中国革命的特点,提出了工农武装割据的思想。毛泽东的这一理论创造,虽然并没有完全突破城市中心论的局限,佢是初步指出了中国革命应该走农村包围城市的道路,毛泽东思想初步形成。

在毛泽东思想初步形成并指导中央苏区武装斗争的过程中,毛泽东在中国共产党内和中国工农红军中的地位也逐渐上升。1931年11月,中华苏维埃共和国成立时,他当选为政府主席。然而,由于党内教条主义的存在,初步形成的毛泽东思想并没有得到全党和共产国际的支持,毛泽东个人在党和军队中的地位也是不巩固的。特别是王明等人取得党中央的领导权后,毛泽东逐渐失去了党内地位,并被剥夺了对军队的指挥权。

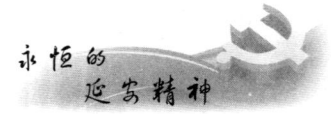

在中央红军长征过程中,"左"倾教条主义者的错误逐渐被广大干部和党员所认识,毛泽东提出挺进敌人力量薄弱的贵州的正确主张被接受。占领遵义后,中共中央召开了政治局扩大会议,结束了"左"倾教条主义在党中央的统治,重新确立了毛泽东在党和红军中的领导地位。这次会议不仅在党的历史上具有转折意义,而且在毛泽东思想发展的过程中也具有非常重要的地位。毛泽东领导地位的重新确立,为毛泽东思想走向成熟提供了必要的前提。

中共中央到达陕北,特别是进驻延安后,相对稳定的环境为毛泽东进行深刻的理论思考提供了条件,抗日战争的丰富实践也为毛泽东思想的成熟提供了基础。在众多因素的影响下,毛泽东先后撰写了《中国革命战争的战略问题》《实践论》《矛盾论》《抗日游击战争的战略问题》《论持久战》《中国共产党在民族战争中的地位》《〈共产党人〉发刊词》《中国革命和中国共产党》《新民主主义论》等多篇重要文章,系统地总结了中国革命胜利的经验和失败的教训,科学地回答了中国革命的道路、领导力量、动力、同盟军等重大问题,阐明了党的建设等重要理论,创造性地提出了统一战线、新民主主义革命总路线等重大政策。

然而,毛泽东的这些重要思想,与俄国十月革命的成功经验格格不入,一时也难以为广大党员干部所接受。要想使这种全新的思想深入人心,不仅要反对教条主义的学风,破除党八股的文风,而且要整顿党的作风,树立党的思想旗帜,产生党的领袖,以实现思想认识上的统一。这一重要任务经过延安整风运动终于得以最后完成。

如前所述,自中国共产党成立后,党内长期存在着各种各样的宗派主义。到了延安时期,虽然张国焘和王明两大宗派主义先后被清除,党内已经"没有占统治地位的宗派主义了,但是宗派主义的残余还是存在的,有对党内的宗派主义残余,也有对党外的宗派主义残余"①。这一时期的宗派主义,主要不是干部路线上的严重排斥异己、任人唯亲,而是表现在组织上把个人利益、局部利益置于全党利益之上,向党闹独立。尤其是当时各抗日根据地仍然处于各自为政、分散独立的游击战争状态,党内小生产者及知识分子占据很大的比重,因此很容易产生某些"个人主义""英雄主义""无组织的状态""独立主义"和"反集中的分散主义"的倾向。此外,在长期坚持农村武装斗争的环境下,在新老干部、军队干部与地方干部、外来干部与本地干部、知识分子干部和工农干部之间,也难免产生宗派主义倾向。

是继续坚持教条主义的路线,还是继续清理"左"倾错误,确立在实践中日益成熟起来的毛泽东思想为指导思想,维护和巩固毛泽东的领袖地位,成为与走什么样的革命道路相并行的中国共产党不得不面对和解决的重大问题。

基于上述原因,延安整风运动在进行了4个月的学风学习后,转入到整顿党风阶段。

整顿党风阶段,以毛泽东提出的反对宗派主义为主要任务;以中共中央《关于增强党性的决定》,毛泽东《整顿党的作风》中的党风部分、《在陕甘宁边区参议会的演说》、《反对自由主义》、《关于纠正党内的错误思想》,刘少奇《论共产党员的修养》《论党内斗争》,陈云《怎样做一个共产党员》等文作为主要学习内容;以解决宗派主义问题,解决个人和党的关系、干部和群众关系、干部间关系问题,解决民主和纪律问题,克服本位主义、闹独立性、极端民主化、自由主义、绝对平均主义和官僚主义的倾向为主要目的。

在学习文件的同时,中共中央采取了一系列措施,保证了整风的顺利进行,巩固了整风成果。

---

① 《整顿党的作风》(1942年2月1日),《毛泽东选集》(第3卷),人民出版社1991年版,第821页。

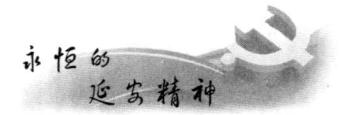

1941年7月,中共中央在《关于增强党性的决定》(下面简称《决定》)中明确提出:"今天巩固党的主要工作是要求全党党员,尤其是干部党员更加增强自己党性的锻炼,把个人利益服从于全党的利益,把个别党的组成部分的利益服从于全党的利益,使全党能够团结得像一个人一样。"①

《决定》指出,党内存在的违反党性的错误倾向,即在政治上自由行动,不请示中央或上级意见,不尊重中央和上级的决定,随便发言,标新立异,以感情代替政策,独断专行,或借故推脱,阳奉阴违,对党隐瞒;在组织上自成系统,自成局面,强调独立,反对集中领导,搞本位主义,调不动人,目无组织,只有个人,实行家长统制,只要下面服从纪律,而自己可以不遵守,反抗中央,轻视上级,打击别人,抬高自己;在干部政策上毫无原则,随便打击,感情拉拢,互相包庇,秘密勾搭,搞派别活动;在思想意识上个人主义倾向严重,一切从个人出发,一切都表现个人,个人利益高于一切,自高自大,自命不凡,抬高自己,喜欢奉承,搞风头主义等等。

因此,《决定》要求在党内开展反对分散主义、独立主义、个人主义的斗争,坚决肃清阳奉阴违的现象,爱护并帮助干部在政治上取得进步,加强全党的纪律性,严格遵守个人服从组织、少数服从多数、下级服从上级、全党服从中央的基本原则,勇于批评和自我批评。

作为整顿党风的重要文件之一,《决定》无疑对统一全党思想、加强全党的团结具有十分重要的意义。

1941年八九月间,中共中央决定编印《六大以来》一书。该书汇集了1928年6月中共六大到1941年11月间党的历史文献519篇,包括党的会议纪要、决议、通告、声明、电报、指示以及党报社论、主要领导人的文章和信件等,共

---

① 《关于增强党性的决定》(1941年7月),中央档案馆编:《中共中央文件选集》(第11册),中共中央党校出版社1986年版,第698页。

280多万字。

这本资料书出版后,成为整风学习的重要文献,在党内引起了很大反响。人们对党内两条路线的主要内容、特点有了明确认识,思想逐步趋于统一。毛泽东很看重这本书,他在1943年10月中央政治局整风会议上说:"六月后编了党书,党书一出,许多同志解除武装,才可能召开1941年9月会议,大家才承认十年内战后期中央领导的错误是路线错误。"①

1941年9月10日到10月22日,中共中央政治局召开扩大会议,讨论党的历史上特别是土地革命战争时期的路线问题,批判主观主义和宗派主义,毛泽东提出了克服历史和现实中的主观主义和宗派主义不正之风的16条办法。② 张闻天、博古等人先后进行了检讨。

此次扩大会议的与会者,对1932年至1935年间中央路线的认识趋于一致,承认路线是错误的,但在涉及对中共六届四中全会的评价时,中央领导层的认识差距则比较大。除了王明肯定四中全会路线正确之外,还有一些同志也认为四中全会决议基本正确。不少人虽然对四中全会持批评意见,但也并未持全面否定的态度。

尽管遇到了王明的干扰,但中共中央政治局召开的此次扩大会议还是初步统一了中央领导层的思想。中共中央政治局通过了《关于统一抗日根据地党的领导及调整各组织间关系的决定》,这是中央为加强党组织统一领导所做出的重大决策。它对于加强党对根据地的统一领导,整顿三风,特别是对于克服宗派主义和山头主义,进一步加强全党团结,发挥了重大作用。

反对宗派主义以整顿党风活动,具有重大的历史意义。它不仅清算了中国共产党内长期存在的"左"倾教条主义错误,统一了全党认识,而且在组织

---

① 高新民、张树军:《延安整风实录》,浙江人民出版社2000年版,第72页。
② 高新民、张树军:《延安整风实录》,浙江人民出版社2000年版,第74页。

上确立了毛泽东的领袖地位,从而为中共七大把毛泽东思想确立为全党的指导思想奠定了坚实的基础。

首先,整顿党风肃清了党内长期存在的教条主义思想,统一了全党的认识。

因条件所限,1935年1月召开的遵义会议,只解决了当时较为迫切的军事指挥权和组织问题,并没有从思想上对教条主义进行彻底清理。不仅王明等人继续坚持其错误,即使曾经执行了"左"倾路线的张闻天、博古等人,也未能从思想上摆脱教条主义的影响。

张闻天在遵义会议上支持毛泽东的正确主张,并在会后担任了中共中央总书记,是犯"左"倾错误的领导人中转变较早的一个,但他真正摆脱教条主义思想的影响,却是在延安整风过程中。

在整风运动中,张闻天曾在一次座谈会上说:只啃书本而未经过革命实际斗争锻炼和考验的人,其思想方法往往是简单化、单纯、直观,或者是刻板划一而不辩证,即只知其一,不知其二;或者是客观形势早已发生变化,而他还是坚持老一套,至死不变;或者只强调反对本位主义、地方主义、民族主义,却不知道或不能理解一个地区、一个国家、一个民族的革命问题得到正确的解决,取得胜利,本身就是对国际共产主义运动做出了有力的帮助和支援。①

在著名的《出发归来记》中,张闻天写道:"这次出发使我深切地感受到,我知道中国的事情实在太少了。到处看到的东西,在我都是新鲜的、生疏的、不熟悉的。""冲破了教条的囚笼,到广阔的、生动的、充满了阳光与热的、自由的天地中去翱翔——这就是我出发归来后所抱着的愉快的心情。""不再空谈'理论与实际的联系',首先要自己联系起来试试看;不再空谈'以马列主义的

---

① 师哲回忆,李海文整理:《在历史巨人身边——师哲回忆录》,中央文献出版社1991年版,第180页。

立场与方法来研究中国的实际',首先要自己做一点这类'研究'的小榜样试试看。"①

这些发自内心的谈话和感想,表明张闻天已经摆脱了教条主义思想的束缚。

在整风运动中,另一位"左"倾教条主义者博古的思想认识也发生了重大变化。

博古是中国共产党第三次犯"左"倾错误时的总书记。在遵义会议上,他并没有完全认识和承认自己的错误。进驻延安之后,博古担任《解放日报》主要负责人,该报创立初期染上的八股文风和一些脱离实际的宣传,显然与他未能摆脱教条主义思想的影响有关。但在毛泽东责令《解放日报》改版的过程中,博古不仅认真听取了大家的意见,而且做了深刻的自我批评,承认在办报的过程中存在教条主义倾向。之后,博古也逐渐从思想上摆脱了教条主义的影响。

曾是"左"倾教条主义者的张闻天和博古在思想认识上的转变,对于统一全党认识、加强全党团结具有重要意义。

其次,整顿党风在事实上和组织上确立了毛泽东的领袖地位,为将毛泽东思想确立为中国共产党的指导思想奠定了基础。

毛泽东在党中央的领导地位是在长征中党中央与共产国际失去联系的情况下重新确立起来的。由于没有共产国际的认可,毛泽东在中国共产党内的地位并不稳固。1937年12月,从苏联回国的王明以中共驻共产国际代表的身份在统一战线问题上提出了系统的右倾观点。由于王明的特殊身份和在党内的重要影响,特别是他打着传达共产国际七大关于中国抗日民族统一战线指示的旗号,他的主张影响了不少干部群众,在党内引起了极大的思想

---

① 《出发归来记》,《张闻天选集》,人民出版社1985年版,第317—318页。

混乱,并在随后召开的中央政治局会议上,一度使毛泽东成为少数派。①

数月之后的1938年9月,在中共六届六中全会上,形势却出现了很大的变化。由于接替王明担任中共驻共产国际代表的王稼祥详细地向共产国际介绍了中国革命的情况,尤其是毛泽东对中国革命的贡献,共产国际对毛泽东有了新的认识,并认可毛泽东在中国共产党内的领袖地位。王稼祥回国后参加了中共六届六中全会,并向与会人员公开了共产国际对毛泽东领袖地位的认可。

王稼祥的发言,使毛泽东在党内的领袖地位得到认可。当时党和军队的重要领导人张闻天、彭德怀、刘少奇、陈云、李富春、谢觉哉等人都在大会上发言,在肯定遵义会议之后以毛泽东为首的中共中央所取得的巨大成就的同时,表示认可毛泽东的领袖地位②,从而使毛泽东的领袖地位在事实上得到了确立。

随着整风运动的开展,特别是1941年九月会议对苏维埃运动后期路线的错误进行揭发和批判以后,对这条错误路线负有较大责任的张闻天很难在中央书记处继续工作,他主动要求到农村去做调查研究,并于1942年初离开延安,不再参加书记处和政治局的会议。博古早已不负主要责任,分工主管《解放日报》。王明在1941年九月会议后一直称病,不再做任何工作,不出席任何会议。周恩来则常驻重庆,中央的全盘工作很难参与。于是,对中央领导机构的调整问题就被提上了日程。

1943年3月,中共中央政治局会议通过了《中共中央关于中央机构调整及精简的决定》,规定了政治局的有关责权,选举毛泽东为政治局主席和中央书记处主席。这次会议,对于中央机构调整、精简具有重要意义。它不仅从

---

① 高新民、张树军:《延安整风实录》,浙江人民出版社2000年版,第42页。
② 高新民、张树军:《延安整风实录》,浙江人民出版社2000年版,第54页。

组织上确立了毛泽东在全党的领袖地位,而且为把毛泽东思想作为党的指导思想写入中共七大党章奠定了组织基础。

1945年4月召开的中共六届七中全会,通过了《关于若干历史问题的决议》(下面简称《决议》)。《决议》在对党的重大历史问题做出结论并着重分析了王明"左"倾错误的实质及其根源的同时,高度评价了毛泽东运用马克思列宁主义理论和方法解决中国革命问题的杰出贡献。《决议》指出:"二十四年来中国革命的实践证明了,并且还在证明着,毛泽东同志所代表的我们党和全国广大人民的奋斗方向是完全正确的。""到了今天,全党已经空前一致地认识了毛泽东同志的路线的正确性,空前自觉地团结在毛泽东的旗帜下了。以毛泽东同志为代表的马克思列宁主义的思想更普遍地更深入地掌握干部、党员和人民群众的结果,必将给党和中国革命带来伟大的进步和不可战胜的力量。"①

中共六届七中全会后不久,具有历史意义的中共七大于1945年4月23日在延安召开。这次会议最重要的成果,就是将毛泽东思想作为党的指导思想写进党章,并选举毛泽东为党中央主席。

中共七大的召开表明,在经历了24年的长期实践,特别是经过遵义会议、六届六中全会、六届七中全会后,中国共产党人在把马克思主义与中国革命实际相结合的过程中,终于产生了自己的指导思想——毛泽东思想和为全党所公认的领袖毛泽东同志,实现了全党在政治上、思想上、组织上的空前的大统一,为夺取中国革命的最后胜利奠定了基础。

历史已经雄辩地证明,要想找到符合中国实际的革命道路,必须坚持理论联系实际的学风;要想转变观念,必须改变文风;要想取得革命胜利,必须

---

① 《关于若干历史问题的决议》(1945年4月20日),《毛泽东选集》(第3卷),人民出版社1991年版,第998—999页。

有优良的党风,必须有切合实际的指导思想。以毛泽东为代表的中国共产党,正是坚持理论联系实际的学风,才找到了农村包围城市的道路;正是坚决反对党八股的文风,树立马克思主义的新文风,才使这条正确的革命道路深入人心;正是不断地整顿党的作风,才最终确立了毛泽东思想的指导地位;而这些都是经过延安整风运动才完成的。因此,以反对主观主义以整顿文风、反对党八股以整顿学风、反对宗派主义以整顿党风为主要任务的延安整风运动,实际上是中国共产党人一次伟大的思想解放运动。

同样,这次伟大的思想解放运动,也是延安精神形成过程中极为重要的一环。正是通过延安整风运动,广大党员群众才坚定了对有中国特色的革命道路和毛泽东思想的信仰。也正是靠着这种坚定的信仰和不断的奋斗,党才能领导和团结全国人民取得抗日战争的伟大胜利,延安精神才得以最后形成。

由于延安精神是伴随着延安整风运动而形成的,延安整风运动解放了广大干部群众的思想,坚定了全党对毛泽东思想的信仰。可见,坚定信仰是延安精神的实质。

在新的历史时期,要继承和发扬延安精神,要坚定信仰,就要坚持以理论联系实际的优良学风,对待马列主义、毛泽东思想、邓小平理论、"三个代表"重要思想、科学发展观和习近平新时代中国特色社会主义思想。在建设小康社会的伟大实践中运用和发展这种思想,就要树立马克思主义新鲜活泼的新文风,改变自己的观念,做到与时俱进。就要不断改进党的作风,维护党的团结,才能保证新时代中国特色社会主义持续而良好地发展。

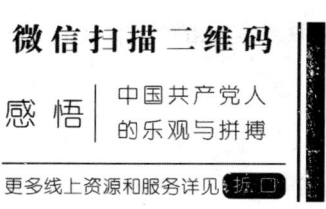

三、特色：艰苦朴素的品质

在抗战时期,艰苦朴素的思想作风在中国共产党内及其所领导的各根据地区域蔚然成风,人们对物质的需求极低,却在追求着解放全中国受压迫民众的崇高理想,这也是延安政治清明的重要原因之一,也是最吸引国内外人士、最令人肃然起敬的高贵品质。这种品质,不仅是由于生活环境的艰苦所致,也是中国共产党人不断进行思想教育,追求世界观改造,严于律己的结果,亦是延安政治清明的基础所在。人们常常将战时的延安与"前方吃紧,后方紧吃"的重庆相比较,把艰苦朴素的品质视为延安时代中国共产党人的特色之一,并从中国共产党人艰苦朴素、自力更生的言行风格中看到了中国未来政治发展的走向。

自己动手：倡导独立自主

早在苏维埃时代,中国共产党人就在自己的政治实践中逐渐形成了艰苦朴素的作风,主要原因在于当时艰苦的战争环境,且没有时间进行理论总结并使之上升为中国共产党的一种精神特征。

红军北上长征进入陕甘宁边区后,暂时脱离了战争不断的生存环境。然而,国民党对中共力量必置之死地而后快,几十万大军将中共力量团团包围。在此情况下,苏联的援助根本难以得到,中共唯有独立自主地开展活动以求生存。此后,面对日本咄咄逼人的侵略步伐,中共多次要求国民党以国家利

益为重,团结抗日。1936年12月12日爆发的西安事变,使国共两党有了为民族生存再次合作的初步基础。抗战爆发后,第二次国共合作建立,红军被改编为国民革命军第八路军和新四军,国民政府军事委员会开始供给八路军部分军饷,双方在战场上的合作进行得十分顺利。

1939年后,限于兵力及供应的短缺,日军在中国战场的进攻终于被迫停顿了。此时,国共关系开始发生微妙变化。国民党统治集团的抗战总方针是保存实力,积极防御,等待胜利。蒋介石认为,只要施展外交手段,设法将苏联或英美拖入对日作战,中国抗战则将会立于不败之地。这一时期,国民党军队在正面战场极少采取主动的军事行动。国民党统治集团竭力争取同盟国的经济军事援助,不是用来准备对日反攻,而是用来扩充自己的实力。它利用偏安西南的时机,加强了对各阶层人民的政治控制和经济掠夺。它集中更多的力量用来限制、削弱中国共产党及其领导的人民抗日力量。国民党政府不仅停发八路军的薪饷、弹药、被服等物资,而且派几十万军队对陕甘宁边区和其他抗日根据地实行军事包围和经济封锁,扬言"不让一粒粮、一尺布进入边区",断绝对边区的一切外来援助。投降日本的国民党军成为伪军后,同日本侵略军相配合,包围和进攻敌后抗日根据地。有些敌后地区形成了日军、伪军、国民党军三方夹击人民军队的严峻局面。在国民党统治区,国民党特务机关多方面展开侦察,搜捕和杀害共产党人,破坏共产党组织的活动,使共产党在大后方的组织巩固和工作发展都遇到许多新的困难。

1941年爆发的苏德战争和太平洋战争,使第二次世界大战的形势发生了深刻变化,也对中国抗日战争的发展产生了重大影响。苏、美、英等同盟国需要中国坚持抗战,以确保整个反法西斯战争的最后胜利。中国也需要苏、美、英等同盟国的配合支援,以彻底打败日本侵略者。同盟国给予国民政府以大量的人力、物力上的帮助。国际形势这种新发展,对中国人民争取抗日战争的最后胜利,显然是十分有利的。

三、特色:艰苦朴素的品质

此时,为了保证资源的充分供应,日军将华北地区视为其能源及兵源的供给地,将大量兵力投入华北地区,中共领导的敌后根据地因此承受了日军的巨大军事压力。太平洋战争爆发后,美军宣布对日作战。这一时期,日本侵略军对中国的政策,基本上依据它于1941年1月制定的《对华长期作战指导纲要》,以确保占领地区为主,使这些地区成为支持它扩大侵略战争的兵站基地。同时通过政治诱降和有限的军事进攻,力图迫使重庆国民党政权屈服,尽快结束中日战争,以摆脱多面作战、战略极为被动的局面。日本侵略军花费很大的力量在华北、华中等占领区进行所谓"治安建设",将共产党和抗日根据地的人民武装作为主要的进攻对象,企图在一定时期内通过反复组织军事"扫荡"加以消灭。虽然这一时期,日本的战争指导重心逐渐转向太平洋方面,但是中国仍然是它所谓"大东亚战争"的一个重要战场。日本用于中国战场的兵力一直保持在60万(不包括关东军)以上,而用于敌后战场的兵力占其总兵力的半数左右。所以,这一时期中共领导的敌后根据地的军民承担着巨大的军事压力。

到1941年,敌后战场本身的形势也发生了变化。在华北、华中一些日本占领区,经过侵略者的几年经营,伪政权、伪军警及各种汉奸特务组织普遍建立了起来,敌伪的政治统治较为稳定;修筑了许多交通线、封锁线和军事据点,使侵略者在军事上的地位有所增强。这时的敌后形势,"已进入敌我双方依托相当巩固的阵地,进行持久争夺战的局面"[①]。日本侵略者还吸取过去几年的经验教训,强调在巩固和扩大占领区的斗争中,要把单纯的军事占领扩大为军事、政治、经济、思想、文化等全面的殖民统治。为此,他们在华北、华中大规模地推行"治安强化运动"和"清乡运动"。

日本侵略者将华北划分为"治安区"(即敌占区)、"准治安区"(即游击区)

---

① 《敌后形势和建设民兵问题》(1941年11月),《朱德选集》,人民出版社1983年版,第80页。

和"非治安区"(即抗日根据地),对三种地区分别采取不同的侵略手段。对敌占区,普遍加强汉奸组织的力量,强化基层的保甲制度,扩大警察特务组织,对一切抗日活动严加镇压;大肆掠夺、控制和禁运经济物资,加紧对人民的征敛搜刮;广泛进行思想文化上的宣传欺骗等等。对游击区,着重采取一种较为缓慢的"蚕食"手段,通过大量修筑公路网、碉堡群、封锁沟墙,制造无人区,隔断游击区和根据地的联系,并随着军事力量的扩展将伪组织的统治逐步从边沿向腹地推进,将上述在敌占区的一套做法逐步在这些地区实施。对抗日根据地,则以军事"扫荡"为主,实行毁灭性的打击政策。在军事"扫荡"的战术上,日本侵略军接受几年失利的教训,做了许多改变。由以往短促突击式的进攻转为长期的"清剿""驻剿",由分散的小股兵力的"扫荡"转为集中优势兵力的"扫荡",由长驱直入的进攻转为步步为营的纵深"扫荡"。1941—1942年,日军在华北连续推行了五次"治安强化运动"。日军对华北抗日根据地的"扫荡",一次使用兵力在千人以上至万人的达 132 次之多,在万人以上至 7 万人的达 27 次,有时反复"扫荡"一个地区达三四个月之久。日军实行烧光、杀光、抢光的"三光"政策,疯狂地抢夺老百姓的粮食、牲畜,烧毁房屋,制造无人区,使根据地人畜不留,庐舍为墟。如 1941 年 1 月下旬,日军"扫荡"冀东丰润县的潘家峪,将全村男女老幼驱赶到一个大院内,用机枪扫射屠杀群众 1300 余人,烧毁房屋千余间,制造了骇人听闻的"潘家峪惨案"。1942 年 5 月,日军在对冀中区的大"扫荡"中,残害和抓走的群众就有 5 万多人。在冀中定县北疃村,日军甚至灭绝人性地施放毒气,毒死地道里的抗日军民 800 多人。与此同时,日本侵略军在华中进行了同样的分时期、分地区的反复"清剿",名之为"清乡运动"。日军与汪精卫的伪军相配合,从军事清乡、政治清乡到经济清乡、文化清乡,企图将长江下游敌占区的一些点、线的占领扩展为面的占领,摧毁这里的共产党和新四军等抗日力量,实现完全的殖民地化。无论是华北或华中,日本侵略者组织"扫荡"使用的兵力之多、次数之频繁、手段之残暴,

三、特色：艰苦朴素的品质

在中国近代历史上都是罕见的。

在这种情况下，中国共产党领导的抗日民主根据地，在经济与社会各个方面均出现了严重的困难局面，主要表现在：军事上战斗频繁，伤亡重，部队减员多，干部牺牲很大。到1942年，八路军、新四军由50万人减为约40万人。华北平原地区（产粮区）相继失掉，变成游击区。一些抗日民主政权被摧毁。抗日根据地面积大大缩小，总人口由1亿减少到5000万以下。生产遭到严重破坏，财政经济情况极端困难。有些地方军民几乎没有衣穿，没有油吃，没有纸，没有菜，战士没有鞋袜，工作人员在冬天没有被盖，当时真是极度困难。

面临抗战的困难局面，中国共产党和中国人民并没有被吓倒。抗日根据地聚集着的是一支困不死、打不散、压不垮的中华民族的中坚力量。中共中央具体地分析了存在着的困难方面和有利方面，强调在新的残酷的斗争中，要坚持独立自主，自力更生，充分依靠民族革命战争的广泛的社会基础，正确处理各抗日阶级阶层之间的关系，调动最广大群众的积极性，以战胜困难，争取胜利。毛泽东在1939年9月16日回答中央社、《扫荡报》《新民报》记者时说："中国抗战主要地依靠自力更生。"①为了坚持统一战线，党提出了依靠人民群众的全面抗战路线，坚持统一战线中的独立自主原则；为了克服物质上的困难，毛泽东发出了"自己动手，丰衣足食"的号召，开展了大生产运动。"我们不能学国民党那样，自己不动手专靠外国人，连棉布这样的日用品也要依赖外国。我们是主张自力更生的。我们希望有外援，但是我们不能依赖它，我们依靠自己的努力，依靠全体军民的创造力"②。

---

① 《和中央社、扫荡报、新民报三记者的谈话》（1939年9月16日），《毛泽东选集》（第3卷），人民出版社1991年版，第588页。

② 《必须学会做经济工作》（1945年1月10日），《毛泽东选集》（第3卷），人民出版社1991年版，第1016页。

　　1939年2月2日,中共中央在延安召开生产动员大会。毛泽东在会上发出了"自己动手"的号召。1941年,针对当时面临的严重经济困难,中共中央再次强调走生产自救的道路。各抗日根据地的党政军学人员和民众响应号召,掀起了大规模的生产运动。大生产运动首先在陕甘宁边区展开。边区政府成立生产委员会,采取有效措施,鼓励生产,要求在原有基础上扩大耕地面积,提高粮食产量,并号召种植经济作物,特别是纺织原料。是年初,中共中央下令八路军三五九旅开赴荒无人烟但土质肥沃、适于开垦的南泥湾。这支部队在缺乏资金、工具的极端困难的情况下,发扬自力更生、艰苦奋斗的精神,一面动手开挖窑洞以解决住宿问题,一面勘察开辟地区,学习耕作技术,制作生产工具。从旅长王震到公勤员、随军家属,人人动手,开荒种地。经过不长时间就使南泥湾变成了"陕北的好江南"。与此同时,在延安的党政军学各方面数万人,都投入大生产高潮中。部队、机关、学校根据不同情况,担负不同的生产任务。毛泽东、朱德、周恩来等党政军负责人带头参加生产劳动,亲手开荒、种菜,经常利用休息时间去劳动。周恩来、任弼时还参加过中共中央直属机关组织的纺线比赛,被评为"纺线能手"。

　　中共中央还十分重视总结根据地财政经济工作的经验。毛泽东在1942年12月的陕甘宁边区高级干部会议上作了《抗日时期的经济问题和财政问题》的报告,后来又为中共中央起草了《开展根据地的减租、生产和拥政爱民运动》的党内指示,并作了《组织起来》《必须学会做经济工作》等讲话。他在总结经验的基础上对根据地的经济建设和大生产运动的基本方针做了系统阐述。

　　抗日根据地的经济建设和大生产运动,由于坚决贯彻了中共中央制定的总方针和各项具体方针,取得了巨大的成就。农业生产和工商业都得到迅速发展,人民生活得到明显改善。部队、机关、学校的生产也取得显著成绩。经过几年奋战,八路军三五九旅改变了南泥湾荒芜的面貌,成为全军大生产运动的一面旗帜。许多部队实现了粮食、被服和其他日用品的全部自给或部分自给。由于军民努力生产，收入增加，人民的负担大大减轻了。抗日根据地的经济自救，为巩固根据地革命政权，渡过严重困难，支持敌后长期战争，争取抗日战争的胜利奠定了物质基础，也发扬了党的自力更生、艰苦奋斗的光荣传统。

"黄河之滨，集合着一群中华民族优秀的子孙。人类解放，救国的责任，全靠我们自己承担……"这首延安抗大的歌，是抗日时期经常高唱的歌曲。自力更生、艰苦奋斗焕发了全体军民巨大的创造力和无穷的精神力量。靠着这种精神，装备落后的抗日军民打败了装备精良的日本侵略者；靠着这种精神，克服了物质上的困难，革命力量得到了大发展；靠着这种精神，穷乡僻壤的延安成为红色首都，成为全国人民向往的地方，从而使中国共产党终于从延安走向全国。

艰苦奋斗：培育高尚风格

延安时期的伟大斗争实践，赋予自力更生、艰苦奋斗精神以鲜明的时代特色。那就是：在政治上，保持坚定正确的政治方向；在思想上，科学求实；在工作方针上，把立足点放在自己力量的基点上；在作风上，顽强拼搏、奋发图强、锐意进取；在生活上，克勤克俭，艰苦朴素。

保持坚定正确的政治方向，是延安时期自力更生、艰苦奋斗精神区别于传统的艰苦奋斗精神的根本点。坚定的政治信念和强烈的思想追求，从根本上制约和规定着人们的言行。毛泽东1939年在延安庆祝五一国际劳动节大会上的讲话中说："共产党历来提倡坚定正确的政治方向"，"这种坚定正确的政治方向，是与艰苦奋斗的工作作风不能脱离的，没有坚定正确的政治方向，就不能激发艰苦奋斗的工作作风，没有艰苦奋斗的作风，也就不能执行坚定正确的政治方向。"①坚定正确的政治方向,大而言之,是党的奋斗目标——共产主义理想;具体说来,是党在不同时期的路线、方针、政策。抗日战争时期,党的一切政策都是为了战胜日本侵略者。这是全国各族人民的根本利益所在。它规定了艰苦奋斗的政治方向,离开了这个方向,艰苦奋斗只能是盲目行为。陕甘宁边区军民的一切工作都围绕和服务于抗战这个中心,"一切为了前线,一切为了抗战",为了这一神圣的事业,吃苦、牺牲是光荣的。他们把平凡的工作同这一政治目标联系起来。"开荒、开荒,前方的战士要军粮。织布、织布,前方的战士要衣服"②。"加紧生产,加紧生产,努力苦干,努力苦干,年老的,年少的在后方,多打些粮食也是抗战"③。"大囤小囤都装满,丰衣足食支援前线"④。这些产生在大生产运动中的歌曲,形象生动地反映了广大军民对艰苦奋斗政治含义的深刻理解和革命激情。坚定正确的政治方向给艰苦奋斗注入了强大的动力,给了延安军民战胜困苦的力量、智慧和勇气。一位老延安回忆说:"延安时期那么淳朴,那么美好的生活气氛,就是由于大家抱着一个崇高的理想,要创造一个新的美妙生活,新的中国与世界。生活虽苦,但苦在体肤,乐在心中。"⑤

　　思想上的科学求实,是自力更生、艰苦奋斗的必然要求。科学求实的态度,要求党重视极端恶劣的环境和内外部客观条件,从陕甘宁边区的实际出发,把远大目标和当前任务结合起来,树立依靠人民群众、依靠自己力量的观念。不去自己动手,企图坐享其成,幻想奇迹由天而降;或者凭主观意志,盲

---

① 毛泽东:《在延安庆祝五一国际劳动节大会上的讲话》(1939年5月1日),《新中华报》1939年5月10日。

② 摘自《生产大合唱》。

③ 摘自秧歌剧《夫妻识字》。

④ 摘自陕北民歌《二月里来》。

⑤ 董强:《解放军为什么能执行》,黄河出版社2012年版,第263页。

目蛮干；或者华而不实，唯书唯上……这些不正确的观念，与自力更生、艰苦奋斗精神是格格不入的。实事求是地在黄土地上创建基业，老老实实、一步一个脚印地走自己的路，才是延安人的风格。

把立足点放在自己力量的基点上，是自力更生、艰苦奋斗精神的一个显著特色。延安时期的革命斗争是在世界反法西斯战争和国共合作抗日的大背景下进行的。中国的抗战是世界性的抗战，得到世界各国人民的同情和支持，这种形势固然可以使我们获得一定的外援，但是，"世界上没有一个地方的群众摆脱压迫和专横的真正解放，不是这些群众自己进行独立、英勇、自觉斗争的结果"①。《国际歌》唱得好："从来就没有什么救世主，也不靠神仙皇帝，要创造人类的幸福，全靠我们自己。"毛泽东有过一段精彩的论述："我们的方针要放在什么基点上？放在自己力量的基点上，叫做自力更生。我们并不孤立，全世界一切反对帝国主义的国家和人民都是我们的朋友。但是我们强调自力更生，我们能够依靠自己组织的力量，打败一切中外反动派。"②坚持自力更生的方针，是共产党人革命英雄主义精神的反映，又是马克思主义唯物史观的生动体现。自力更生力量源于群众，它的实质是用党的路线、政策和方法去组织群众，调动群众艰苦创业的积极性。延安时期，不论是抗日战争的胜利，还是解放战争的胜利，都充分体现了这一方针的威力，大生产运动就是贯彻这一方针的典范。当时，解放区的财政极为困难，但在党的"自力更生，丰衣足食"的号召下，千军万马齐动员，正如林伯渠所说的："大学教授研究种菜养猪，干部赶牲口驮盐，县长领导变工队，专员动手打盐，旅长亲自领导改善部队伙食，团长亲自动手领导开荒……"③自己动手，一切巨大的困难

---

① 《列宁全集》（第17卷），人民出版社1972年版，第72页。
② 《抗日战争胜利后的时局和我们的方针》（1945年8月13日），《毛泽东选集》（第4卷），人民出版社1991年版，第1132页。
③ 林伯渠：《边区生产展览会是一年来生产斗争的缩影》，《解放日报》1943年10月13日。

都显得微不足道了。

顽强拼搏,奋发图强,锐意进取,是自力更生、艰苦奋斗的核心所在。就艰苦奋斗而言,它有两层含义:一是艰苦,二是奋斗。共产党人的艰苦奋斗,不是小农经济的简单再生产,不是苦行僧的清心寡欲,也不是无可奈何、无所作为地被动适应环境,消极地忍受苦难,它是为崇高理想的实现而自强不息的奋斗精神,是奋发图强的拼搏精神,是锐意进取的创造精神,是勇于探索的开拓精神。安娜·路易斯·斯特朗在访问延安后写道:"党的负责干部住在寒冷的窑洞里,吃着简单的饭食,凭借微弱的灯光,长时间的工作。那里没有讲究的陈设,很少物质享受,但是住着头脑敏锐,思想深刻和具有世界眼光的人。"①中国共产党人以特有的敏锐的头脑,深邃的世界眼光,在中国西北一角,建立政权,实行民主;创办学校,培养干部;从事建设,发展经济……一切都富于创造。

生活上克勤克俭,艰苦朴素,是自力更生、艰苦奋斗的基本要求。当年的延安,不是冒险家的乐园,也不是投机者的藏身之所。聚集在宝塔山下的人们,必须面对住窑洞、穿草鞋、吃小米的现实,必须经受艰苦生活的考验和磨炼。毛泽东说过:"嚼得菜根,百事可做。"②当时,党的领袖同普通群众住一样的窑洞,穿一样的粗布,吃一样的小米黑豆饭。那些离开繁华的城市、离开温暖的家庭、放弃优裕的生活条件奔走延安的有志青年,也是从开荒种地、纺线、住窑洞、穿粗布衣起迈出其革命生涯的第一步的。

延安时期,党的领袖们以身作则,留下了许多脍炙人口的佳话。

在艰苦卓绝的 13 年里,毛泽东不仅日理万机,处理党的日常工作,还不知

---

① 政协延安市委员会文史资料委员会编:《延安文史资料》第 7 辑《延安革命遗址》(内部资料),2004 年版,第 141 页。

② 赵兵:《红船观澜:嚼得菜根百事可做》,《人民日报》2015 年 9 月 29 日。

疲倦地伏案疾书,总结革命经验,进行理论创作。这一时期所写的文章在《毛泽东选集》第1—4卷中就有112篇,占总篇数159篇的70%多。至于他起草了多少份文件,发出了多少份电报、信函,撰写了多少篇文章,至今没有人能用准确的数字做出统计。1938年后,国民党的"亡国论""速胜论"给人们思想以极大影响,严重干扰了中国人民的抗日战争。如何认识抗日战争发展规律,争取抗日战争胜利?在延安凤凰山麓的窑洞里,毛泽东双眼布满血丝,废寝忘食地撰写着《论持久战》。他已经两天两夜没有合眼,警卫员们怕他累坏了身体,个个心急如焚。警卫员们绞尽脑汁,想方设法让毛泽东休息。点蜡时他们故意放慢动作以转移毛泽东的注意力,可是他的目光丝毫不动;一顿饭往往需要反复热几次,就是吃饭时毛泽东也在专心思索,以至于只顾吃饭而忘记吃菜!一天晚上,毛泽东因为专心写作,鞋被火烤着了还不知道。一周过去了,书案上的稿件越积越厚,毛泽东终因劳累过度病倒了。医生强迫他休息,他躺了一天后又挣扎起来继续写作……在毛泽东持久"作战"下,一部指导抗日战争的伟大著作终于诞生了!

周恩来当时任国民政府军政部副部长,每月能领到几百元薪金,但他只留5元津贴,其余都交党费。他长期工作在大后方,在物价持续上涨的重庆,过着十分艰苦的生活,并反对任何特殊照顾。有一次从重庆返回延安途中,在洛川吃饭,警卫员看到周副主席一路劳累,日渐消瘦,便买了一份带肉的炒菜,以"改善"伙食。周恩来发现后,当即把荤菜退回,要了一份素菜,并严肃地说:"延安生活还很苦呀!有盘素菜就很不错了!"在繁忙之中,他还组织南方局和八路军办事处同志种菜、养猪。他常说,艰苦奋斗是我们党的本色。

1942年底,患有严重胃病的刘少奇从中原局回到延安,他极不适应吃小米,常常胃痛到浑身冒汗,夜不成寐。秘书、警卫员见他面容憔悴,一致要报告供给部,要求分配些大米白面。他执意不许,并说:"延安的条件就这样艰苦,同志们都能挺住。我作为党的领导同志更应以身作则,怎么能要组织的

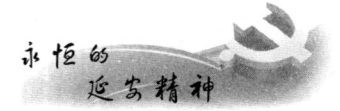

特殊照顾呢？如果我带了这个头，会给群众造成什么样的影响，你们想过吗？"刘少奇的《论共产党员的修养》在《解放日报》发表后，报社给他送去2000元稿费，他硬是退了回去。

被称为"人民的骆驼"的任弼时，由于长期的辛勤工作和两次牢狱的残酷折磨，身体十分虚弱，动脉血管硬化严重，并患有糖尿病等疾病，党中央让他休养，他却不"安分"地带病工作。一次，他工作到深夜三点钟，突然血压急剧增高，心律不齐，脉搏加快，医生和警卫员要他立即休息，他却说："没有关系，我们都是共产党员，能坚持一百步，就不走九十九步……全国胜利就在眼前，我们不仅要夺取全国胜利，还要建立一个新中国。有多少事情急需要办啊！我们的工作，只许往前赶，不许往后拖呀！"

当年旨在克服物质困难，渡过抗战难关的大生产运动，就体现了自力更生、艰苦奋斗的创业精神。正如一首歌谣唱的那样："毛主席的号召呼呼啦啦传，自力更生闯难关，自己动手干，有吃又有穿。"

人心齐，泰山移，"困难有天大，我比天还大"。这绝不仅仅是一句豪言壮语，而是轰轰烈烈的大生产运动的真实写照。边区部队打仗是英雄，生产是尖兵。1941年3月至翌年3月，奉朱德总司令命令，八路军第一二〇师三五九旅万余名官兵，在旅长王震率领下，开赴延安东南的南泥湾，"在深山密林安家，向荒山野岭要粮"。茫茫荒草，沟沟梢林，吓不倒革命战士。缺少工具自己造；没有房子搭窝棚、挖窑洞或野外露宿；粮食不够吃就挖野菜、采野果、打野猪；穿衣困难，长裤磨破改短裤，短裤磨坏改裤衩，裤衩磨破撕成布条打草鞋；没有换洗的衣服，只好蹲在河里或躺在被窝里等洗了的衣服晒干了再穿；被褥单薄冬天难以御寒，就在篝火旁唱歌跳舞取暖；夜晚没有灯就点着松树枝照明；没有擦枪油就采集野杏仁榨油替代。革命战士一手握钢枪，一手握镢头，杀敌保国是英雄，战天斗地当模范。在生产中，上至旅长，下至马夫、伙夫，一律参加。旅长王震身先士卒开荒。团长陈宗尧晚上办公，白天与战士同劳动。政委左齐失去左臂不能开荒,就主动帮助炊事员送饭送水。干部率先垂范,战士不甘落后,天不亮就上山,天黑还不肯收工,领导不得不定出"生产时不得早到和迟退"的"强制性"劳动纪律。著名劳动英雄郝树才创造了日开荒4.28亩的最高纪录,被群众誉为"气死牛"。边区军民靠着血和汗,坚持抗战,建设边区,举世称道。在创造这一奇迹的过程中,劳动英雄和模范工作者起了带头作用,他们的模范事迹感人肺腑,鼓舞着边区军民的劳动热情和创造精神。著名劳动英雄赵占魁,是农具工厂熔炉看火工,在2000℃高温的炉前不分冬夏,身穿棉衣(代石棉衣)、皮围裙坚持操作。关中炼铁厂的温贤良,在一无设备、二无技术工人的情况下,带领几名工人,自己动手打窑洞、盖厂房、修炼铁炉。没有耐火砖,就用陕北的白坩瓷土代替,没有焦炭,就用木炭烧,经过70多天的努力,终于炼出了第一炉铁。模范工程师沈鸿白手起家,创建了边区的机器工业;劳动模范钱志道创建了边区的化学工业。党中央提出的自力更生、艰苦奋斗的号召,通过英雄模范者的示范和推动,在抗日根据地军民中成为创业的巨大动力。

大生产运动,不仅使抗日根据地军民克服了严重的物质困难,而且实现了丰衣足食。到1944年,延安中直机关(包括军委机关)的各项经济收入可解决1.4万多人的供给问题(含家属子女),占财政供给的63.5%,边区政府发给的仅占34.4%。1944年,三五九旅生产细粮2万石,除自给自足外,还向边区政府上缴公粮1万石。在近4年时间里,他们在南泥湾耕种土地35.4万亩,收获粮食3.7万多石;打窑洞1048孔,建平房602间,建大小礼堂3座,打井47眼;制桌凳3922件,制造农具1万多件;还开办了纺织、造纸、木工、铁厂、修理、被服、军鞋、油坊、豆腐坊、盐井、煤窑等小工厂、小作坊、小矿井,运输业和商业也有很大发展。他们实现了全旅每人养1只羊,两人养1头猪,十人养1头牛的计划。全旅生活自给有余,不要政府一文钱、一寸布、一粒粮,每人每月平均吃肉2—3斤,每天1斤粮、1.5斤菜、5钱盐、6钱油,会餐时还能

吃到鸡鸭大米,每人3年发2套棉衣,2年发3套单衣。1943年,每人还发了一身自造的黄呢军装。生产间隙,战士们刻苦学文化,加强军事训练,实现了生产、学习、练兵三丰收。全旅个个精神焕发,兵强马壮。1944年,陕甘宁边区组织起来的农业劳动人口就达45%,安塞县苗店子还办起了我国第一个社会主义性质的农业合作社。这一年,全边区开荒达120多万亩,机关、学校绝大部分实现了自给。翌年,边区农民大部分还做到了"耕三余一"(即耕种3年地,打的粮食够4年吃),部分农民还做到了"耕一余一"。抗战之前,全边区仅有一个修械所和被服、印刷等小厂,职工总数不到300人;到1945年,公营工厂有130多家,职工总数达1.2万余人。生产的产品不仅部分或全部地满足了边区军民和工作人员生产生活的需要,而且还远销外地,换回布、药品等物资。工农业的发展还促进了商业、运输业的繁荣,抗战前延安有各种商店123家,到1945年增加到473家。大生产运动为夺取抗日战争和解放战争的最后胜利,奠定了坚实的物质基础。

被誉为"革命熔炉"的抗日军政大学(简称抗大),是自力更生、艰苦奋斗的又一面旗帜。抗大初创时期,既无校舍,又无桌椅,白手起家。在困难面前,抗大教职员工豪迈地说:"雪山、草地、腊子口,穿着草鞋照样走,这点困难还能挡住我们?"①没有校舍,他们自己动手在凤凰山开挖窑洞;没有教学设备,就用小石块做凳子,大石块做讲台,石壁当黑板,膝盖当课桌;没有纸张,就把废线装书或敌人撒的传单翻过来订成本子做笔记本,在书本的空白处做讲堂录,有人还用桦树皮订成"小本子";没有笔,就用树枝当笔,大地为"纸",练习写字做题,若能得到一个蘸水笔尖,插进弹壳里,就是一支上乘的"自来水笔";在日用品奇缺的情况下,党员用旧墨水瓶做油灯,用草木灰过滤碱水代替肥皂洗衣服,用猪鬃制成牙刷,用食盐代牙膏……毛泽东在抗大诙谐地

---

① 金立晰编著:《战斗精神》,河南出版社2014年版,第56页。

说:"你们是过着石器时代生活,学习当代最先进的科学——马克思列宁主义。"[1]正是艰苦的学习生活环境磨炼了党员的革命意志,培养了抗大师生艰苦朴素的作风,高质量地为中国革命培养了数万干部。

廉洁自律:抵制精神变质

这一时期,是中共政治廉洁、民主的兴盛时期,也是最具政治活力的时期之一。中共在各地展开了长期的、连续的反腐化斗争,不仅有效地克服了局部的腐化现象,使中共始终保持政治活力,为中共赢得了中国社会各界的政治信任,也为中国革命的最后胜利奠定了政治基础。

腐化是指政府官员为谋取私利而利用职权违反法律规定、纪律规范、社会道德的行为。从私有制产生后,腐化现象就与利益的分配相伴相生。由于经济水平发展的限制和政治运作过程中存在的缺陷与不足,以权谋私的腐化现象成为至今为止中外各种政治制度下难以根绝的顽症。

中国共产党是无产阶级的先锋队,其宗旨是全心全意地为人民服务。但由于其人员构成来源于现实社会,也注定它无法超越历史局限与现实约束,不可能保证中共内部成为绝对廉洁的真空,同样需要在制度建设上与腐化现象进行斗争,这是众所周知和必须正视的历史与现实。

由于政治、经济、文化各方面复杂的原因,腐化现象在中国共产党内及其控制根据地和解放区内时有发生。产生这一现象的根源主要有如下几点。

其一,各控制区管理制度不完善,漏洞较多,致使行政、财会人员有机可乘。抗战爆发后,由于军事斗争的需要,各敌后根据地在推进政权建设的同时,难以建立完善的行政、财务管理体制。其后,随着各根据地的日益巩固,

---

[1] 李志民:《革命熔炉》,中共党史资料出版社1986年版,第19页。

行政、财务管理体制有所完善和规范,但管理上仍然存在着不少缺陷。如各边区的预决算制度不能有效地实行,对行政人员特别是县以下行政人员的监督缺乏有效的办法,国统区与敌占区的贸易往来中缺乏相对完善的金融管理制度。存在的以上问题就为一些地区出现财务混乱、金融犯罪、行政过失、滥征滥收、浪费严重等问题埋下了伏笔。

其二,共产党组织发展过快,人员素质不齐。1938年,中共中央下达了在各地大量发展党员的决议,要求各地党的领导充分认识"目前党的组织力量,还远落在党的政治影响之后,甚至许多重要的地区尚无党的组织,或非常狭小。因此大量的、十百倍的发展党员,成为党目前迫切与严重的任务",要求各地改变旧的工作方法,"大胆向着积极的工人、雇农、城市中与乡村中革命的青年学生、知识分子、坚决勇敢的下级官兵开门",甚至规定"工人、雇农不要候补期,贫农、小手工工人一个月,革命学生、革命知识分子、小职员、中农、下级军官三个月,但在特殊情况下得伸缩之"。[1] 此后,共产党的精英性质开始有了较大变化。抗战爆发之初,中共只有4万余名党员;1940年,中国共产党党员达到80万人;1949年底,中国共产党党员迅速扩展到450余万人。这一时期,党员中农民出身者比例高达90%以上,农民中的血缘、地缘等观念成为一种愈来愈强的力量,在中共及其政权组织内部时隐时现。"由于发展党员带有某种突击性质,也比较普遍地发生了降低标准的问题,使一些不符合共产党员标准的人,甚至投机分子,阶级异己分子混入党内"[2]。社会意识与利益不同的各阶层人员,是怀着不同目的参加中国共产党的。"有些人是仰慕共产党的声望,或者只模糊地认识共产党能够救中国而来的。另外,还有

---

[1] 《中央关于大量发展党员的决议》(1938年3月15日),中央档案馆编:《中共中央文件选集》(第10册),中共中央党校出版社1986年版,第478—479页。

[2] 太行革命根据地史总编委会:《太行革命根据地史稿》,山西人民出版社1987年版,第85页。

三、特色：艰苦朴素的品质

些人主要是由于在社会上找不到出路——没有职业，没有工作，没有书读，或者要摆脱家庭束缚和包办婚姻等，而到共产党里来找出路的。甚至还有个别的人为了要依靠共产党减轻捐税，为了将来能够'吃得开'，以及被亲戚朋友带进来的，等等"[1]。这些不同的思想意识与价值观，必然不同程度地反映在共产党内。

其三，艰苦生活诱发贪欲。由于干部队伍素质不高、良莠不齐，并不是每个人都坚信抗战及革命必胜。形势困难时，持观望、犹疑态度的大有人在。形势好转之际，又会出现"一部分党员对过去艰苦奋斗的生活不愿意继续的情绪"[2]，"有些党员受不起成功与胜利的鼓励，在胜利中昏头昏脑，因而放肆、骄傲、官僚化，以至动摇、腐化和堕落，完全失去了他原有的革命性"[3]。一些人利用制度漏洞，利用掌握的人和职权，贪赃枉法，营私舞弊，形成了中共控制区内局部的腐化现象。

其四，虽然中共采取了如同级参议会监督、公开选举、"三三制"等政治民主化的措施，但特殊的战争环境使得中共必须要有效地掌握各控制区政权。这种高度军事化的行政管理有利于抗战需要，却难以获得有效的监督。一些人在行政权力的实施中，逐渐滋生出官僚主义、宗派主义，滥用权力，极大地损害了党群关系和中共的政治活力。此外，中共所领导的政权和军队的财政管理，在战争环境中呈现出流动性大、不易审计的特点，使财政管理工作难以规范化、正规化，在财政管理上过分依赖于经过严格挑选的财管人员的个人品质。由于财政管理人员不受正规和经常性的审计和监察，贪污公款、伪造单据、索取贿赂甚至携款潜逃的事情时有发生。

---

[1] 《论共产党员的修养》(1939年7月)，《刘少奇选集》(上卷)，人民出版社1981年版，第137页。
[2] 《上海太原失陷以后抗日战争的形势和任务》(1937年11月12日)，《毛泽东选集》(第2卷)，人民出版社1991年版，第392页。
[3] 《论共产党员的修养》(1939年7月)，《刘少奇选集》(上卷)，人民出版社1982年版，第102页。

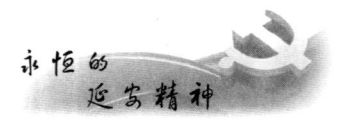

其五,第二次国共合作开始后,国民党推行"溶共"政策,以金钱腐蚀、拉拢吹捧、封官许愿、美女引诱等计谋,企图瓦解分化中共组织,使中共的战斗力、凝聚力下降,内部争斗不已而不战自乱。这种策略在中共内部的确起到了一些作用,"表现在红军改编后某些个别分子不愿意严格地接受共产党的领导、发展个人英雄主义、以受国民党委任为荣耀(以做官为荣耀)等等现象上面"①。中共中央曾发文号召广大党员警惕,但仍有不少名利熏心者、机会主义者和意志薄弱者被拉下了水。

综上所述,中共控制区内产生腐化现象的原因很复杂,各地情况不一。在各抗日根据地及解放区,腐化行为主要出现在经济领域,形式大致有乱支乱用、贪污公款、挪用公款、伪造单据、私卖公粮、包庇走私、公款吃喝、携款潜逃等等。现试举例说明如下。

在陕甘宁边区,1942年,合水县县长半年请客费达6000元之巨,被撤职查办②,盐池县县长曹建勋因涉及数宗贪污罚款之事被撤职③。"绥德分区保安处,四个月吸六十条纸烟;米脂县委县府二个月吸三十四条纸烟;定边公安局没收一百六十条纸烟,除送专署八十条,提成二十条,其余二十条全给县上首长吸完了"。"三边分区请客之风很盛行,请客时,没有海参、鱿鱼即不算菜"。"三边某地委书记今年来延安开会花一千万元边币(内有一部分是给公家买的东西),其中有二百万元没有单据,都给报销了;定边县委书记花316万元,县长花320万元"。"定边县前任某副县长结婚大请客,八个吹手,无鞭炮即叫特务员放盒子炮代替,光花边币八百万元,与原老婆离婚,还捎回家五十

---

① 《上海太原失陷以后抗日战争的形势和任务》(1937年11月12日),《毛泽东选集》(第2卷),人民出版社1991年版,第392—393页。

② 《一九四二年财政总结》,陕甘宁边区财政经济史编写组、陕西省档案馆编:《抗战时期陕甘宁边区财政经济史料摘编》第6编《财政》,陕西人民出版社1981年版,第651页。

③ 《盐池县曹县长撤职》,《新中华报》1938年2月10日。

三、特色：艰苦朴素的品质

万元。又某缉私队长结婚花三百万元"①。"延属分区安塞县前任五科长,串通供给科长等数人,共贪污公粮二百四十石⋯⋯延长县二科会计,四四年勾结仓库主任,贪污公粮十六石,以后又曾进行两次贪污未果"②。

据统计,陕甘宁边区的贪污案件,1939 年为 360 起,1940 年为 644 起。经过对财政制度的整顿和对贪污行为的打击,1941 年下降为 153 起。太行区的贪污案件,1943 年达 606 起,1944 年为 232 起,1945 年为 238 起。③

进入解放战争时期,虽然各解放区的经济有了根本好转,但由于制度上的缺陷,各解放区依然出现了不少贪污腐化的事件。

在陕甘宁边区,清涧县解家沟区长杨树森因包庇贪污分子被撤职,阳高县情报站站长孟焕林贪污腐化,除被撤职、没收财产外,还被给予了留党察看处分。广灵县独立供给员张迭奎,被没收财产,罚苦工半年。永坪二乡行政村主任张有贵因贪污 7 万元被查处。④

由上述案例可知,在各抗日根据地和解放区,腐化现象虽然是局部的,数量也有限,但性质却是严重的。它败坏了中共的声誉,降低了中共及其政权在民众心中的地位,腐蚀了中共及其政权的组织肌体。所以,在 20 世纪三四十年代各抗日根据地和解放区域内,中共及其政权的反腐化斗争始终没有停止过,成为中国共产党及其政权建设的重要内容之一。

在抗日战争及解放战争复杂而艰苦的环境中,中共在各控制区内坚持不

---

① 边区财政厅编:《县财政收支问题初稿》(1946 年 11 月 17 日),陕甘宁边区财政经济史编写组、陕西省档案馆编:《抗战时期陕甘宁边区财政经济史料摘编》第 6 编《财政》,陕西人民出版社 1981 年版,第 651—652 页。

② 边区财政厅编:《县财政收支问题初稿》(1946 年 11 月 17 日),陕甘宁边区财政经济史编写组、陕西省档案馆编:《抗战时期陕甘宁边区财政经济史料摘编》第 6 编《财政》,陕西人民出版社 1981 年版,第 655 页。

③ 张希坡、韩延龙主编:《中国革命法制史》(上册),中国社会科学出版社 1987 年版,第 337 页。

④ 彭积冬:《解放战争时期中国共产党的肃贪史实》,《北京大学学报》1994 年第 4 期。

懈地开展反腐化斗争,克服了局部的腐化现象,并逐渐形成了艰苦奋斗、廉洁奉公、无私奉献的精神风尚。正由于此,中共及抗日民主政权赢得了人民的信任,为中国革命的最后胜利奠定了牢固的政治基础。

清除腐化分子,决不姑息养奸,是这一时期中共对付腐化行为的重要原则之一。

为有力地打击腐化现象,保证中国共产党及政权各项工作的顺利进行,抗战时期,各根据地陆续颁布了一批反腐化的法规法令。如陕甘宁边区《惩治贪污暂行条例(草案)》、《山东省惩治贪污暂行条例》(1940年12月3日)、《晋西北惩治贪污条例》、《晋察冀边区惩治贪污条例》、《晋冀鲁豫边区惩治贪污暂行办法》(1942年2月11日)、《冀鲁豫边区惩治贪污暂行办法》(1944年6月3日)、《淮北苏皖区惩治贪污暂行条例》(1943年3月)、《修正山东省惩治贪污暂行条例》(1945年3月10日)等。此外,还有《山东省惩治贪污公粮暂行条例》(1943年8月1日)、《晋察冀边区稽征人员舞弊惩处暂行条例》、《冀南税务征收人员惩处暂行条例》(1939年)等。为禁绝浪费,一些地区甚至不得不在春节期间作出各级政府不得用烟、酒、肉、馍招待过往军政人员的训令和禁止招待客人与会餐的决定。①

陕甘宁边区《惩治贪污条例(草案)》规定,边区所属的部队、机关、企事业或群众团体的人员,有下列行为之一者,即以贪污论罪:1. 克扣或截留应行发给或缴纳财物者;2. 买卖公物、从中舞弊者;3. 盗窃侵吞公有财物者;4. 强占、强征或强募财物者;5. 意图营利、贩运违禁或漏税物品者;6. 擅移公款作为私人营利者;7. 违法收募捐税者;8. 伪造或虚报收支账目者;9. 勒索敲诈收受贿

---

① 《冀南行政主任公署关于各级政府不得用烟、酒、肉、馍招待过往军政人员的训令》(1940年1月26日)、《冀23南行署关于招待客人和禁止会餐的通令》(1943年2月8日),魏宏运主编:《抗日战争时期晋冀鲁豫边区财政经济史料选编》(第1辑),中国财政经济出版社1990年版,第1343页。

赂者;10.为私利而浪费公有财物者。对犯有贪污罪的犯人,处刑也是相当严厉的(1939年规定贪污千元以上者处死刑)。《晋冀鲁豫边区惩治贪污暂行办法》规定:凡贪污达500元以上者处死刑;贪污50—500元者,处6个月以上至10年以下的徒刑;不满50元者,处6个月以下徒刑或劳役。① 各级政权人员发生贪污事件依法被惩处时,其直接上级须受连带处分。《淮北苏皖边区惩治贪污暂行条例》规定:贪污满500元以上者处死刑或5年以上有期徒刑,100元以下者处1年徒刑并追回非法所得。公务员对贪污知情不报者,按情节轻重以渎职罪论处。其他根据地颁布的惩治贪污条例,内容也大致与上述规定相同。

这些法令对于贪污行为规定的范围较宽且具体,使各地反腐化、反贪污的行动有法可依,从而对遏制腐化现象的蔓延起到了良好作用,明显地表现在:前期各根据地一些明目张胆利用制度漏洞贪污公款、公粮的大案要案,在后期人为减少;而在制度内挪用公款、公款经商、伪造单据的腐化行为相对增加。由此可见,各抗日根据地逐渐完善的财政制度,对反腐化的作用还是相当显著的。

解放战争时期,在新区或重新划分的解放区内,重新审定、公布了一系列条例与法规。在中央工作委员会专门下达了《关于反贪污浪费指示》(1946年1月6日)后,各地相继颁布了如《吉林省惩治贪污暂行条例》(1947年2月13日)、《东北解放区惩治贪污暂行条例》(1947年5月6日)、《晋冀鲁豫边区惩治贪污条例》(1948年10月)、《修正淮海区惩治贪污暂行条例》(1949年6月)、《苏北区奖励节约惩治贪污暂行条例》(1949年9月),对贪污罪及其惩处办法均有明确的规定,比抗战时期的规定更加严格。如《东北解放区惩治贪

---

① 《晋冀鲁豫边区惩治贪污暂行办法》(1942年2月11日),魏宏运主编:《抗日战争时期晋冀鲁豫边区财政经济史料选编》(第1辑),中国财政经济出版社1990年版,第1467页。

污暂行条例》(1947年5月6日)规定:凡是克扣或截留财物、粮秣,私自贿赂,索取回扣,徇私舞弊,借端勒索敲诈人民财产,利用职权违法受贿及图谋不正当利益者,均属贪污行为。《晋冀鲁豫边区惩治贪污条例》规定:侵占交公物资者、吞没公物者、浮报和克扣留发或解交财物者、挪用公款和公物者,均属惩治之列。"贪污数目相当于七千斤小米市价以上的",可处死刑、无期徒刑或有期徒刑。贪污数目不足100斤小米者,撤职记过。①

限于历史条件,这些法令严厉却不完善,但对防止贪污浪费、打击腐化行为而言,毕竟是重要的法律依据,在当时反腐化斗争中的作用十分明显。

对腐化行为心慈手软,不仅会纵容腐化分子犯罪,诱发腐化现象蔓延扩展,也会降低民众对法律公正的信赖,损害共产党健康的肌体和战斗力。正因为此,在抗日根据地艰苦的环境中,中国共产党及其政权对腐化分子的处置毫不留情,即使是对一些犯有罪行的资深功大的军队干部和政府官员也绝不手软。

如某团政委刘振球,曾参加过五次反"围剿"和长征,并在平型关战役中荣立战功,但他后来官僚主义严重,生活腐化,贪图享乐,先后贪污公款500余元,并拒绝中共组织对他的教育,被八路军总政治部党务委员会开除党籍并依法处置。②

曾担任过旅长职务的抗日军政大学第六队队长黄克功,向陕北公学的女学生刘茜求婚未遂,竟开枪打死了刘茜。案发后,陕甘宁边区高等法院顶住压力,依法处黄克功死刑。在公审大会上,宣读了毛泽东给法院院长雷经天的信。毛泽东认为,不能因为黄克功有光荣的斗争历史就可以得到宽恕。如

---

① 《晋冀鲁豫边区惩治贪污条例》(1948年10月),韩延龙主编:《中国新民主主义革命时期根据地法制文献选编》(第3卷),中国社会科学出版社1983年版,第196页。
② 《关于开除刘振球党籍的决定》(1940年1月8日),《共产党人》第4期。

果赦免了黄克功,"便无以教育党,无以教育红军,无以教育革命者,并无以教育做一个普通的人"。"共产党与红军,对于自己的党员与红军成员不能不执行比较一般平民更加严格的纪律"。①

1939—1940年间,陕甘宁边区政府开始审干运动和反对"新贪官污吏"及"新劣绅"斗争,查出乡级坏干部150名,区级以上坏干部27名。② 1941年,陕甘宁边区甘泉县张家畔税务分局局长肖玉璧,在任职期间利用职权贪污公款3050元,被边区高等法院判处死刑。

1942年11月21—23日,毛泽东在中共中央西北局高级干部会议上严厉地指出:腐化问题是危害党的大问题,必须从严治党。"不够党员资格的,也要清洗,还要经常吸收好的分子"③。

1940年前后,山东根据地各区也先后展开了反贪污斗争。泰西地区两个月间就罢免了5名坏县长,新选了7名县长、40个区长和60%以上的乡长、村长。鲁西公署成立后,先后对辖区内各地的2325个村政权进行改造④,有效地遏制了各地收支严重失衡的状况,使腐化现象大大减少。

在解放战争后期,由于陕甘宁边区各地处于相对和平状态,各地普遍存在党员干部滋长骄傲自满、和平麻痹的思想,有些党员和干部开始变质,不少领导干部犯了官僚主义和自由主义的错误。针对这一情况,1948年7月中旬,中共西北局一边纠正,一边进行整党工作,要求各地"对于阶级异己分子、坏分子以及严重违法乱纪分子必须坚决清除出党"。经过1948年秋冬和1949年春的整顿,全边区78%的支部、67%的党员参加了整党,强化了党组织

---

① 《致雷经天》(1937年10月10日),《毛泽东书信选集》,人民出版社1983年版,第110页。
② 陈文斌主编:《中国共产党廉政建设史》,中共党史出版社1995年版,第43页。
③ 逄先知主编:《毛泽东年谱(1893—1949)》(中卷),人民出版社、中央文献出版社1993年版,第414页。
④ 朱玉湘主编:《山东革命根据地财政史稿》,山东人民出版社1989年版,第63页。

的战斗力,处理了一批犯错误的党员。①

这些案例的处理,表达了中共"在'廉洁政治'的地面上,不容许有一个'肖玉璧'式的莠草生长"的决心②,充分体现了中共依法反腐的严肃而公正的精神,有力地遏制了腐化现象的蔓延。

在反腐化过程中,中共还根据自身的优势,注重开展以改造思想为主的宣传教育活动,在长期斗争中逐渐形成了一套行之有效的做法,与反腐倡廉的制度建设相辅相成,构成中国共产党建设史上的一大特色。

1939年2月,为加强"领导党政军民各机关的干部教育",中共中央决定成立干部教育部,由洛甫兼任部长、罗迈为副部长③,其主要职责是:利用一切舆论、宣传工具和可能的手段,不断地进行党的建设、思想改造的宣传。7月,刘少奇在延安马列学院作专题报告《论共产党员的修养》,之后整理成书。该著作成为对广大共产党员进行党性教育的影响最大的教科书。刘少奇在书中指出:"绝不能把共产党看作是图谋党员私利的、行会主义的团体"④,特权思想对于共产党来说,"是不可思议的,是一种侮辱"⑤。

中共中央不仅要求提高各部门及军队的文化素养,而且还严厉制止一些部门存在着的严重的"排斥知识分子的倾向","对工农干部尤其是农民干部,应该号召他们好好学习文化与政治。不识字和无知识不是共产党员和八路军干部的光荣",强调"工农干部无论其革命历史怎样久,若不求上进不学习,

---

① 房成祥、黄兆安主编:《陕甘宁边区革命史》,陕西师范大学出版社1991年版,第509—512页。
② 《从肖玉璧之死说起》,《解放日报》1942年1月5日。
③ 《中央关于成立干部教育部的通知》(1939年2月17日),中央档案馆编:《中共中央文件选集》(第11册),中共中央党校出版社1986年版,第24页。
④ 《论共产党员的修养》(1939年7月),《刘少奇选集》(上卷),人民出版社1982年版,第134页。
⑤ 《论共产党员的修养》(1939年7月),《刘少奇选集》(上卷),人民出版社1982年版,第139页。

三、特色:艰苦朴素的品质

便无发展前途,便会落伍和堕落"。① 希望各部门能在不断提高文化素养的基础上,使党员端正对马克思主义的认识,提高思想觉悟,从思想意识层面做到反腐倡廉。

1940年起,中共中央在全党范围内开展学习运动,进而发起整风运动,目的不仅要在广大党员干部中树立起马克思主义的信仰,而且要通过学习达到提高其素养的目的,以强化党的能量及功效。

在艰苦卓绝的抗战岁月里,为了根据地的生存,从中共高级干部到基层领导大多能以身作则,模范遵守法令、规章,廉洁奉公,不搞特殊化。上行而下效,在他们的带领下,各根据地内形成了艰苦朴素、勤俭奋斗的社会风尚,与国统区"前方吃紧,后方紧吃"、置国家民族利益于不顾、腐朽糜烂的生活风气形成了极为鲜明的对照。

抗战爆发后,毛泽东的表兄文运昌因家庭困难,想到延安投靠毛泽东。1937年11月27日,毛泽东写信婉言相劝文运昌不要来延安,因为"我们这里仅有衣穿饭吃,上自总司令下至火夫,待遇相同,因为我们的党专为国家民族劳苦民众做事,牺牲个人私利,故人人平等,并无薪水"②。

在严重的经济困难面前,中共提出了"大生产运动"的号召,中共领导人都带头参加。毛泽东在延安的杨家岭亲自开荒种菜。1943年4月,毛泽东坚决反对有人提议为他祝贺五十大寿并宣传毛泽东思想的做法。③ 朱德亲自在王家坪八路军总部和太行区开荒种地。周恩来和任弼时参加中共中央直属

---

① 《军委关于军队吸收知识分子及教工农干部的指示》(1939年12月6日),中央档案馆编:《中共中央文件选集》(第11册),中共中央党校出版社1986年版,第227—228页。

② 逄先知主编:《毛泽东年谱(1893—1949)》(中卷),人民出版社、中央文献出版社1993年版,第39页。

③ 逄先知主编:《毛泽东年谱(1893—1949)》(中卷),人民出版社、中央文献出版社1993年版,第434—435页。

机关纺线比赛,被评为"纺线能手"。中央高级领导人在生活待遇上几乎和基层干部相同。彭德怀在抗战时期立有一条军令:下部队巡察,不得为他另炒小菜。1942年,为救济太行山一带的灾民,彭德怀"也和士兵一起以野菜充饥,并连个人仅供零用的稿费也捐了出来"①。陕甘宁边区政府主席林伯渠响应"增产节约"的号召,专门制订了个人的生产节约计划。中共高层干部以自己的实际行动,为全社会树立了共产党员严于律己、以身作则的高尚风范。

20世纪40年代,由于八路军在华北区域发展迅速,各根据地民众负担急剧增加。毛泽东在听说有人诅咒他遭雷击时,不但没有恼怒,反而冷静地说"要想想我们做了什么引起了群众的反感"。经调查,中共中央决定自1942年起对陕甘宁边区减征公粮,受到了群众的拥护。②

毛泽东在论及抗日根据地与国统区的重要区别时说:"利用抗战发国难财,官吏即商人,贪污成风,廉耻扫地,这是国民党区域的特色之一。艰苦奋斗,以身作则,工作之外,还要生产,奖励廉洁,禁绝贪污,这是中国解放区的特色之一。"③任何一种文化氛围和社会精神的形成,都要经历从上向下的传播过程。可以讲,中共高级领导人禁绝特殊、廉洁奉公的言行,是抗日根据地形成艰苦奋斗、同心同德的社会风气的重要因素之一。

经过大半个世纪的历史沉淀,中共在20世纪三四十年代反腐化斗争的经验及不足之处,已能为后人充分地认识。

第一,正确认识腐化现象产生根源。抗战伊始,毛泽东就对防止"国民党

---

① 军大政治部编:《现中国的两种社会》,东北书店1949年版,第77—78页。
② 军大政治部编:《现中国的两种社会》,东北书店1949年版,第77—78页。
③ 逄先知主编:《毛泽东年谱(1893—1949)》(中卷),人民出版社、中央文献出版社1993年版,第303页。

对共产党所施行的升官发财、酒色逸乐的引诱"敲响了警钟①,认为资产阶级外来思想是根据地内腐化现象得以产生的重要因素。与此同时,中共也注意到了"党内小资产阶级成分的增加"和各级政权工作人员素质低劣,是抗日政权及解放区政权内部产生腐化现象的另一重要因素,这在今天仍不失为经验之谈。然而,我们也应该承认,在私有制没有消灭的时代,人的自私性是腐败产生的最终根源。在相对贫穷落后的环境里,在制度不完善的漏洞前,权力和物质的诱惑对于任何人都是巨大的。一般而言,掌握不受监督的权力的个人,不具备永久抗拒这种诱惑的能力。

第二,强化法制建设,完善监督机制。从抗战前的陕甘宁边区到解放战争时期,处于战争状态中的中共仍然把强化法制建设视为反腐化斗争最重要的手段。从上到下,坚持倡导对人的制度性约束,建立一个相对独立的执法体系,对违法乱纪者不徇私情、严惩不贷。利用参议会、舆论、民众监督等手段,形成一个有效的、立体的监督网络,对于遏制腐化现象起到了有效的作用。

第三,重思想教育但不唯思想教育。中国共产党历来重视思想教育工作,认为思想教育工作的好坏是治理腐化现象成功与否的关键所在。各抗日根据地在贯彻执行反腐化政策时,都坚持以教育为主、惩罚为辅的原则,收到了积极的效果。但是,我们应当看到,思想教育并不是万能的,只有当它与法制建设结合在一起时,才能真正地从内外两个方面遏制腐化现象的产生。不能陷入主观主义的思维中,过分注重道德自律和思想自觉。惩治腐败的关键在于制度完善与有效执行,而不在说教。

第四,遏制社会风气恶化的关键在于防止政治腐化(官僚主义、宗派主义、以权谋私、特殊化等)扩延。在这一时期内,中共十分注重对权力的约束

---

① 逄先知主编:《毛泽东年谱(1893—1949)》(中卷),人民出版社、中央文献出版社1993年版,第303页。

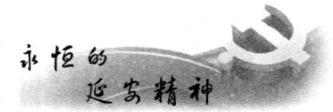

和政治民主化的建设,在制度上实行了"三三制",建立了各级参议会,实行了精兵简政,在党内开展了整风运动等活动。这些措施不仅打击了腐化分子,提高了行政效率,也有力地完善了抗日民主政权的结构,大大减少了党及政权内部出现政治腐化以致演变成大规模政治腐败的可能性。政治腐化得以控制,对于社会风气的改善来说,不再是扬汤止沸,而是釜底抽薪。

第五,反腐化斗争关乎政权稳定。20世纪三四十年代,毛泽东等中共领导人始终都把反腐化的斗争提高到党是否会瓦解、革命能否成功的高度来认识,中共对反腐化斗争的高度重视在思想上武装了全党,从而保证了共产党卓有成效地进行反腐化斗争,也保证了中共的高度稳定。我们应当承认,腐化现象产生于私有制,是人的私欲外化的形式之一。只要物质没有极大丰富,腐化现象就无法根除。社会腐化的根本原因在于政治腐化,政治腐化则导源于权力本位体制。政治腐化一旦演变成一定规模的政治腐败,就会使诸多的制度形同虚设,就会使一个政权丧失民心。只有树立起反腐败斗争的长期性、艰苦性和复杂性的意识,高度重视反腐败斗争的重要性,依法倡廉,依法肃贪,我们的政治体制才能长久得以巩固和稳定。

四、灵魂:实事求是的路线

实事求是的思想路线,是延安精神的灵魂所在,集中体现了中国共产党人的世界观。1992年,邓小平在南方谈话中指出:"过去我们打仗"靠实事求是,"现在搞建设、搞改革"也靠实事求是。① 诚如邓小平所言,中国共产党能够在短短28年的时间里,由一个仅仅50余人的革命党,一跃成长为领导中国人民取得革命成功、缔造中华人民共和国的执政党,这一在西方人看来"几乎是不可想象的""难以置信的"的伟大成就②,与中国共产党不断总结土地革命时期的经验教训,并在抗战时期在全党确立实事求是的思想路线是密不可分的。

没有实事求是的思想路线,就没有中国共产党的今天。

反对教条:思维方式的革命

与任何新生事物一样,中国共产党也经历了由不成熟到成熟、由模仿到推陈出新的成长过程。实事求是思想路线在全党的确立,即是中国共产党经历挫折与失败,逐渐走向成熟与成功的一个重要表现。

---

① 《在武昌、深圳、珠海、上海等地的谈话要点》(1992年1月18日至2月21日),《邓小平文选》(第3卷),人民出版社1993年版,第382页。

② [美]费正清著,张理京译:《美国与中国》(第4版),世界知识出版社2000年版,第258页。

　　无论是从整个世界历史的发展趋势、中国社会的实际情况,还是从自身发展规律而言,中国共产党借鉴苏俄十月革命成功经验,"走俄国人的路"①,均是必然的选择。十月革命后,世界掀起了无产阶级革命的新高潮,通过无产阶级革命,争取国家与民族的独立,实现社会主义,是世界历史发展的新特点。这一点对于近代以来饱受帝国主义、封建主义欺凌的中国人民来说,感受尤为强烈。从鸦片战争到十月革命,不到80年的时间里,为寻求民族独立与发展,一批又一批的仁人志士不断演绎着努力与失败轮回的悲剧。太平天国的旋起旋落,证明了农民起义不能拯救中国;洋务运动与维新变法的相继失败,暴露了封建王朝无法自救的现实;辛亥革命的失败,以及欧洲资本主义世界的残酷大战,则证明了资本主义并非中国摆脱民族压迫,走向繁荣富强的理想前途。就在此时,苏俄十月革命所昭示的社会主义革命道路为彷徨中的中国志士指明了方向。"以俄为师""走俄国人的路"成为渴望救中华民族于水火的整整一代中国人的新选择,不仅中国共产党应运而生,国民党也在此时代大潮中"师法俄国",进行改组。

　　确定了"走俄国人的路",意味着中国革命确立了马克思列宁主义的理论指导。有了前进的方向,但并不意味着中国革命必然成功。正如石仲泉所言:"对俄国十月革命道路的基本原则和十月革命道路的具体表现形式应当加以区别。十月革命道路的基本原则,即以马列主义为指导思想进行革命斗争,推翻反动国家机器,建立人民当家作主的革命政权,是中国革命走向胜利的指针。但是就十月革命道路的具体表现形式而言,它先在城市夺取政权,然后在全国夺取政权,这是由俄国的特点决定的,是不能简单地照抄照搬

---

① 《论人民民主专政》(1949年6月30日),《毛泽东选集》(第4卷),人民出版社1991年版,第1471页。

的。"①在确立了指导理论与革命方向的前提下,中国共产党人还要面对如何"走俄国人的路"的问题。是照搬照抄,还是依据实际情况走自己的路?这个看似细节的问题,实际上关系到中国革命成败的大局。

在中国共产党史上,就如何"结合"的问题,长期存在着灵活运用马克思主义和奉行本本主义两种倾向的斗争。早在建党初期,一些人就已经注意到怎样把马克思主义应用于中国实际的问题。随后,在大革命时期,许多中国共产党领导人运用马克思主义对中国革命进行了积极的可贵的理论探索,提出了一系列有关中国革命的正确的或基本正确的观点。土地革命时期,毛泽东勇敢地提出了"反对本本主义"的口号,以他为代表的许多指导实际工作的中共领导者努力开拓一条具有中国特色的革命道路。但是,由于中国共产党本身缺乏经验,由于中国革命是在共产国际和苏共的直接帮助下开展起来的,而共产国际的一些领导人总是习惯于发号施令,并经常把功劳归于自己,错误推给他人,这就使许多中国共产党人产生了一种迷信,以为苏联革命经验可以无条件适用于各国,共产国际的指示不能有半点违逆。

不难理解,作为在十月革命影响下成立的新生事物,尚无革命经验的中国共产党在早期开展革命工作时,会更多地仿效苏俄革命模式。同时,作为共产国际的一个下属支部,中国共产党受以输出苏俄革命模式为主要任务的共产国际领导,这就从体制上决定了中国革命将按照苏俄革命模式开展。革命实践的欠缺、革命理论的不足、共产国际的影响,诸多因素造成中国共产党曾一度将苏俄革命模式教条化,将共产国际的指示教条化,给中国革命造成巨大的损失,甚至将中国革命推至濒临失败的边缘。

例如在工农关系问题上,中国共产党成立后,虽然多次提到工农联盟,但是受到苏俄十月革命的影响和共产国际指示的左右,在开展革命工作时,将

---

① 石仲泉:《中国革命前进的伟大基地》,《共产党史研究》2002年第1期,第52—62页。

工人运动摆在首位,农民运动放在次席。中共中央书记局总书记陈独秀认为,农民散漫异常,文化程度十分低,教育和宣传都难以产生效果,应将全部精力放在工人运动上。国民革命失败后,瞿秋白、李立三领导的中共中央,以共产国际的指示为指南,错误地判断中国国情与革命形势,提出了片面的"城市中心论",力图通过工人革命,夺取大城市,实现革命成功。这种脱离客观实际的做法,虽以"左"的面貌出现,但与陈独秀的思维方式如出一辙,致使中国共产党的组织受到很大破坏。

国民革命的后期,毛泽东等人已经开始认识到农民运动的重要性。国民革命失败后,毛泽东等人即在远离城市的乡村建立根据地,逐渐开辟出农村包围城市、武装夺取政权的革命新路。但是,在共产国际远东局的支持下,以王明为代表的留俄学生群体归国后,成为中国共产党的实际领导者,教条主义开始在全党范围内滋长、蔓延。

1931年1月7日,中国共产党扩大的六届四中全会在上海召开。这次会议的主要目的是重组中共中央领导机构,贯彻共产国际路线。因共产国际远东局负责人米夫以不正常的组织手段控制了会议的进行,不具备与会资格的王明不仅得以列席会议,而且在会上发表名为《两条路线底斗争》(后更名为《为中共更加布尔塞维克化而斗争》)的长篇大论,宣称必须从思想上、政治上、组织上全面彻底地改造党。在这次会议上,王明被选为中央委员,并进入中央政治局,实际操纵了中共中央的领导权。此后,中共中央提拔了一批拥护共产国际路线的同志到中央领导岗位,并派遣许多中央代表或"新的领导干部"到全国各地去,对革命根据地和国民党统治区的地方党组织进行所谓的"改造"。这样,六届四中全会就成为以王明为主要代表的"左"倾教条主义错误在中共中央占据统治地位的开端。

在《两条路线底斗争》中,王明以"拥护共产国际的正确的列宁主义的路线,反对以李立三为领导的反共产国际的路线"为旗号,系统地阐发了他的

"左"倾教条主义观念。他认为,中国革命的动力只有工农和下层小资产阶级,资产阶级、上层小资产阶级同帝国主义、封建主义一样都是革命的对象,现阶段中国资产阶级民主革命,只有在坚决反对资产阶级的斗争中才能取得彻底的胜利。他强调,全国性的革命高潮已经到来,要在全国范围内实行进攻路线,先在一省或几省取得胜利,进而推进与争取全国范围内的胜利。王明坚持"城市中心论",将组织领导工人阶级的经济斗争、准备总同盟罢工以至武装起义,作为中国共产党最主要的任务。对于红军,王明虽表示重视,但没有认识到敌强我弱形势下红军的作战规律和根据地的发展规律,指责党和红军"到1930年冬还没有能够建立起一个能够真正成为最有保障的革命中心的根据地"。在土地革命问题上,王明提出"坚决打击富农""使富农得到较坏的土地"等主张。在组织上,他要求以"积极拥护和执行国际路线的斗争干部——特别是工人干部,来改造和充实各级的领导机关"。[①]

《两条路线底斗争》作为"左"倾教条主义的政治纲领,经党的六届四中全会实际上的批准而成为党的指导思想,并通过重新改组的各级领导机构贯彻实施,从组织上为教条主义思维方式的存在与蔓延提供了保障;同时,因王明等人在苏联系统学习了马克思列宁主义理论,他们的谈话、写作动辄引经据典,显示出相当高的理论素养,从而使王明等人树立了马克思列宁主义理论权威的形象,这对于马克思主义理论素养不深或对中国革命实际了解不够的许多人来说具有极大的迷惑作用;此外,王明等人颇受直接领导中国共产党的共产国际远东局负责人青睐,在共产国际与中国共产党领导与被领导体制下,共产国际的支持就使得王明等人在中国共产党内不仅拥有理论家的权威,而且还握有实际的领导权,使得一部分本来不赞成或批评王明的人转而

---

① 陈绍禹:《为中共更加布尔塞维克化而斗争》,《中共党史参考资料》(第6册),中国人民解放军政治学院党史教研室1979年编印,第227—300页。

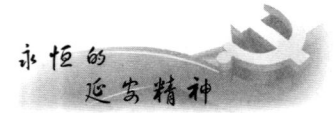

赞同并支持他。如上种种因素,导致"左"倾教条主义倾向未能及时得到纠正,形成了"把马克思主义教条化,把共产国际指示和苏联经验神圣化"的错误潮流,而且随着形势的发展,在中国共产党内由城市影响到农村革命根据地,给中国革命造成巨大的损失与危害。

1931年9月18日,日本帝国主义悍然发动九一八事变,全国规模的抗日救亡运动随即兴起,中国社会的阶级关系剧烈变动。根据形势发展,以抗日战争为中心,制定出符合客观实际的战略策略,推动中国革命事业向前发展,是摆在中国共产党面前的当务之急。但是,在"左"倾教条主义的思维方式影响下,党的六届四中全会以后的临时中央依据共产国际的指示,认为资本主义世界和社会主义世界对立是国际关系的不变法则,日本侵占东北,接下来又是华北,这是"向反苏战争又前进了一步"[1];强调帝国主义国家反对苏联和反对中国革命的一致性,要求中国共产党不仅要反对日本帝国主义,而且要反对一切帝国主义,提出"武装保卫苏联"的口号[2],完全脱离了中国实际。

从教条出发,对形势进行曲解与误读,必然会反映在具体的政策上。在统一战线问题上,教条主义者犯了"关门主义"错误。他们看不到民族危机引发的中国社会阶级关系的新变化,否认以民族资产阶级为主体的中间势力的抗日要求,否认国民党内部在抗日问题上的矛盾与分化,认为当前形势的特点是革命与反革命的决战,中间势力帮助国民党维持它的统治,使群众不去反对与推翻国民党的统治,因而是最危险的敌人,应该以主要的力量来打击这些妥协的反革命派。在革命策略上,教条主义者犯了"冒险主义"错误。他们片面强调国民党政权与苏维埃政权的对立,认为国民党统治的崩溃正在加

---

[1] 《反对日本侵占满洲》(1931年11月6日),《共产国际有关中国革命的文献资料(1929—1936)》(第2辑),中国社会科学出版社1986年版,第167页。

[2] 《中央关于日本帝国主义强占满洲事变的决议》(1931年9月22日),中央档案馆编:《中共中央文件选集》(第7册),中共中央党校出版社1991年版,第421页。

四、灵魂:实事求是的路线

速地进行着,红军和苏维埃政权能够立刻取得决定性的胜利。他们重新提出争取"中国革命在一省数省的首先胜利"的方针,指令根据地红军采取"积极进攻的策略",攻打中心城市;规定党在国民党统治区的第一等的任务,是用最大的力量去开展城市工人的罢工斗争。在领导城市工人运动时,他们继续采取冒险主义的方针,组织赤色工会,无条件地举行冲厂、罢工、全行业罢工等。

"冒险主义"和"关门主义"路线的推行,给国统区的党的组织和工作造成巨大损害。从1931年初到1932年底,中共河北省委遭到三次大破坏,1933年更是遭到四次破坏。从1931年4月到1933年7月,中共山东省委遭到五次大破坏,并与中共中央失去联系。从1934年3月到1935年2月,负责领导党在国统区工作、同共产国际联系的临时中央派出机关——上海中央局,遭到六次大破坏,陷入瘫痪状态,并不得不在1935年7月后停止活动。①

就在教条主义者把革命胜利的希望寄托在城市工人身上,倾心于城市总同盟罢工的同时,毛泽东等人在实践中深刻认识到,在半殖民地半封建的中国,农民占人口的80%以上,是革命的主力军;从本质上,中国革命是农民革命。他们通过土地革命、武装斗争,建立了广阔的革命根据地,并于1931年11月7日成立中华苏维埃共和国,从而局部改变了中国社会性质,并开辟出适合中国国情的农村包围城市的革命新道路。尽管如此,"左"倾教条主义者"不了解诸种革命情况的区别,因而也不了解应当用不同的方法去解决不同的矛盾,而只是千篇一律地使用一种自以为不可改变的公式到处硬套",错误地认为农民不是"革命"的真材实料,不愿意将中共中央迁移到根据地,直到无法继续在城市立足,以博古为首的临时中央政治局才被迫由上海迁到瑞金。不过,教条主义者并没有接受城市革命失败的教训,"将本来做得好的事

---

① 中共中央党史研究室:《中国共产党历史》(第1卷上册),中共党史出版社2002年版,第440页。

情弄得很坏"。①

在城市中心的思维指导下,临时中央不顾根据地的兵力难以对抗国民党政府军的事实,轻率下令各农村根据地的红军向各大城市进攻,不仅未能实现革命的高潮,反而过早暴露了根据地的实力,引发国民党军队连续五次的大规模"围剿"。在毛泽东、周恩来等军事领导人的指挥下,红军根据敌我实力,以游击战略,扬长抑短,避实击虚,相继取得前几次反"围剿"的重大胜利。毛泽东失去军权后,朱德和周恩来按照前三次的经验,也取得了第四次反"围剿"的胜利。但在第五次反"围剿"中,博古、李德等人过高估计红军实力,照搬军事教科书的做法,采取"御敌于国门之外"的错误战略及"短促出击"的错误战术,和十倍于己的敌人硬拼,致使红军伤亡惨重,根据地大片地域丢失,中共力量无法继续在江西、湖南、福建等省的交界地立足,被迫放弃苦心建设数年的革命根据地,进行战略转移,长征二万五千里。在遵义会议的正确路线指引下,方才保留住革命的星星之火。

历史经验证明,不顾中国国情,理论脱离实际,照搬照抄外国经验的教条主义是错误的。中国共产党必须把马克思列宁主义基本原理同中国革命的具体实践相结合,坚持实事求是的思想路线,才能领导中国革命走向胜利。

针对"左"倾教条主义错误,中国共产党内一些同志从开始就进行抵制。如中共中央主管工人运动工作的刘少奇在1931年至1932年间,根据实际情况多次对冒险主义的方针进行批评,系统地提出了工人运动的策略思想。不过,刘少奇的这些实事求是的主张不仅未被采纳,反而被指责为"一贯的机会主义路线错误"②。中共河北省委领导李铁夫批评"左"倾空谈和盲动主义,主

---

① 《矛盾论》(1937年8月),《毛泽东选集》(第1卷),人民出版社1991年版,第311页。
② 转引自中共中央党史研究室:《中国共产党历史》(第1卷上册),中共党史出版社2002年版,第439页。

四、灵魂:实事求是的路线

张抓住群众的迫切要求,通过领导群众进行日常斗争,提高他们的觉悟和斗争意志,但在1934年受到撤职的处分。在革命根据地,以毛泽东为代表的根据地开拓者因坚持求真务实的正确主张,受到"左"倾教条主义者的排挤与打击,毛泽东本人则被逐渐排挤出重要领导岗位。随即,在福建和江西开展反对"罗明路线"斗争,罗明、邓小平、毛泽覃、谢唯俊、古柏被打成"退却逃跑的右倾机会主义者",受到不公正待遇。

毛泽东、刘少奇等人均是资深的革命家,对中国国情了解深入,对马克思主义理解深刻。在国民革命失败后,他们通过实践,总结出农村和城市开展革命工作的经验,在中国共产党内拥有很高的威望。他们被排挤、被打击,表明教条主义在中国共产党内拥有巨大的影响力。

"左"倾教条主义者大多曾留学苏联,接受过系统的马克思主义理论教育,在中国共产党内以马克思主义理论权威自居,动辄引经据典,马克思主义不离口。"权威"的光环迷惑了一些革命经验不足、理论水平不够的革命同志,造成他们"只会片面地引用马克思、恩格斯、列宁、斯大林的个别词句,而不会运用他们的立场、观点和方法,来具体地研究中国的现状和中国的历史,具体地分析中国革命问题和解决中国革命问题"[①]。这种自上而下的盲目信从与模仿,是教条主义思维方式影响全党的思想原因。

在共产国际的支持下,王明等人实际掌握了中共中央的领导权,他们通过向各根据地派遣特派员,直接参加苏区的中央局工作,或者另外成立中央分局,拥有了处理各根据地党政军事务的最高权力。他们还照搬苏联党内斗争模式,在各根据地普遍建立政治保卫局,开展党内斗争,对敢于抵制"国际路线"者,予以"残酷斗争,无情打击",为教条主义的蔓延提供了组织保证。

---

① 《改造我们的学习》(1941年5月19日),《毛泽东选集》(第3卷),人民出版社1991年版,第797页。

第五次反"围剿"的失败,使得中国共产党遭遇到前所未有的巨大困难,也促使中国共产党人对教条主义的错误思想路线进行反思。1935年1月,中共中央在贵州遵义召开紧急会议,解决了最迫切的军事路线和中央组织问题,结束了"左"倾教条主义者的领导权,为红军完成战略转移、创建以延安为中心的根据地和发动全民族抗日战争创造了基本条件。不过,教条主义的思想影响依旧存在,如何从"把马克思主义教条化,把共产国际指示和苏联经验神圣化"的迷信中解放出来,清醒认识民族矛盾激化的新形势,正确处理国共合作抗战的新任务,是遵义会议后中国共产党所面临的最迫切的历史任务。

1936年底到1937年夏,毛泽东先后写出《中国革命战争的战略问题》《实践论》《矛盾论》,并就其内容在红军大学(1937年1月改称抗日军事政治大学)做了一系列演讲,从思想路线的高度总结党的历史经验,力求在全党范围内确立实事求是的思维方式和行动准则。

《中国革命战争的战略问题》通过总结土地革命战争时期的斗争经验,系统阐述了中国无产阶级领导的农民战争的战略思想。在这一著作中,毛泽东以辩证唯物主义和历史唯物主义的基本原理为指导,探讨了中国革命战争的规律和特点。他指出,中国是一个政治经济发展不平衡的半殖民地的大国,敌人强大,红军弱小。在此前提下,红军的战略战术原则应该是:在战略上,采取积极防御的方针。在作战上,当强大的敌人进攻时,一般应实行战略退却,保存实力,准备反攻;在战略反攻中,要慎重初战,战则必胜,并不失时机,连续再战;要集中兵力,以运动战为基本作战形式,力求打歼灭战;实行战略上的持久战与战役战术上的速决战等。毛泽东强调:任何一个指导中国革命战争的人,必须懂得中国革命的特点和特殊的规律,懂得从这些特点产生出来的中国革命战争的战略战术。那些"左"倾教条主义者把红军对国民党军队的作战看作与一般战争或苏联内战相同,机械地照搬一般战争经验和苏联

四、灵魂：实事求是的路线

军事指导原则，就不能不招致红军第五次反"围剿"的失败。①

《实践论》着重从辩证唯物主义的认识论方面，论证理论与实践相统一的关系，强调实践在认识运动中的重要地位与作用，彻底批判党内长期存在的以教条主义为主要表现形式的主观主义，并揭露它对中国革命事业造成的严重危害，提出"把实践提到第一的地位"，只有人们的社会实践才是人们对外界认识的真理性的标准，除此以外，再没有第二个标准。其结论是"主观和客观、理论和实践、知和行的具体的历史的统一，反对一切离开具体历史的'左'的或右的错误思想"。②

《矛盾论》全面地论述了作为唯物辩证法最根本法则的对立统一规律。毛泽东指出，很多同志，特别是教条主义者不懂得矛盾的普遍性寓于矛盾的特殊性之中，不懂得"用不同的方法去解决不同的矛盾，这是马克思列宁主义者必须严格地遵守的一个原则"。教条主义者对具体事物不做艰苦的认真的调查研究，不懂得中国革命的特殊性，而把一般真理变成纯粹抽象的公式，到处硬套，结果就不能不摔跤。③

如上三部著作，既从哲学高度概括了中国革命斗争实践的经验，又对"左"倾教条主义思想进行了哲学批判，奠定了实事求是思想路线的理论基石。

不过，改造教条主义者的思维方式，在全党范围内树立实事求是的思想路线，其难度之大，远非朝夕之功可以完成。抗日战争开始前后，在相当长的一段时间里，中国共产党的理论宣传和教育工作引经据典蔚然成风。同时，毛泽东的理论文章和小册子，没有得到理论报刊宣传工作负责人的重视，"只把毛泽东同志的著作，列入临时的策略教育与时事教育之内，只当作中央的

---

① 参见《中国革命战争的战略问题》(1936年12月)，《毛泽东选集》(第1卷)，人民出版社1991年版，第170—237页。
② 《实践论》(1937年7月)，《毛泽东选集》(第1卷)，人民出版社1991年版，第282—297页。
③ 《矛盾论》(1937年8月)，《毛泽东选集》(第1卷)，人民出版社1991年版，第310—311页。

一般政策文件看待",甚至由王明负责的《新华日报》拒绝发表《论持久战》。①教条主义思维方式的继续存在,严重危害着中国革命事业。几乎同时,王明在延安再版《为中共更加布尔塞维克化而斗争》,并在三版序言中写道:"本书所记载着的事实,是中国共产党发展史中的一个相当重要的阶段,因此,许多人要求了解这些历史事实。"王明认为:"不能把昨日之是,一概看作今日之非;或把今日之非,一概断定不能作为昨日之是。"②王明的如上举动实际上是为过去的"左"倾错误辩护。在统一战线问题上,王明教条地理解共产国际的指示,提出"一切服从统一战线"和"一切经过统一战线",盲目迁就国民党,"只知片面的联合而不要斗争、不要独立自主的政策"③。在这一思想的影响下,新四军政委项英犯了右倾机会主义错误,未能有效、及时执行中共中央指示,导致"皖南事变"的发生,给新四军造成巨大损失。

毛泽东认为,"皖南事变"之所以发生,根源在于有些同志没有把普遍真理的马克思列宁主义与中国革命的具体实际联系起来,不了解中国革命的实际,不了解经过十年反共的蒋介石,而是唯苏联和共产国际是从。随后,毛泽东于1941年5月19日发表《改造我们的学习》,公开批评教条主义者把马列主义当成死的教条,"对于研究今天的中国和昨天的中国一概无兴趣,只把兴趣放在脱离实际的空洞的'理论'研究上","只知背马克思、恩格斯、列宁、斯大林著作中的若干词句","只知生吞活剥地谈外国","无实事求是之意,有哗众取宠之心","言必称希腊","自以为是,老子天下第一,'钦差大臣'满天飞",以万古不变的教条吓唬不懂理论的工农干部和青年学生。毛泽东明确

---

① 杨奎松:《毛泽东与莫斯科的恩恩怨怨》,江西人民出版社1999年版,第119页。

② 陈绍禹:《为中共更加布尔塞维克化而斗争》,《中共党史参考资料》(第6册),中国人民解放军政治学院党史教研室1979年编印,第227页。

③ 转引自胡绳主编,中共中央党史研究室著:《中国共产党的七十年》(简本),中共党史出版社1992年版,第305页。

四、灵魂:实事求是的路线

提出:"要使马克思列宁主义的理论和中国革命的实际运动结合起来,是为着解决中国革命的理论问题和策略问题而去从它找立场,找观点,找方法的。这种态度,就是有的放矢的态度。'的'就是中国革命,'矢'就是马克思列宁主义。我们中国共产党人所以要找这根'矢',就是为了要射中国革命和东方革命这个'的'的。这种态度,就是实事求是的态度。"①

随后,中共中央向全党发出《关于调查研究的决定》,针对党内许多同志"还不了解没有调查就没有发言权这一真理"、"还不了解系统的周密的社会调查,是决定政策的基础"的实际状况,明确反对"将学习马列主义原理原则与了解中国社会情况、解决中国革命问题互相脱节的恶劣现象",提出"实事求是,理论与实际密切联系","是一个党性坚强的党员的起码态度",号召加强"对于历史,对于环境,对于国内外、省内外、县内外具体情况的调查与研究",在全党树立立足中国革命和一切从实际出发的观点。② 依据这一决定,党中央和各中央分局及各省委先后设立了调查研究的专门机构。此后,全党从中央机关到地方组织纷纷深入实际,大搞调查研究,从根本上改变了学风,实事求是因此成为中国共产党的一个突出的优良作风。

根据毛泽东的提议,中共中央政治局思想方法学习小组成立,从1941年9月10日开始举行党风学习的专题会议。在会议上,毛泽东作主题报告,指出党在很长一段时期为主观主义所统治,特别是在苏维埃后期主观主义表现更严重,形态更完备,统治时间更长久,结果更悲惨。这是因为他们坚持所谓的"国际路线",穿上马克思主义的外衣,其实是假马克思主义。毛泽东提出,要在理论上分清创造性的马克思主义与教条式的马克思主义,用马克思主义

---

① 《改造我们的学习》(1941年5月19日),《毛泽东选集》(第3卷),人民出版社1991年版,第801—802页。

② 《中共中央关于调查研究的决定》(1941年8月1日),《毛泽东文集》(第2卷),人民出版社1993年版,第360—363页。

观点研究实际问题,使中国革命丰富的实际经验马克思主义化。在毛泽东等负责人的批评教育下,博古、张闻天等教条主义代表人物逐渐认识到自身的错误,明确表示愿意接受批评。张闻天说:过去的错误,我是最主要的负责人之一。共产国际把我们这些没有做过实际工作的干部提到中央机关来,给党的事业带来很大损失。过去没有做过实际工作,现在还要补课。博古说:我是1932年至1935年错误的主要负责人。过去,只学了一些理论,拿了一套公式教条来反对人家,过去许多党的决议是照抄共产国际的。王稼祥分析,从莫斯科共产国际回来,没有实际工作经验的人,易做教条主义者。① 博古、张闻天等领导者思想态度的改变,标志着反对教条主义思维方式取得了重大突破。

从1942年春天开始,全党进行普遍整风,中心内容为反对主观主义以整顿学风。毛泽东吸纳张闻天的意见,将党内长期存在的主观主义学风概括为教条主义和经验主义两种表现形式,并着重论述了什么是理论和理论家的问题。他认为,犯教条主义错误的同志有一些马克思主义的书本知识,但不能掌握马克思主义的精神实质,却以"理论家"的姿态吓唬人。毛泽东指出,不能把马克思列宁主义理论当成僵死的教条,"如果仅仅读了他们的著作,但是没有进一步地根据他们的理论来研究中国的历史实际和革命实际,没有企图在理论上来思考中国的革命实践","就不能妄称为马克思主义的理论家";真正的理论家"能够依据马克思列宁主义的立场、观点和方法,正确地解释历史中和革命中所发生的实际问题,能够在中国的经济、政治、军事、文化种种问题上给予科学的解释,给予理论的说明"②。毛泽东强调:"直到现在,还有不少的人,把马克思列宁主义书本上的某些个别字句看作现成的灵丹圣药,似

---

① 胡乔木:《胡乔木回忆毛泽东》,人民出版社1994年版,第193—196页。
② 《整顿党的作风》(1942年2月1日),《毛泽东选集》(第3卷),人民出版社1991年版,第814页。

乎只要得了它,就可以不费气力地包医百病。这是一种幼稚者的蒙昧,我们对这些人应该作启蒙运动。那些将马克思列宁主义当宗教教条看待的人,就是这种蒙昧无知的人。对于这种人,应该老实地对他说,你的教条一点什么用处也没有。马克思、恩格斯、列宁、斯大林曾经反复地讲,我们的学说不是教条而是行动的指南。这些人偏偏忘记这句最重要最重要的话。中国共产党人只有在他们善于应用马克思列宁主义的立场、观点和方法,善于应用列宁斯大林关于中国革命的学说,进一步地从中国的历史实际和革命实际的认真研究中,在各方面作出合乎中国需要的理论性的创造,才叫做理论和实际相联系。如果只是口头上讲联系,行动上又不实行联系,那末,讲一百年也还是无益的。我们反对主观地片面地看问题,必须攻破教条主义的主观性和片面性。"①

整风运动破除了中国共产党内"把马克思主义教条化,把共产国际指示和苏联经验神圣化"的错误倾向,解放了思想,在全党范围内树立了实事求是的思想路线,为抗日战争和新民主主义革命的胜利奠定了坚实的思想基础。

求真务实:中国气派的展现

在实事求是思想路线的指导下,中国共产党一方面在全党范围内深入学习马克思列宁主义经典著作,提高全党的理论水平,增强宏观把握中国革命方向的能力;另一方面,根据实际情况,一切从实际出发,凭借"客观存在的事实,详细地占有材料,在马克思列宁主义一般原理的指导下,从这些材料中引

---

① 《整顿党的作风》(1942年2月1日),《毛泽东选集》(第3卷),人民出版社1991年版,第820页。

出正确的结论"①,从而赢得了民心,壮大了力量,走出了新路,展现出宏大的"中国作风""中国气派",并最终取得革命的成功。

抗战胜利前后,中国政治局势发生重大变化,形成错综复杂的"三国四方"关系。国际上,世界反法西斯战争取得胜利,美苏合作尚存,但"冷战"迹象已经显露。反映在中国,就是美苏均表示支持建立蒋介石领导下的各党派联合政府,但基于各自利益,在东北问题等方面,双方又发生矛盾和冲突。在国内,反对国民党一党专政,要求实现和平民主的呼声一浪高过一浪。国民党一方面不得不宣布实施宪政,还政于民;另一方面,积极准备内战,力图消灭中国共产党。

在错综复杂的"三国四方"关系中,中国共产党的处境非常不利。抗战期间,苏联出于策略考虑,与国民党政府联盟,为避免"革命输出"的嫌疑,对中国共产党支援很少。抗战胜利前夕,为获得美国的信任,斯大林多次在美国外交官面前表示,中国共产党是"假牛油式"的共产党人。莫洛托夫甚至宣称,有些贫穷的中国人自称是共产主义者,但他们与共产主义毫无共同之处,他们仅仅以此来表示对他们的生活条件的不满,只要生活状况有了改善,他们就会忘记这一政治倾向。不应把苏联政府与这种"共产主义分子"联系起来,也不能因这种情况而指责苏联政府。这种表白虽出于策略,但也在一定程度上反映了斯大林对扎根于农村的中国共产党人的轻视。在一次政治局会议上,斯大林把中国共产党人讽刺为"红皮萝卜共产党人"。同样,他在其最亲密的同事圈子里给毛泽东起了"普加乔夫"的外号,把毛泽东比作俄罗斯18世纪的一个最终被处死的农民领袖。② 对于中国,苏联所要求的是在东北

---

① 《改造我们的学习》(1941年5月19日),《毛泽东选集》(第3卷),人民出版社1991年版,第801页。

② [德]迪特·海因茨希著,张文武、李丹琳等译:《中苏走向联盟的艰难历程》,新华出版社2001年版,第40—41页。

四、灵魂：实事求是的路线

和外蒙古地区的"优越权益"。所以，斯大林曾说："帮助中国自立，美国必然要起最大的作用；苏联会忙于自己国内的重建，而英国亦将陷身别的地方。""美国是唯一拥有足够的资本和人才，在紧接着战事结束的这个时期内，能对中国真正有所帮助的国家。"①

美国政策的目标是要避免中国内战，促进国共两党和谈，同时又要尽一切力量维持国民党的统治。② 对于中国共产党，美国政府出于意识形态的原因，在貌似公允的表态下，实际上是竭力遏制中国共产党的发展，不给予中国共产党领导的八路军和新四军受降权，同时全力协助国民党通过海陆空运送军队到东北和华北，就是明显表现。

和国民党相比，中国共产党虽然经过抗日战争获得巨大发展，到抗战胜利时，"夺回了近百万平方公里的土地，解放了一万万以上的人民，组织了一百万以上的正规部队和二百二十多万的民兵，在辽宁、热河、察哈尔、绥远、河北、山西、陕西、甘肃、宁夏、河南、山东、江苏、安徽、湖北、湖南、江西、浙江、福建、广东十九省建立了十九个大块的解放区"③，但在军事实力上，无论是军队数量还是武器装备，劣势明显；更不利的是，国民党政府在国际上受美国提携而比肩于美、苏、英，成为世界"四强"的一员，在国内是百姓心目中的所谓"正统"政府，拥有政治上的"合法性"。

就抗战胜利前后的局势而言，很难想象中国共产党会在短短四年后获得革命的彻底胜利。中国共产党之所以能够把"几乎是不可想象的"胜利变为

---

① ［美］W.艾夫里尔·哈里曼、伊利·艾贝尔合著，南京大学历史系英美对外关系研究室译：《特使——与丘吉尔、斯大林周旋记(1941—1946)》，生活·读书·新知三联书店1978年版，第525页。

② 资中筠：《再版序言》，《追根溯源——战后美国对华政策的缘起与发展(1945—1950)》，上海人民出版社2000年版。

③ 《中国解放区抗日军朱德总司令致英美苏三国说帖》(1945年8月15日)，中央档案馆编：《中共中央文件选集》(第13册)，中共中央党校出版社1987年版，第132页。

现实,首先是以实事求是的精神,清醒地判断中国的政治局势,并依据实际情况采取符合实际情况的对策。

1945年8月9日,苏联宣布对日作战,出兵中国东北,抗日战争迅速胜利。此时,国民党屯兵于偏远的西南,难以迅速调兵接受日本投降。而中国共产党的军队在长期敌后抗战过程中,在华北、华中和华南均建立了大大小小的革命根据地,形势明显有利于中国共产党。在此情况下,中国共产党作出夺取大城要道的决定。但是,至8月下旬,中国共产党获悉苏联与国民党政府签订《中苏友好同盟条约》,受此约定,苏联"不可能帮助"中国共产党;同时,盟军司令部授权蒋介石为除东北外中国境内、北纬16度以北法属印度支那境内受降代表,并声明"日军只能向各该司令官或其代表投降"[1],造成国民党政府"利用其合法地位,使日本完全投降他"的既成事实[2]。

根据转瞬即变的形势,中国共产党迅速调整策略。1945年8月16日、20日、22日,蒋介石连续发出三封电报,邀请毛泽东与周恩来"惠然偕临"重庆,面商"目前各种重要问题"。[3] 中国共产党清楚,蒋介石此举"全系欺骗",是"为内战做文章"[4],但同时判断:在"红军不入关,美国不登陆,形式上是中国自己解决问题,实际上是三国过问"[5]的国际背景下,因美、苏、英三国"均不赞成中国内战",中国人民渴望和平,造成国民党"困难甚大","可能在谈判后,

---

[1] [英]琼斯等:《1942—1946年的远东》(下册),上海译文出版社1979年版,第741—742页。

[2] 中共中央文献研究室编:《毛泽东年谱(1893—1949)》(下册),人民出版社、中央文献出版社1993年版,第10页。

[3] 《蒋主席三电毛泽东盼与周恩来同来渝商谈文》(1945年8月23日),秦孝仪主编:《中华民国重要史料初编——对日抗战时期》第7编《战后中国》(第2册),台湾中国国民党中央委员会党史委员会1981年版,第28页。

[4] 周恩来:《积极宣传反内战反独裁,揭穿蒋介石的欺骗阴谋》(1945年8月16日),《周恩来选集》(上卷),人民出版社1980年版,第223页。

[5] 中共中央文献研究室编:《毛泽东年谱(1893—1949)》(下册),人民出版社、中央文献出版社1993年版,第14页。

四、灵魂:实事求是的路线

有条件地承认我党地位,我党亦有条件地承认国民党的地位",形成"两党合作(加上民主同盟等),和平发展的新阶段"。因此,中国共产党应"钻进去给蒋介石'洗脸',而不是'砍头'","准备有所让步以取得合法地位,利用国会讲坛去进攻"。① 依据对形势的判断,中国共产党明确提出"和平、民主、团结"三大口号,并决定毛泽东亲赴重庆谈判。"和平、民主、团结"口号的公布和毛泽东不顾个人安危亲赴重庆的举动,让中国人民深切感受到中国共产党谋求和平的诚意,引起巨大反响。重庆《大公报》发表社评:"毛先生能够惠然肯来,其本身就是一件大喜事。"意味着和平、民主、团结已在开始,"循此发展,国运开拓,前途无量",由衷地感慨道:"为今日的中国人民,真是光荣极了!"②

经过一个多月的谈判,国共以"会谈纪要"的形式宣布,将"以和平、民主、团结、统一为基础","坚决避免内战,建设独立、自由和富强的新中国"③,使中国共产党的政治主张为全国人民所了解,推动了全国和平民主运动的发展,进一步扩大了中国共产党的政治影响力。

就在重庆谈判期间,国民党密令各战区印发所谓《剿匪手本》,准备在国民党军队"控制所有战略据点、交通线"后,对中国共产党"以土匪清剿之"。中国共产党在准备利用国会讲坛争取和平民主实现的同时,清醒地认识到国民党发动内战的方针并未改变,根据形势发展调整战略部署,确定"向北发展,向南防御"的战略方针。

"向北发展,向南防御"战略方针的核心是东北。中国共产党非常重视东北的战略价值。早在中共七大上,毛泽东即明确表示:"东北是一个极其重要

---

① 中共中央文献研究室编:《毛泽东年谱(1893—1949)》(下册),人民出版社、中央文献出版社 1993 年版,第 11 页。
② 《毛泽东先生来了!》,(重庆)《大公报》1945 年 8 月 29 日。
③ 《关于重庆谈判》(1945 年 10 月 17 日),《毛泽东选集》(第 4 卷),人民出版社 1991 年版,第 1163 页的注释。

的区域",拥有了东北,"我们的胜利就有了基础,也就是说确定了我们的胜利"。① 毛泽东还形象地比喻,"如果我们把现有的一切根据地都丢了,只要我们有了东北,那末中国革命就有了巩固的基础"②。在"向北发展,向南防御"战略方针的指导下,中共中央从山东军区、新四军及晋冀鲁豫、晋察冀、晋绥等军区和延安总部先后派出2万名干部和11万人的部队迅速开往东北,以东北人民自治军的名义建立根据地,开展群众工作。到1945年底,东北人民自治军总兵力发展到27万人,并在东满、北满、西满及南满建立起根据地。同时,中共中央决定,新四军苏浙军区主力分别撤至苏皖北部地区和山东;新四军军部率第二、第四、第七师主力北移山东。八路军南下支队王震所部和八路军河南军区王树声所部转移到鄂豫皖地区,与新四军第五师李先念部会合。"向北发展,向南防御"战略方针的实施,打破了国民党独占东北、南北夹击关内解放区的企图。同时,及时将分散于南方的兵力集中到江北,避免了被各个击破的危险,加强了华东、华北各解放区的力量,形成了反攻国民党军事进攻的有利战略态势,对争取解放战争的胜利具有重大而深远的意义。

中国共产党争取和平的努力曾获一线曙光。1945年12月底,美国总统特使马歇尔奉命来华调停国共问题,经过国、共、美三方谈判,于1946年1月10日达成停战协定。随即召开政治协商会议,通过和平建国纲领等五项决议。此后,国共达成整军协定,政治解决国共问题,显现出和平曙光。但是,国民党在六届二中全会上推翻政协决议,在东北大肆进攻东北人民自治军,并最终引发全面内战。

中国共产党的一再努力,虽然未能制止全面内战的爆发,但用事实广泛

---

① 《在中国共产党第七次全国代表大会上的结论》(1945年5月31日),中共中央文献研究室编:《毛泽东文集》(第3卷),人民出版社1996年版,第410—411页。

② 《关于第七届候补中央委员选举问题》(1945年6月10日),中共中央文献研究室编:《毛泽东文集》(第3卷),人民出版社1996年版,第426页。

四、灵魂：实事求是的路线

而深刻地教育了全国人民。通过重庆谈判、停战谈判和政治协商会议，中国共产党有力地宣传了自己的主张，表明了为和平民主而奋斗的诚意，揭露了国民党假和谈真内战的本来面目，赢得了中国人民的同情与支持，为解放战争的胜利在政治上和思想上做了重要准备。

1945年6月26日，国民党以进攻中原解放区为起点，向解放区展开大规模进攻，全面内战爆发。此时，国民党在军事实力上占有明显优势。国民党军队总兵力约430万人，其中正规军约200万人，并拥有海、陆、空多种兵种；人民解放军总兵力仅127万人，其中野战军61万人，仅有陆军，无海军、空军。双方总兵力对比为3.4∶1。在装备上，国民党军队接收了日军大部分装备，又得到了美国政府的军事援助，拥有现代化的武器，而人民解放军的装备很差，甚至一部分士兵没有武器。此外，国民党政府统治几乎所有大城市和绝大部分铁路交通线，占全国约76%的面积，人口3.39亿，工业基础雄厚，人力、物力资源丰富。解放区的土地面积约占全国的24%，人口约1.36亿，近代工业很少，基本上依靠传统的农业经济。蒋介石声称，只需3个月到6个月，就可取得胜利；陈诚公开宣称，"3个月至多5个月"便可消灭中国共产党[①]。在国民党优势兵力面前，党内一部分人存在怀疑和顾虑，许多民主人士也认为中国共产党应对国民党采取退让政策。

在清醒判断国共实力和国内外形势的前提下，中共中央确定以自卫战争恢复国内和平的方针，即以爱国正义的革命自卫战争粉碎国民党军队的进攻，迫使国民党议和，恢复国内和平。

为了能够以劣势兵力获得自卫战争的胜利，中共中央军委确定"以歼灭敌军有生力量为主要目标，不以保守或夺取地方为主要目标"的战略方针，要

---

① 转引自王健英著：《民主革命时期中共历届中央领导集体述评》(下卷)，中共党史出版社2007年版，第827页。

求人民解放军实行"以集中兵力打运动战为主,以分散兵力打游击战为辅"的作战方法。① 从1946年7月到10月,人民解放军有计划地退却,以空间换取时间,在运动战中歼灭敌人。这期间,国民党军队占领了解放区县以上城市153座,却损失正规军32个旅,连同非正规军在内,共约30万人。加上国民党军队分兵于占领城市,机动作战兵力大为减少,而人民解放军兵力则上升到137万人。战争的形势向有利于人民解放军的方向发展。

中共中央在认真研究战争初期的军事形势变化后,于1946年10月1日向全党发出指示:"蒋军战线太广与其兵力不足之间,业已发生了尖锐的矛盾。此种矛盾,必然要成为我胜蒋败的直接原因",要求人民解放军"集中优势兵力,各个歼灭敌人"②,通过大量歼灭国民党军队的有生力量,使敌我军事力量对比发生重大变化,改变形势,争取胜利。

从1946年11月到1947年2月,人民解放军歼灭国民党军队41万余人。国民党军队占领解放区城市87座,人民解放军收复和新解放的城市也是87座。国民党由战争初期的得地失人变为净损失40余万人,已无力继续全面进攻,从1947年3月开始,改为重点进攻陕北和山东解放区。西北人民解放军在劣势兵力下,采取"蘑菇战术",与胡宗南指挥的国民党军队在陕北高原周旋,经过青化砭、羊马河、蟠龙三次战役,歼灭胡宗南部共1.4万余人,稳定了陕北战局。在山东,华东野战军在陈毅、粟裕、谭震林的指挥下,执行内线作战方针,在孟良崮等战役中全歼国民党军队"五大主力"之一的整编七十四师等5万余人,击毙国民党中将师长张灵甫,在国民党最强大的进攻方向上打击了国民党最精锐的部队,挫败了国民党的重点进攻,为解放战争由战略防御

---

① 《集中优势兵力,各个歼灭敌人》(1946年9月16日),《毛泽东选集》(第4卷),人民出版社1991年版,第1199页。

② 《三个月总结》(1946年10月1日),《毛泽东选集》(第4卷),人民出版社1991年版,第1205、1207页。

转入战略进攻创造了有利条件。

解放战争进行一年后,国民党军队的总兵力已由430万人减至373万人,正规军由200万人减至150万人;人民解放军总兵力由127万人增至195万人,野战军由61万人发展到100万人以上,并在晋冀鲁豫、晋察冀、东北等战场转入局部反攻。根据新的形势,中共中央决定向中原出动,由内线作战转入外线作战。1947年6月底,晋冀鲁豫野战军主力在刘伯承、邓小平的指挥下,强渡黄河,挺进大别山区,在长江以北的鄂豫边地区实施战略展开;陈谢兵团自晋南强渡黄河,在豫陕鄂边地区实施战略展开;陈粟兵团在豫皖苏边地区实施战略展开。三路大军呈"品"字形阵势展开,创建新的中原解放区,引诱敌人主力回援,以策应内线作战。同时,以华东野战军和西北野战军分别在山东战场和陕北战场钳制敌人,策应三支南进大军行动,形成"三军配合、两翼牵制、内外线密切配合"的战略进攻态势。经过半年的作战,人民解放军共歼敌75万余人,并将战场推进到国统区,结束了长期以来人民军队在革命战争中所处的战略防御地位。正如毛泽东所说:"这是一个历史的转折点。这是蒋介石二十年反革命统治由发展到消灭的转折点。这是一百多年以来帝国主义在中国的统治由发展到消灭的转折点。""这个事变一经发生,它就将必然地走向全国的胜利。"①

经过一年的战略反攻,国共军事实力已非常接近,但人民解放军的士气与战斗力远远胜于国民党军队。中共中央和中央军委及时抓住战略决战的时机,先后发起辽沈、淮海、平津三大战役,全面运用"十大军事原则",把歼灭敌人有生力量和夺取城市及地方紧密地结合起来,把集中优势兵力各个歼灭敌人和全部消灭敌军的强大兵团紧密地结合起来,把大规模运动战、阵地战

---

① 《目前形势和我们的任务》(1947年12月25日),《毛泽东选集》(第4卷),人民出版社1991年版,第1244页。

和城市攻坚战紧密地结合起来,把军事打击与政治争取结合起来,取得全胜。从1948年9月12日到1949年1月31日,在142天的时间里,人民解放军共歼敌正规军144个师,非正规军29个师,合计154万人,基本摧毁了国民党的主要军事力量,奠定了全国胜利的基础。随后,人民解放军发动渡江战役,以摧枯拉朽之势将国民党赶到台湾,解放了中国大陆,获得了解放战争的最后胜利。

军事力量与战略战术固然是战争胜败的重要因素,但民心向背才是决定政权归属的决定性因素。通过土地革命,中国共产党不仅变革了封建生产关系,解放了被束缚的社会生产力,而且赢得了广大农民的衷心拥护与支持。在国统区,中国共产党因势利导,以富有远见的政策、方针,开辟出以学生运动为主的第二条战线,从根本上动摇了国民党的专制统治。

从1945年秋冬起,各中央局和解放区遵照中共中央的指示,开展反奸清算和减租减息运动。在运动过程中,各地农民对于解决土地问题的要求日益迫切,一些地区开始直接从地主手里夺取土地。对于广大农民渴望获得土地的正当要求,中共中央表示支持,于1946年5月4日发布《关于土地问题的指示》(即"五四指示"),决定将抗日战争以来实行的减租减息政策改变为实现"耕者有其田"的政策。在"五四指示"的基础上,中国共产党总结土地改革经验,于1947年10月颁布《中国土地法大纲》,规定了彻底平分土地的基本原则。"五四指示"的提出和《中国土地法大纲》的颁布,使得各根据地的土地改革如火如荼地开展起来,不仅变革了封建的生产关系,促进了社会生产力的发展,而且极大地调动了广大农民支援人民军队的积极性,为中国共产党夺取全国胜利提供了源源不断的人力、物力支持,使自卫战争成为更具广泛群众基础的人民战争,为战争的胜利提供了更加可靠的保证。从1946年到1949年,晋冀鲁豫解放区参军农民累计达148万人,山东解放区先后有59万青年参军。除了参军,更多的农民随军征战,为前线将士提供后勤服务。据粗略统计，山东解放区先后参加支援前线的民工有700万人；在辽沈、淮海、平津三大战役中，动员民工累计达880万人次，人民群众出动支前的大小车辆141万辆，担架36万余副，牲畜260余万头，粮食4.25亿千克。其中，仅淮海战役就有随军民工约22万，二线转运民工131万，后方临时民工约391万。在仅有担架23万副、大小车辆80万辆的情况下，民工共转运伤员11万人，运送粮食2.8亿千克，弹药物资330万吨。华东野战军司令员陈毅曾深情地说："淮海战役的胜利，是人民群众用小车推出来的。"①此外，各根据地还组织民兵配合前方军队作战，骚扰国民党军队，破坏国民党军队的交通等。正是广大农民依靠简单的工具甚至是肩挑人背，为在广阔的战线上作战的人民解放军提供了充足的物资和弹药补给，使得解放战争成为真正意义上的人民战争。

在国统区，国民党统治集团的内战政策以及自身的贪污腐化和对人民的横征暴敛，给民众带来深重灾难，引起社会各阶层民众的普遍不满和反抗，以反对美蒋为中心的民众运动迅速兴起，并逐渐形成配合解放军军事战场的第二条战线。

中国共产党十分重视国统区的爱国民主运动，将其视为配合人民解放军粉碎国民党军事进攻的另一条重要战线。从1946年6月开始，在各地中国共产党的领导和组织下，国统区反美反蒋斗争从经济斗争入手逐步发展起来。1946年12月2日，中共中央召开书记处会议，决定成立中共中央城市工作部，由周恩来兼任部长；同时规定，各中央局、中央分局和各有关区党委都设立城市工作部，负责管理党在国统区的工、农、青、妇等一切工作，并训练开展城市工作的干部，力求有组织地开辟第二条战线，将分散的群众斗争汇合成反抗国民党专制统治的强大洪流。

---

① 转引自中共宁夏回族自治区委员会党史研究室、宁夏中共党史学会编著：《党的光辉思想与优良传统》（下卷），宁夏人民出版社2014年版，第509页。

城市工作部成立后不久,发生了美军士兵强奸北京大学预科女学生沈崇事件。在中国共产党发动和组织下,北平学生掀起"抗暴运动",得到市民的广泛同情与支持。在党组织的领导下,全国各地学生纷纷响应,形成一个席卷全国的反对驻华美军暴行和"要吃饭,要和平,要自由"的大规模群众运动,并逐渐向纵深发展,形成包括工人、农民、城市小资产阶级、民族资产阶级、开明士绅、其他爱国分子、少数民族和海外华侨在内的极其广泛的人民革命运动,促使美国政府宣布陆续撤退驻华美军,减少甚至中断对国民党政府的军事援助,有力地配合了人民解放军在解放区战场的作战。以抗暴运动为标志,以学生群众为先锋的爱国民主力量同国民党政府之间进行斗争的第二条战线基本形成。

由于国民党政府将大量教育经费挪用于内战,国统区教育危机日益严重,广大师生面临失业、失学的严重威胁。1947年5月,上海、南京、北平、天津等城市学生发出"抢救教育危机""向炮口要饭吃"的呼声,相继游行、罢课,要求停止内战,遭到国民党政府的血腥镇压,酿成"五二〇血案"。中国共产党因势利导,引导和推动学生斗争发展为"反饥饿、反内战、反迫害"运动,席卷武汉、重庆、广州、杭州、长沙、昆明、福州、南昌、桂林、济南、开封、沈阳等60多个大中城市,并得到社会各界的支持。在学生运动的推动下,国统区工人、农民、市民斗争日趋激烈,工人罢工、农民起义、城市贫民抢米风潮此起彼伏,令国民党陷入完全孤立的困境。1948年4月,日本宣布扩大警察数量,并成立海上保安厅,引发学生的反美抗日运动,并再次掀起"反饥饿、反迫害"的学生运动。国民党政府采用铁腕手段进行镇压,以"共匪嫌疑分子"为名,大肆逮捕学生,引起师生的普遍不满。许多教授挺身而出,抗议国民党政府的暴行。一些向来不问政治的教师也想方设法掩护被通缉的学生,如清华大学校长梅贻琦便帮助几位学生逃脱了缉捕。为镇压学生,国民党政府不得不在后方留出相当数量的军队维持秩序,使得国民党政府兵力不足的问题更加严

四、灵魂:实事求是的路线

重。在国民党的大逮捕中,许多学生、教师进入解放区,增强了中国共产党的力量。留在城市的学生,则协助地下党员调查国民党政府的资产和人员,为中国共产党接收、管理城市做各项准备。因此,第二条战线虽然不能直接产生推翻国民党统治的作用,但在知识分子中造成的影响却是非常明显的。知识分子的离心离德,表明国民党政府已成为孤家寡人、众矢之的,标志着国民党统治的基石已彻底瓦解。正如毛泽东指出的:"中国境内已有了两条战线。蒋介石进犯军和人民解放军的战争,这是第一条战线。现在又出现了第二条战线,这就是伟大的正义的学生运动和蒋介石反动政府之间的尖锐斗争。"[①]两条战线为"建立一个和平的、民主的、独立的新中国",准备了"一切必要的条件"。[②]

1949年10月1日,在抗战胜利四周年之际,中华人民共和国在万众欢腾中庄严宣告成立。中华人民共和国的成立,不仅结束了国民党一党专政的独裁统治,建立起民主的新中国,更标志着中华民族在饱经外族百多年欺凌后,重新以独立的姿态崛起于世界之林!在抗战胜利后的四年中,中国共产党在实事求是思想路线的指引下,以求真务实的作风,创造出人类历史的一个奇迹,充分展现了中国作风与中国气派,震撼了整个世界!1948年12月,保加利亚共产党总书记季米特洛夫盛赞中国共产党"取得了一系列惊人的胜利",对于改变世界力量的对比具有"极大的重要性"。原本对中国共产党持怀疑态度的斯大林,也承认了他在对中国共产党政策中的错误,明确表示:胜利者

[①] 《蒋介石政府已处在全民的包围中》(1947年5月30日),《毛泽东选集》(第4卷),人民出版社1991年版,第1224—1225页。

[②] 《蒋介石政府已处在全民的包围中》(1947年5月30日),《毛泽东选集》(第4卷),人民出版社1991年版,第1227页。

是不受审判的,凡属胜利了的都是正确的。① 西方国家进步媒体对中国共产党的胜利齐声赞扬,就连以反共著称的美国《时代》周刊,也在1949年2月7日选择毛泽东为封面人物,感叹"毛泽东让中国加入了共产主义体系。对于西方而言,这一事件是一场重大的灾难;对于共产主义而言,这是俄国革命以来最大的胜利"②。在竭力援助蒋介石失败后,美国甚至近乎歇斯底里地展开了一场追究"丢失中国"责任的大辩论。

开拓进取:民族精神的升华

一个民族要想生存与发展,离不开民族精神的支撑。在五千年文明历史中,中华民族与其他民族不断交流、融合,创造并发展了"以爱国主义为核心的团结统一、爱好和平、勤劳勇敢、自强不息的伟大民族精神",使中华文明成为四大文明古国中唯一没有中断的文明。近代以来,中华民族遭遇前所未有的生存挑战。以毛泽东为代表的中国共产党人,在长期革命实践中不断结合时代和社会的发展要求,将马克思列宁主义基本原理与中国革命具体实践有机地结合,形成马克思主义中国化的第一个伟大成果——毛泽东思想,不仅丰富和发展了马克思主义思想理论宝库,而且为中华民族摆脱深重的民族危机并屹立于世界民族之林注入了新的生机与活力。

使马克思主义中国化,这是以毛泽东为代表的中国共产党人在历经挫折,深刻总结革命过程中正反两方面经验后所达到的认识上的升华,是中国共产党走向成熟的标志,也是中国共产党坚持马克思主义的具体表现。马克

---

① 师哲回忆,李海文整理:《在历史巨人身边——师哲回忆录》(修订本),中共中央党校出版社1991年版,第414页。

② "Foreign News: Mao of Feeling", TIME, Vol. LIII No. 6 (Feb. 7, 1949).

思、恩格斯一再告诫人们,他们的理论"不是教条,而是对包含着一连串互相衔接的阶段的发展过程的阐明"①,反对把他们的理论看成一成不变、僵化的教条。

中国共产党从成立起就将马克思列宁主义作为自己的指导思想。但是,马克思主义的一般原理,不可能对任何国家的革命,尤其是中国这样的半殖民地半封建的东方大国的革命提供现成的公式。中国共产党在幼年时期,曾经一再犯过把马克思主义教条化和把外国经验神圣化的幼稚病,使中国革命一度在黑暗中摸索,甚至陷于绝境。以毛泽东为代表的中国共产党人在同这种错误倾向做斗争的过程中,在党和人民的集体奋斗中逐步认识到:马克思主义是放之四海而皆准的革命真理,离开它的指导,中国革命不可能取得成功,因此必须坚持马克思主义对中国革命实践的指导;同时,马克思主义不能脱离具体的实践,马克思主义基本原理必须同中国的具体实际相结合,形成符合中国社会发展规律和时代特点的理论和路线,才能在中国土地上生根,变成改造中国的精神力量。

以毛泽东为代表的中国共产党人把民族特点和民族形式看作马克思主义普遍真理在中国大地上发挥作用的必经环节,解决了马克思主义中国化面临的文化认同与重构问题。毛泽东在《新民主主义论》一文中,就如何创建"民族的科学的大众的文化"提出了自己的看法。他认为,"中国应该大量吸收外国的进步文化,作为自己文化的食粮的原料,这种工作过去做得很不够"。对待外国文化,应去粗取精,批判吸收,不能"形式主义地吸收外国的东西","中国共产主义者对于马克思主义在中国的应用也是这样,必须将马克思主义的普遍真理和中国革命的具体实践完全地恰当地统一起来,就是说,

---

① 《恩格斯致弗·凯利——威士茨基夫人》(1886年12月28日),《马克思恩格斯选集》(第4卷),人民出版社1995年版,第680页。

和民族的特点相结合,经过一定的民族形式,才有用处,决不能主观地公式地应用它。公式的马克思主义者,只是对马克思主义和中国革命开玩笑,在中国革命队伍中是没有他们的位置的。中国文化应有自己的形式,这就是民族形式。民族的形式,新民主主义的内容——这就是我们今天的新文化"。① 这段话道出了马克思主义中国化问题的实质,说明了马克思主义中国化的过程,既是先进思想文化的民族化整合过程,也是科学理论与实践的结合过程,亦即马克思主义指导中国革命与建设实践的过程。马克思主义从文化结合到实践结合,才走完其中国化的全过程。因而,马克思主义中国化的过程,不仅是马克思主义被中华民族文化认同和吸收的过程,而且是马克思主义在新的实践中得到创造性丰富和发展的过程,从而给马克思主义中国化作了最准确的界定。

"马克思主义的中国化"这一命题,是毛泽东在1938年召开的中国共产党六届六中全会上正式提出的。在会上,毛泽东阐明:"成为伟大中华民族的一部分而和这个民族血肉相连的共产党员,离开中国特点来谈马克思主义,只是抽象的空洞的马克思主义",倡导"使马克思主义在中国具体化",强调"洋八股必须废止,空洞抽象的调头必须少唱,教条主义必须休息",主张作为中国人,一定要有"中国作风、中国气派"。②

实现马克思主义的中国化,不但需要马克思主义与中国实际相结合的理论创造,而且需要使这一理论创造为全党所认同、接受并在实际工作中运用。1942年,中国共产党在全党范围内开展了一场以反对主观主义为最主要任务的整风运动。它是一次全党范围的马克思主义的思想教育运动,也是破除党

---

① 《新民主主义论》(1939年12月20日),《毛泽东选集》(第2卷),人民出版社1991年版,第706—707页。

② 《中国共产党在民族战争中的地位》(1938年10月14日),《毛泽东选集》(第2卷),人民出版社1991年版,第534页。

四、灵魂：实事求是的路线

内把马克思主义教条化、把共产国际决议和苏联经验神圣化的错误倾向的伟大的思想解放运动。它对于在全党确立和贯彻马克思主义思想路线，坚持马克思主义与中国实际相结合的原则，具有重大的意义。正是在整风运动的过程中提出了"毛泽东思想"的概念，并逐渐认识到只有以这一马克思主义中国化的重大成果为指导，才能争取中国革命的更大胜利。在此基础上，1945年党的第七次全国代表大会通过的党章规定："中国共产党，以马克思列宁主义的理论与中国革命的实践之统一的思想——毛泽东思想，作为自己一切工作的指针。"①

毛泽东思想系统回答了中国革命的社会历史环境、经济文化基础，以及革命性质、基本动力、斗争形式、发展道路、奋斗目标和领导力量等一系列基本问题，是中国人民完整的建国理论，是以毛泽东为主要代表的中国共产党人，从中国的实际情况出发，在探寻把半殖民地半封建的中国转变为社会主义的新中国的过程中，善于把马克思主义的基本原理同中国的民族文化特点、社会心理结构以及中国革命的具体实践相结合，创造性地建立的一系列新的科学理论。从20世纪20年代后期到30年代前期，在中国共产党人异常艰苦的革命实践和理论创造中逐步形成和发展起毛泽东思想。在遵义会议以后，毛泽东等中国共产党人所写的许多理论著作和党的许多决议，又使毛泽东思想得到进一步发展并逐渐成熟。民主革命时期，毛泽东思想对马克思主义创造性的发展主要包括农村包围城市、武装夺取政权的革命道路理论、新民主主义革命理论等，解决了农民土地问题、党的建设问题、武装斗争问题、统一战线问题等。

在国际共产主义运动史上，从巴黎公社到俄国十月革命，走的都是城市

---

① 《中国共产党党章》(1945年6月11日中国共产党第七次全国代表大会通过)，中共中央文献研究室、中央档案馆编：《建党以来重要文献选编(一九二一～一九四九)》(第22册)，中央文献出版社2011年版，第533页。

武装起义的道路。不了解中国国情的一些外国革命者,以为只要把西方国家中无产阶级的社会主义革命办法,特别是把俄国的革命办法搬到中国来,就可以解决中国革命的问题。中国共产党内的教条主义者也认为,只要照搬俄国的经验,就可引导中国革命取得胜利。中国革命开始也仿效俄国搞大城市起义,但是失败了。实践证明,若不把马列主义同本国的实际相结合,找出一条适合本国国情的道路,马列主义原理就不能在中国变成现实,革命仍然不能取得胜利。

  1928年10月和11月,毛泽东针对红军内存在着的红旗能够打多久的疑问,总结井冈山斗争的经验,先后写就《中国的红色政权为什么能够存在?》《井冈山的斗争》两篇文章,分析了中国半殖民地半封建社会的特点,第一次从理论上回答了中国红色政权能够长期存在和发展的原因和条件,并把中国共产党领导的武装斗争、土地革命和农村革命根据地建设三者密切结合起来,全面阐述了工农武装割据的内容及其意义,为具有中国特色的革命道路奠定了理论基础。1930年1月,为批判党内存在的悲观思想和流动游击观点,毛泽东以党内通信的形式发表了《星星之火,可以燎原》,进一步总结了井冈山、赣南、闽西和赣东北、湘鄂西等其他革命根据地的实践经验,进一步从理论上对农村包围城市、武装夺取政权问题进行了分析和概括。毛泽东明确指出,中国革命和十月革命不同,不是先争取群众后建立政权,而是要通过红色政权来创造红军,使其将来成为大革命的主要工具,这就把建立小块红色政权提到了将来夺取全国政权的必由之路和必然结果的高度,否定了"城市中心论"那种照搬外国经验的错误观念。同时,毛泽东还明确提出了把党的工作重心放在农村的思想。至此,中国共产党关于农村包围城市、武装夺取政权道路的理论基本形成。1930年5月,毛泽东又发表了《反对本本主义》,强调调查研究,提出了"没有调查,就没有发言权"的著名论断,从哲学的高度对中国革命是走农村包围城市的道路还是走中心城市武装起义的道路,做出了马克思主义的回答,说明了中国革命走适合中国特点的革命道路的哲学依据。抗日战争时期,毛泽东在《中国革命战争的战略问题》《抗日游击战争的战略问题》《战争和战略问题》等著作中,概括了中国社会和革命战争的特点以及建立抗日根据地的实践经验,进一步阐明了中国革命必须走农村包围城市、武装夺取政权道路的原因和条件。毛泽东指出,中国是一个政治经济发展不平衡的半殖民地的大国,内无民主,外无民族独立,而敌人又异常强大并长期占据着城市。在这种情况下,"共产党的任务,基本地不是经过长期合法斗争以进入起义和战争,也不是先占城市后取乡村,而是走相反的道路"[①]。毛泽东据此主张,将仍比较弱小的革命力量撤出反革命力量聚集的大城市,深入反动势力薄弱的乡村,建立农村革命根据地,从而开辟一条农村包围城市、武装夺取政权这样一条完全符合中国国情的具有中国特色的革命道路。

新民主主义革命是中国特色革命道路的主体内容。毛泽东关于新民主主义革命的理论,是创造性地运用马克思主义历史唯物主义基本原理、无产阶级革命和无产阶级专政理论、列宁民族殖民地革命理论,在实事求是地分析中国特殊国情,科学地总结近代中国资产阶级革命的历史教训,同时考虑到中国革命的时代背景和国际环境的前提下所创立的中国化的马克思主义革命学说;是毛泽东集中全党智慧,对中国革命和经验的系统总结。它集中表现于1939年底和1940年初发表的《〈共产党人〉发刊词》《中国革命和中国共产党》《新民主主义论》等文章中。新民主主义革命理论具有丰富的内容,其中最具独创性的是关于中国社会性质和革命对象、性质、动力、道路等问题的阐述。

在科学分析中国国情的基础上,毛泽东对中国革命的历史进程做了详尽

---

① 《战争和战略问题》(1938年11月6日),《毛泽东选集》(第2卷),人民出版社1991年版,第542页。

完整的表述。他指出,中国社会半殖民地半封建的性质决定了中国革命必须分两步走:第一步改变殖民地、半殖民地、半封建的社会形态,使之变成一个独立的民主主义社会;第二步使革命向前发展,建立一个社会主义社会。这两个性质不同的社会既相互区别又相互连接,民主主义革命是社会主义革命的必要准备,社会主义革命是民主主义革命的必然趋势。只有完成前一个革命,才有可能去完成后一个革命,"毕其功于一役"是不行的,想在这两个革命中间横插一个资产阶级专政阶段也是"走不通的"。中国的民主革命已不是资产阶级领导的以建立资本主义的社会和资产阶级专政的国家为目的的旧民主主义革命,而是无产阶级领导的以在第一阶段建立新民主主义社会和各个革命阶级联合专政的国家为目的的新民主主义革命。新民主主义革命已经包含社会主义因素,属于世界无产阶级社会主义革命的一部分。新民主主义革命区别于旧民主主义革命的主要标志是无产阶级的领导权。只有无产阶级才能领导中国革命彻底完成反帝反封建的任务。无产阶级通过共产党的领导,是决定中国新民主主义革命性质的基本因素,是这一革命取得胜利和实现中国社会向社会主义前进的根本保证。实现无产阶级领导的中心问题是领导农民问题。农民只有在无产阶级领导下,才能得到解放;无产阶级也只有同农民结成坚固的联盟,才能领导革命达到胜利。新民主主义革命的目标是建立新民主主义社会。新民主主义革命的基本纲领是:在政治上,要建立无产阶级领导下的一切反帝反封建的人们联合专政的新民主主义的共和国;在经济上,要使一切大银行、大工业、大商业归新民主主义共和国所有,要没收地主的土地分配给无地或少地的农民,但新民主主义共和国并不没收其他资本主义的私有财产,并不禁止"不能操纵国民生计"的资本主义生产的发展;在文化上,要挣脱帝国主义、封建主义文化思想的奴役,实行人民大众的反帝反封建的文化,即"民族的科学的大众的文化"。

毛泽东总结党的实践经验,创造性地提出"统一战线,武装斗争,党的建设,是中国共产党在中国革命中战胜敌人的三个法宝,三个主要的法宝"①。他把统一战线和武装斗争问题提到政治路线的高度来认识,并把党的建设同党的政治路线密切联系起来,精辟地论述了"三个法宝"的丰富内容和它们的相互关系:统一战线和武装斗争,是战胜敌人的两个基本武器;统一战线,是实行武装斗争的统一战线;而党的组织,则是掌握统一战线和武装斗争这两个武器以实行对敌冲锋陷阵的英勇战士。毛泽东关于"三大法宝"的论述,使这些中国革命的经验成为新民主主义革命理论体系的重要组成部分。

解放战争时期,新民主主义革命理论进一步发展。在1947年的十二月会议上,毛泽东作了《目前形势和我们的任务》的报告,更明确地提出了新民主主义革命的三大经济纲领:没收封建阶级的土地归农民所有,没收以蒋介石、宋子文、孔祥熙、陈立夫为首的垄断资本归新民主主义的国家所有,保护民族工商业。1948年4月,毛泽东在《在晋绥干部会议上的讲话》中正式概括了党的新民主主义革命总路线,指出:"新民主主义的革命,不是任何别的革命,它只能是和必须是无产阶级领导的,人民大众的,反对帝国主义、封建主义和官僚资本主义的革命。"②1949年6月30日,毛泽东发表《论人民民主专政》一文,总结中国近百年革命的历史经验,阐明资产阶级的民主主义让位给工人阶级领导的人民民主主义,资产阶级共和国让位给人民共和国的历史必然性,提出了"人民民主专政"的科学概念。毛泽东指出,在中国现阶段,人民中包括工人阶级、农民阶级、城市小资产阶级和民族资产阶级。工人阶级是领导力量,工农联盟是基础力量。由于中国经济落后,民族资产阶级很重要,但不应当在国家政权中占主要地位。如上阶级在中国共产党的领导下,对帝国

---

① 《〈共产党人〉发刊词》(1939年10月4日),《毛泽东选集》(第2卷),人民出版社1991年版,第606页。

② 《在晋绥干部会议上的讲话》(1948年4月1日),《毛泽东选集》(第4卷),人民出版社1991年版,第1313页。

主义、封建主义和官僚资本主义实行专政。对人民内部的民主和对反动派的专政,互相结合起来,就是人民民主专政。对人民实行民主是对敌人实行专政的需要,对敌人实行专政也是对人民实行民主的需要。不对人民实行民主,就不可能对敌人实行有效的专政。因为不对人民实行民主,人民群众的积极性和主动性就不能充分调动起来,他们也就不会积极主动地对敌对分子进行监督,也就不会对敌对分子进行有效的改造。同样,不对敌人实行专政,人民群众的各项民主权利就得不到保障。因为不对敌人实行专政,他们就会进行破坏捣乱,甚至颠覆人民的政权进行复辟,结果就会使人民争得的各项民主权利付诸东流。人民民主专政理论为中华人民共和国的建立奠定了理论和政策的基础。

毛泽东对新民主主义理论的完整论述,标志着马克思列宁主义基本原理同中国革命具体实践相结合的理论成果——毛泽东思想有了进一步的发展。新民主主义革命理论是共产主义思想体系的一个重要组成部分,是对马克思列宁主义的丰富和发展。

统一战线理论是毛泽东思想中的一个重要组成部分。在抗日战争期间,毛泽东发展了统一战线理论,根据对抗日形势下各阶级关系的正确分析,从理论和实际政策上将资产阶级区分为民族资产阶级和大资产阶级两个部分,并进一步加以区别,从而使抗日民族统一战线成为包括一切还在抗日的大地主大资产阶级在内的全民族联盟。毛泽东强调统一战线的独立自主原则,坚持无产阶级的领导权。毛泽东指出,"统一战线中的独立自主"这个原则的阐释、实践和坚持,是把抗日民族统一战线引向胜利之途的中心一环;在统一战线中,中国共产党要始终保持在思想上、政治上和组织上的相对独立性,"我们一定不要破裂统一战线,但又决不自己束缚自己的手脚",使中国共产党人在复杂的民族斗争与阶级斗争中始终能保持清醒头脑。提出发展进步势力、争取中间势力、反对顽固势力是三个不可分离的环节,把争取中间势力视为

四、灵魂：实事求是的路线

抗战形势发展的关键。强调在抗日民族统一战线政权中实行"三三制"原则，中间派占三分之一的比例；随着形势变化，要从顽固势力中分化出一部分作为中间势力对待，对孤立顽固派、发展人民革命力量、夺取抗战胜利起了重要作用。形成了同国民党斗争的一整套策略，这就是：又团结又斗争，形成了多层次、多侧面的关系，要有区别地以斗争求团结；要坚持有理、有利、有节的斗争方法和"利用矛盾，争取多数，孤立少数，各个击破"的斗争策略；要以革命的两面政策来对付反共的两面政策；斗争的基点要放在随时准备应付可能发生的突然事变上，同时要为争取时局的好转而努力等等。

以人民军队、人民战争理论为核心的毛泽东军事思想，是毛泽东思想中一个重要的组成部分。早在毛泽东起草的古田会议决议中，毛泽东已经从理论上提出并阐发了关于建设人民军队的思想。抗日战争期间，毛泽东进一步强调指出，全心全意为人民服务是人民军队的唯一宗旨；我们的原则是党指挥枪，而绝不容许枪指挥党；人民军队会打仗，会做群众工作，又会生产，就无敌于天下；共产党领导的革命政治工作是革命军队的生命线，军队政治工作的三大原则是官兵一致、军民一致和瓦解敌军。这些原则表明了人民军队和其他军队的根本区别。毛泽东在《论持久战》等著作中进一步发展了关于人民战争的思想，强调战争的伟力之最深厚的根源，存在于民众之中；动员了全国的老百姓，就造成了陷敌于灭顶之灾的汪洋大海。毛泽东还批判了"唯武器论"，明确指出武器是战争中重要的因素，但不是决定的因素，决定的因素是人不是物。他提出，人民战争要建立主力兵团、地方兵团和民兵三结合的武装力量；实行全体总动员的战时体制，要以武装斗争为主，把政治、军事、经济、文化、外交等各方面斗争结合起来，从而形成全面的人民战争。关于人民战争的战略战术思想，毛泽东在《中国革命战争的战略问题》之后，又在《抗日游击战争的战略问题》和《论持久战》等文章中做了阐述。他指出：要贯彻积极防御战略方针，但必须采取运动战、阵地战和游击战三种作战形式，并将游

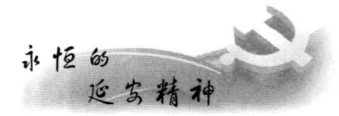

击战争提高到了极其重要的地位,强调"基本上是游击战,但不放松有利条件下的运动战"的战略方针。毛泽东还阐发了要以局部优势击破敌人局部劣势,转而造成全局优势的作战方法,并总结了争取掌握战争主动权的一系列指挥原则。

在党的建设方面,邓小平曾经说过,"把列宁的建党学说发展得最完备的是毛泽东同志"①。毛泽东在《反对自由主义》《中国共产党在民族战争中的地位》《〈共产党人〉发刊词》《改造我们的学习》《整顿党的作风》等文章中,全面系统地总结了建党以来党的建设问题上的经验教训,论述了党的建设与统一战线、武装斗争问题的密切关系,强调了从思想上、政治上、组织上、作风上进行党的建设的重要性,创造了通过批评与自我批评进行马克思主义教育的整风形式;解决了在无产阶级人数少而战斗力很强,农民和各种资产阶级占人口大多数的国家,建设一个马克思主义的无产阶级政党的问题;首创了党的群众路线的工作方法,形成了理论联系实际、密切联系群众、批评和自我批评的三大作风;始终把思想建设放在党的建设的首位,开展积极的思想斗争,对犯错误的同志采取"惩前毖后,治病救人"的方针,达到既弄清思想又团结同志的目的;在战争年代的生死考验中,强调了高度的革命组织性和纪律性。

政策和策略关系到革命事业的兴衰成败。毛泽东在《论反对日本帝国主义的策略》《上海太原失陷以后抗日战争的形势和任务》《统一战线中的独立自主问题》《目前抗日统一战线中的策略问题》《论政策》等文章中,总结中国革命和建设的前进与后退、顺利与挫折、成功与失败的经验教训,形成了一系列重要的政策和策略思想,丰富和发展了马克思列宁主义。在对敌斗争中,毛泽东强调要在战略上藐视敌人,在战术上重视敌人;要掌握斗争的大方向,

---

① 《完整地准确地理解毛泽东思想》(1977年7月21日),《邓小平文选》(第2卷),人民出版社1994年版,第44页。

四、灵魂：实事求是的路线

不要四面出击；要利用矛盾，争取多数，反对少数，各个击破。

确立毛泽东思想在全党的指导地位，其意义和影响是深远的。首先，随着毛泽东思想指导地位的确立，中国共产党实现了思想解放和思想统一的双重任务，从主观主义、教条主义的思维方式中解放出来，在毛泽东思想的基础上统一起来，而毛泽东思想的基本特征是把马克思主义的普遍真理同中国革命的具体实践相结合，这成为中国共产党人始终坚持的方向。其次，毛泽东思想指导地位的确立，表明中国共产党有能力处理好本党事务，有能力领导中国革命走向胜利，它将坚持独立自主的原则，从中国实际出发，走自己的道路，反对苏共的控制和共产国际的错误影响。再次，在当时中国面临着两种命运、两种前途的形势下，毛泽东思想是广大人民群众同蒋介石代表的法西斯独裁专政进行斗争的一面旗帜。中国共产党高举着这面旗帜，带领广大民众，不仅彻底消灭了日本侵略者，而且推翻了国民党统治，建立了独立、自由、民主、统一和富强的新中国。

微信扫描二维码

感悟 | 中国共产党人的乐观与拼搏

更多线上资源和服务详见 折口

五、保证：强化党的建设

中国新民主主义革命的一个显著特征,就是无产阶级领导的资产阶级民主革命,中国共产党则是这场革命的领导力量。正如毛泽东所言："统一战线和武装斗争,是战胜敌人的两个基本武器。统一战线,是实行武装斗争的统一战线。而党的组织,则是掌握统一战线和武装斗争这两个武器以实行对敌冲锋陷阵的英勇战士。""统一战线问题,武装斗争问题,党的建设问题,是我们党在中国革命中的三个基本问题。正确地理解了这三个问题及其相互关系,就等于正确地领导了全部中国革命。"①这不仅充分说明了中国共产党在中国革命过程中处于领导地位,而且特别强调加强党的自身建设的重要性。

建党以来,中国共产党的自身建设就在不断强化中。由于种种原因,直到中共中央迁到延安并且经过整风运动后,中国共产党才真正成为一个能够领导中国革命的思想上、政治上、组织上完全巩固的政党,延安时期是中国共产党建设史上极其重要的一页。对于以武装斗争进而夺取政权为宗旨的中国革命而言,建设一个革命型的政党,自上而下地强化党的组织与制度建设,是保证党员的意识形态信仰、自身功能的有效运转以及动员民众的强大力量的根本所在,也是中国革命得以胜利的根本保证。

---

① 《〈共产党人〉发刊词》,《毛泽东选集》(第2卷),人民出版社1991年版,第605—606、613页。

制度为本:党的建设的根基

党的建设主要包括思想建设、组织建设和作风建设三个方面,而制度建设则是贯穿于三者之中的一条主线。要做好党的思想建设和组织建设,必须加强制度建设。

建党之初,在秘密活动状态下,中国共产党党员人数较少,且多集中在中心城市。此时,保持秘密身份,保守党的机密,扩大党的组织是当务之急。因此,要想扩大党的组织,必然要求加强党的中央与地方组织、党的纪律、入党条件等组织建设内容,以保证党组织的发展壮大。与此同时,中共已加强了中央领导机构、地方组织机构等制度方面的建设,尤其强调了党的民主集中制的建设,从而保证了党的生存与发展。

1927年大革命失败之后,随着党的工作重点转向农村,农民成为党员的主要来源,农民意识等各种非无产阶级思想逐渐被带入党内。要想清除这些思想意识,最好的办法就是加强马克思列宁主义的思想教育。因而,思想建设在党的建设中的地位日益突出起来。但是毛泽东等人在强调思想建设的同时,仍然非常重视制度建设。毛泽东曾指出,要纠正极端民主化思想,必须"在组织上,厉行集中指导下的民主生活";纠正非组织的观点,就应该做到"少数人在自己的意见被否决之后,必须拥护多数人所通过的决议";"要教育党员懂得党的组织的重要性,对党委或同志有所批评应当在党的会议上提出";要纠正盲动主义的残余,也要"从制度上和政策上纠正盲动的行为"。① 由此可见制度建设在思想建设中的重要作用。

进入延安时期,党在着重强调从思想上建党的同时,也很重视党的制度

---

① 《关于纠正党内的错误思想》,《毛泽东选集》(第1卷),人民出版社1991年版,第89—90、95页。

建设。毛泽东指出:"有许多党员,在组织上入了党,思想上并没有完全入党,甚至完全没有入党","因此我们的党,我们的队伍,虽然其中的大部分是纯洁的,但是为要领导革命运动更好地发展,更快地完成就必须从思想上组织上认真地整顿一番。"①更为重要的是,在各个根据地党政机关远离中共中央的情况下,要保证党的领导,克服宗派主义、个人主义思想,单是强调思想建设显然是不够的,还必须从制度上加以保证。延安时期中共中央要求各地建立党政军一元化领导体制,便是最好的说明。

制度建设不仅贯穿于思想建设和组织建设之中,而且贯穿于党的作风建设之中。

毛泽东在讨论如何克服宗派主义作风时曾指出:"要党有力量,依靠实行党的民主集中制去发动全党的积极性。在反动和内战时期,集中制表现得多一些。在新时期,集中制应该密切联系于民主制。用民主制的实行,发挥全党的积极性。"②"必须重申党的纪律:(一)个人服从组织;(二)少数服从多数;(三)下级服从上级;(四)全党服从中央。谁破坏了这些纪律,谁就破坏了党的统一。""处在伟大斗争面前的中国共产党,要求整个党的领导机关,全党的党员和干部,高度地发挥其积极性,才能取得胜利……而这些积极性的发挥,有赖于党内生活的民主化……为此缘故,必须在党内施行有关民主生活的教育,使党员懂得什么是民主生活,什么是民主制和集中制的关系,并如何实行民主集中制。这样才能做到:一方面,确实扩大党内的民主生活;又一方面,不至于走到极端民主化,走到破坏纪律的自由放任主义。"③

---

① 《在延安文艺座谈会上的讲话》,《毛泽东选集》(第3卷),人民出版社1991年版,第875页。

② 《为争取千百万群众进入抗日民族统一战线而斗争》,《毛泽东选集》(第1卷),人民出版社1991年版,第278页。

③ 《中国共产党在民族战争中的地位》,《毛泽东选集》(第2卷),人民出版社1991年版,第528—529页。

五、保证：强化党的建设

通过制度建设与思想建设、组织建设、作风建设之间的关系，我们不难看出，制度建设始终贯穿于其余三者之中。无论是思想建设、组织建设还是作风建设，都要以制度建设作为保证。因此，从这个意义上说，制度建设是党的建设的根基。

党的制度建设包含着极为丰富的内容。在民主革命时期特别是延安时期，党的制度建设主要包括中央组织制度建设、地方各级组织制度建设、党的代表大会制度建设、党的民主制度建设、党的干部选拔制度建设以及党的纪律制度建设等几个方面。

党的中央组织制度建设，主要是指在党的中央机构设置、人员组成、职权范围、中央领导人的推选和任命等方面的制度性规定。

中共一大时，由于党员人数较少且各地组织还不健全，因此只在中央组成中央局负责领导党的工作，由陈独秀担任中央局书记。这是党的中央组织机构建设的开始。1922年召开中共二大时，选举产生了党的中央执行委员会并推举陈独秀为委员长。党的中央机构有所改进。1923年，中共三大在二大的基础上，由中央执行委员会推举出5人组成中央局。三大还制定了党的历史上第一个关于党中央组织机构和工作制度的法规性文件——《中国共产党中央执行委员会组织法》。这个文件，对中央执行委员会的产生、组成、职权、工作程序作了详细规定，集中体现了民主集中制的原则。1927年召开的中共五大，对党的中央机构做了三项调整：改中央局为中央政治局；增设中央秘书厅，设置中央秘书长一职，主管中央日常事务工作；调整了中央党部机构和领导成员。

1928年，中共六大后的中央机构在以下几个方面进行了加强。即重建中央党部，并确定了中央各部委人选；决定设立职工运动委员会、农民运动委员会和妇女运动委员会，归中央政治局领导；设立组织部、宣传部、军事部和秘书处，归政治局常委会领导。

中共中央进驻延安后,党的中央组织制度在毛泽东的领导下不断得到完善。

1938年召开的中共六届六中全会通过了《关于中央委员会工作规则与纪律的决定》,对中央委员会、中央政治局、中央书记处的工作任务、职责范围和纪律作了规定。1943年3月,中共中央召开了政治局会议,通过了《中央关于中央机构调整及精简的决定》(以下简称《决定》),对中央机构进行了调整。《决定》规定:在中央政治局及书记处之下设立中央宣传委员会和中央组织委员会,作为中央政治局和中央书记处的助理机关;在两次中央全会之间,中央政治局担负领导整个党的工作的责任,有权决定一切重大问题。政治局推定毛泽东为主席。政治局每月应举行例会两次,必要时可召开临时会议。凡重大的思想、政治、军事、政策和组织问题,必须在政治局会议上讨论通过。中央书记处是根据中央政治局所决定的方针处理日常工作的办事机关,在组织上服从中央政治局,但在中央政治局的方针下,有权处理和决定一切日常性质的问题。书记处必须向政治局报告自己的工作。书记处重新决定由毛泽东、刘少奇、任弼时三人组成,毛泽东为主席。会期不固定,得随时由主席召集之,会议中所讨论的问题,主席有最后决定权。此外,《决定》还对中央的其他机构进行了一些调整。

1943年中央政治局会议通过的《决定》,对党的中央机构的调整具有重大的历史意义。它不仅完善了党的中央制度,而且从组织上进一步确立了毛泽东的领袖地位,为把毛泽东思想确定为党的指导思想提供了基础,使全党的思想与行动更加团结与统一,为夺取革命的最后胜利创造了必要的条件。

中国共产党对各级地方组织的制度建设,主要包括关于省委以及省以下的各级党组织的制度性规定。

中共一大通过的纲领即规定党的地方组织为地方委员会和地方执行委员会,并对二者的具体组成和职权进行了规定。中共二大通过的《中国共产

五、保证:强化党的建设

党章程》,第一次明确规定了党的组织系统为五级,其中属于地方的就有小组、支部、地方执行委员会和区执行委员会四级。规定凡有党员3—5人者,均得成立党小组,隶属于地方支部;一个地方有两个以上支部者,可以组织地方执行委员会;一个区有两个以上地方执行委员会者,可以组织区执行委员会。中共四大对党章及地方组织制度做了修改。将原章程上"有五人以上可组织一小组",改为"有三人以上即可组织支部"。并且第一次规定支部是党的基本组织。

中共五大首次规定,在地方设省委,地方组织系统扩展为省委、县委(市委)、区委、支部、小组五级。到1927年7月,建立了陕西、顺直、山西、湖北、奉天、湖南、山东、江苏、浙江等省委,江西、安徽、河南等省委也在筹建之中。

从大革命失败之后到中共中央进驻延安之前,由于中国共产党处于发展的曲折与低潮时期,党在地方组织制度上最大的变化,就是1927年8月中央临时会议决定,在地方设立北方局、南方局,以强化对一个区域党组织活动的统一与协调,后来又设立了长江局、苏区中央局。

进入延安时代,中国共产党在地方组织的制度建设上也进入了一个新时期。

中共六届六中全会对敌后的地方组织进行重新划分,在中央局、中央分局之下,依次设立区党委、地委、县委、市委、分区委、支部等各级党的委员会,这一组织建制是抗战时期中共各地基层组织的基本结构。

1945年春,中国共产党在召开的七大上通过的新党章中规定,党的基层组织按生产或工作单位来组织,规定在一个工厂、矿山、农村、企业、街道、机关和学校中,不论党员有多少,从三个党员起,只成立一个统一的党组织,作为党在这些单位中思想与组织的堡垒。党的基础组织,一般称为支部,支部内将党员编成若干小组。

新党章还规定,党在农村中的支部,一般以行政村或行政乡为单位来建

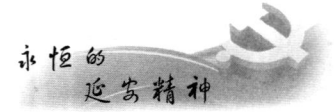

立。各级政府机关及其他机关中的党支部,应直接受同级党的委员会的领导,不应代替行政机构的工作。

由于支部是党在群众中的工作单位,是党的领导机关与群众联系的桥梁,因此新党章规定,支部必须使民众与党的领导机关密切结合。党支部的主要任务是:在人民群众中进行宣传和组织工作,以实现党的主张和贯彻上级组织的决议;经常注意并向上级机关反映人民群众的情绪和要求,关心人民群众政治的、经济的、文化的生活;吸收新党员,征收党费,审查与鉴定党员,对党员执行党的纪律;教育党员,组织党员的学习等。

新党章的这些规定,对于完善党的地方组织制度建设,特别是基层组织制度的建设,无疑具有重大的意义。

党的代表大会制度是党在制度建设方面的重要举措。

中共二大通过的第一个党章规定,全国代表大会为党的最高权力机关,并对党的代表会议制度做了初步规定。如规定党的基层小组必须"每星期由组长召集会议一次";"各干部每月召集全体党员或组长会议一次;各地方由执行委员会每月召集各干部会议一次;每半年召集本地方全体党员或组长会议一次;各区每半年由执行委员会定期召集本区代表大会一次;全国代表大会每年由中央执行委员会定期召集一次"等。1925年召开的中共四大,第一次规定召开中央委员会全体会议,此后中央全会的召开成为定制。1928年中共六大又规定,以党的全国大会和全国会议代替党的全国代表大会,党的全国代表大会制度被取消。此后直到党中央迁到延安之前,党的会议制度方面的规定没有太大的改变。

延安时期,党在会议制度方面的变化,主要是在1943年出台的《中央机构调整及精简决定》中增加了关于召开书记处会议的若干规定。

民主集中制度是中国共产党的一项重要制度,是"民主基础上的集中和

五、保证:强化党的建设

集中指导下的民主相结合的制度"①。中共二大明确规定了"少数服从多数"的原则,中共五大第一次明确提出党的组织原则是"民主集中制"。此后"民主集中制"就成为党的建设中的一项重要内容。

在延安时期,毛泽东在论述党的建设时多次提到民主集中制。他指出:"要党有力量,依靠实行党的民主集中制去发动全党的积极性。在反动和内战时期,集中制表现得多一些。在新时期,集中制应该密切联系于民主制。用民主制的实行,发挥全党的积极性。"②"处在伟大斗争面前的中国共产党,要求整个党的领导机关,全党的党员和干部,高度地发挥其积极性,才能取得胜利……而这些积极性的发挥,有赖于党内生活的民主化……为此缘故,必须在党内施行有关民主生活的教育,使党员懂得什么是民主生活,什么是民主制和集中制的关系,并如何实行民主集中制。这样才能做到:一方面,确实扩大党内的民主生活;又一方面,不至于走到极端民主化,走到破坏纪律的自由放任主义。"③

在实行党的一元化领导体制时,党中央也强调民主集中制的重要性。1942年9月通过的《关于抗日根据地党的领导及调整各组织间关系的决定》指出,要严格执行民主集中制,"党的领导的一元化,一方面表现在同级党政军民各组织的相互关系上,又一方面则表现在上下级关系上。在这里,下级服从上级,全党服从中央的原则之严格执行,对于党的统一领导,是有决定意

---

① 江泽民:《全面建设小康社会,开创中国特色社会主义事业新局面——在中国共产党第十六次全国代表大会上的报告》,人民出版社2002年版,第51—52页。
② 《为争取千百万群众进入抗日民族统一战线而斗争》,《毛泽东选集》(第1卷),人民出版社1991年版,第278页。
③ 《中国共产党在民族战争中的地位》,《毛泽东选集》(第2卷),人民出版社1991年版,第528—529页。

义的"①。

虽然中国共产党自成立伊始即强调民主集中制原则,却并没有在理论上予以充分的论述。直到1945年召开的中共七大上,才首次从理论上对民主集中制做了全面的、科学的阐述。在修改党章的报告中,刘少奇指出:我们的党不是许多党员的简单的数字的总和,而是由全体党员按照一定规律组织起来的有机体,是党的领导者与被领导者的结合体,是党的首脑(中央)、党的各级组织和广大党员群众,按照一定的规律结合起来的统一体。这种规律,就是党内的民主集中制。所谓民主集中制,"照党章规定,即是在民主基础上的集中和在集中指导下的民主。它是民主的,又是集中的。它反映党的领导者与被领导者的关系,反映党的上级组织与下级组织的关系,反映党员个人与党的整体的关系,反映党的中央、党的各级组织与党员群众的关系"。②

这一论述,不仅指明了民主集中制对党的建设的重大意义,而且为中共不断完善这种制度指明了方向。

干部制度也是党的制度建设的重要内容之一。

中共二大通过的党章,第一次把党的机关负责人和领导骨干称为"干部",并规定党的干部必须由党员大会或党员代表大会选举产生,必要时可以指定或任命。这是党的干部制度建设的开始。此后党一直较为重视党的干部制度建设。

延安时期,毛泽东等人仍然十分重视党的干部建设。

毛泽东在《为争取千百万群众进入抗日民族统一战线而斗争》和《中国共产党在民族战争中的地位》两文中专门论述了干部问题。在前一篇文章中,

---

① 《关于抗日根据地党的领导及调整各组织间关系的决定》(1942年9月1日),中央档案馆:《中共中央文件选集》(第13册),中共中央党校出版社1991年版,第433页。

② 《论党》(1945年5月14日),《刘少奇选集》(上卷),人民出版社1981年版,第358页。

他着重指出了干部的重要性:"指导伟大的革命,要有伟大的党,要有许多最好的干部。""我们的革命依靠干部,正像斯大林所说的话:'干部决定一切。'"①在后一篇文章中,毛泽东不仅提出了"德才兼备"和"任人唯贤"的干部选拔标准,而且还系统阐述了党的干部政策:"不但要关心党的干部,还要关心非党的干部。""必须善于识别干部。不但要看干部的一时一事,而且要看干部的全部历史和全部工作,这是识别干部的主要方法。""必须善于使用干部。""必须善于爱护干部。"②

张闻天在中共六届六中全会上所作的《关于抗日民族统一战线与党的组织问题》的报告中,进一步提出了选拔干部的四条标准,即忠实于民族,忠实于党,忠实于中国工人阶级事业,而且在实践中已经证明了的;同群众有联系的,为群众所公认与信任的领袖;在复杂环境中,能独立决定方向,并不怕负责的人;遵守纪律的精神,在斗争中受过布尔什维主义锻炼的人。③

陈云在抗日战争时期发表的《论干部政策》《关于干部队伍建设的几个问题》《关于干部工作的若干问题》等文章,也对干部的选拔和任用等问题做了深入的分析。

刘少奇则在中共七大的报告中系统论述了党的干部政策,包括团结干部的政策,明确提出选拔干部的标准和方法,把由上而下地识别和选拔干部与由下而上地识别和选拔干部结合起来,提出要加强对干部的教育等。

这一时期,党的干部制度的完善还表现在党校的设立等方面。延安时期,中共中央在延安设立了中央党校,定期对中央及各地的干部进行培训,不

---

① 《为争取千百万群众进入抗日民族统一战线而斗争》(1937年5月8日),《毛泽东选集》(第1卷),人民出版社1991年版,第277页。

② 《中国共产党在民族战争中的地位》(1938年10月14日),《毛泽东选集》(第2卷),人民出版社1991年版,第526—527页。

③ 陈至立主编:《中国共产党建设史》,上海人民出版社1991年版,第334页。

仅讲授马克思主义原理,讨论中国共产党历史中的若干经验与教训,也针对教条主义、主观主义和宗派主义的言行进行分析与批判。这一培养与教育制度的建立,为基层党组织充分理解与执行党中央的决策、中央决策在基层组织高效率地实践提供了良好的干部保证。

上述党的中央组织制度、地方组织制度、代表大会制度、民主集中制度、干部制度的建设以及军事制度建设等,共同构成了延安时期党的制度建设的主要内容。

这一时期党的制度建设的加强,具有非常重大的意义。

第一,党的制度建设始终贯穿于思想建设、组织建设和作风建设的全过程。这一时期毛泽东等党的主要领导人,都强调思想建设和作风建设的重要性,并将其作为党的建设的重点。

第二,党的制度建设保证了党的生存和发展。中国革命长期处于敌强我弱的斗争环境之中,党要想领导全国人民取得胜利,就要发展和壮大自己。在长期的分散斗争和地下斗争的环境中,要做到这一点,就必须健全党的各级组织,严肃党的纪律,保证党的集体领导,扩大党内民主,协调好民主与集中的关系。

第三,党的制度建设保证了党发动群众工作的进行。党要取得胜利必须发动广大群众,要发动群众就必须深入群众,在群众中进行有效的工作。要做到这些,就必须健全党的各级地方组织,尤其是党的基层组织。党对地方组织制度,特别是党支部制度的完善,对于党发动和组织群众起了至关重要的作用。

第四,党的制度建设保证了党的团结统一。在长期的各自为政的状态下,要实现党的团结统一,仅靠强调思想统一是不够的,还必须加强党的民主集中制建设,强化下级服从上级、全党服从中央的原则。通过党政军一元化制度的建立来保证党政军关系的协调,通过民主集中制保证上下级的统一,从而最终实现全党的统一。

由此可见,中国共产党之所以能够成为一个组织严密、团结统一的革命政党,能够有效地进行思想建设、组织建设和作风建设,能够有效地发动广大群众,与其一贯重视党的制度建设是分不开的。因此,从这个意义上说,党的制度建设是党的建设的根基。

鉴于制度建设在党的建设中的基础性作用,不仅革命战争时期党的领导人多次强调其重要性,而且在社会主义建设、改革的新时期,党的主要领导人同样十分重视。中共十八大以来,以习近平同志为核心的党中央领导集体,在从严治党、管党方面进行了卓有成效的制度建设。2013年1月,习近平在十八届中央纪律检查委员会第二次全体会议上指出:"要加强对权力运行的制约和监督,把权力关进制度的笼子里。""要加强对一把手的监督,认真执行民主集中制,健全施政行为公开制度。"[①]三年后,他在第十八届中央纪律检查委员会第六次全体会议上这样总结中央在"创新体制机制,扎牢制度笼子"方面所取得的阶段性成果:"全面从严治党的丰富实践,为党内法规制度创新奠定了坚实基础。我们深入研究探索,汲取全党智慧,坚持依规治党和以德治党相统一,坚持高标准和守底线相结合,把从严治党实践成果转化为道德规范和纪律要求,党内法规制度体系更加健全。我们研究依规治党这一重大课题,坚持纪严于法、纪在法前,实现纪法分开,修订廉洁自律准则、党纪处分条例、巡视工作条例等党内重要法规,制定党委(党组)落实从严治党责任的意见。针对干部管理监督中的薄弱环节,我们完善领导干部报告个人有关事项、加强'裸官'管理等规定,推动制度建设与时俱进。"[②]中共十九大报告继续

---

① 《把权力关进制度的笼子里》(2013年1月22日),《习近平谈治国理政》,外文出版社2014年版,第388页。

② 《习近平在第十八届中央纪律检查委员会第六次全体会议上的讲话》(2016年1月12日),人民网,网址:http://jhsjk.people.cn/article/29489862。

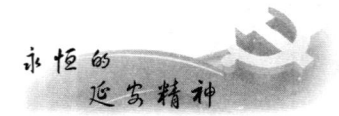

指出:党的政治、思想、组织、作风、纪律建设在新时代全面推进时,要"把制度建设贯穿其中"。将党的政治建设摆在首位,须"完善和落实民主集中制的各项制度"①。这些都准确无误地告诉我们,制度建设是党的建设的根基。

"党指挥枪":革命胜利的保证

"党指挥枪",也就是要坚持中国共产党对军队的绝对领导权,这是中国革命长期斗争经验的总结,也是中国共产党建设的一项重要内容。能否坚持这一原则,不仅关系着党的生存和发展,而且直接影响着中国革命的进程,是革命能否成功的保证。延安时期,中国共产党坚持和完善了这一原则,保证了中国革命战争的最后胜利。

1840年后,中国沦为半殖民地半封建国家,在政治、经济、文化上呈现出很多既不同于原有封建专制制度,又不同于西方资本主义制度的特征。政治上,封建统治势力为维护自身利益,与在华列强势力勾结起来共同压迫人民大众;经济上,民族资本主义工商业在封建势力与外国资本主义的双重压迫下发展得十分缓慢,在全国经济中所占的比例不大;文化上,随着西方资产阶级文化不断传入,出现了一批具有民主思想的知识分子,他们宣传近代西方先进的思想与文化观念,但由于传统观念根深蒂固,封建文化仍有很大的市场。

近代中国社会的这些特点,决定了中国革命所具有的特点。首先,本国封建势力和帝国主义的双重压迫,决定了中国革命不仅要反对本国的封建势

---

① 习近平:《决胜全面建成小康社会,夺取新时代中国特色社会主义伟大胜利——在中国共产党第十九次全国代表大会上的报告》(2017年10月18日),《中国共产党第十九次全国代表大会文件汇编》,人民出版社2017年版,第50页。

力,而且要反对帝国主义的侵略;其次,民族资本主义的不发达,民族资产阶级的弱小和封建势力的强大,决定了中国革命不可能走西方的议会道路,只能进行武装斗争;最后,本国反动势力与帝国主义的相互联合,使得中国革命的对手十分强大,使中国革命长期处于敌强我弱的态势。因此,中国革命要想取得胜利,只能建立一支强大的武装力量,进行武装斗争。

作为中国新民主主义革命领导者的中国共产党,正是从中国近代社会和中国革命的特点及早期的革命实践中,认识到建立革命武装并牢牢掌握领导权的重要性。这种认识是在大革命中付出了惨重的代价之后才得到的。

大革命的失败和国民党的屠杀政策,使广大中国共产党人认识到:党取得革命胜利,不仅要争取革命的领导权,而且要掌握对革命武装的绝对领导权,即要坚持"党指挥枪"的原则。此后,中国共产党确立了武装推翻国民党的总方针,领导了南昌起义等一系列武装起义,建立了自己的军队。由于此前党在叶挺独立团中是以团为单位组建党的支部,党并不能掌握广大士兵,南昌起义、秋收起义之所以迅速失利,也与之关系甚大。因此,当有了自己的军队后,如何将它真正掌握在自己手中,就成为党所面对的一个新问题。

在探索和解决这个新问题的过程中,毛泽东等人做出了重要贡献。1927年3月,毛泽东在《湖南农民运动考察报告》一文中就指出,要建立一支与旧式武装不同的农民武装。在秋收起义后进攻中心城市长沙失利的紧要关头,毛泽东做出了在罗霄山脉中段建立农村根据地的决定。

在进军途中,毛泽东在江西永新县三湾村对秋收起义的余部进行了整编,把部队由一个师缩编为一个团,并开始在这支部队中建立党的各级组织,首次决定把共产党支部建在连上。规定在班、排设立党小组,连以上设立党代表,营、团以上设立党委,全军由共产党的前敌委员会统一指挥。这就是著名的"三湾改编"的重要内容之一。"三湾改编"开始确立了中国共产党对军队的绝对领导权,保证了工农革命军的无产阶级性质,从政治上、组织上初步

奠定了新型人民军队的基础,使工农革命军成为执行中国共产党的革命政治任务的可靠力量。

毛泽东的成功经验被推广到后来的红军建设之中,最终确立了"党指挥枪"的原则。在领导井冈山斗争时期,毛泽东非常重视军队中党组织的作用。他指出:"党的组织,现在分连支部、营委、团委、军委四级。连有支部,班有小组。红军所以艰难奋斗而不溃散,'支部建在连上'是一个重要原因。两年前,我们在国民党军中的组织,完全没有抓住士兵,即在叶挺部也还是每团只有一个支部,故经不起严重的考验。"①由于战斗激烈,下级干部死伤过多,只能以俘虏过来的敌人充任。在这种情况下,由军事指挥者兼做政治工作显然不够。因此,毛泽东强调加强红军党代表的制度。他指出:"党代表制度,经验证明不能废除。特别是在连一级,因党的支部建设在连上,党代表更为重要。"②当时的党代表担负着督促士兵委员会进行政治训练、指导民运工作和党的支部书记等职责,在政治上起到了军事指挥者所起不到的作用。"事实证明,哪一个连的党代表较好,哪一个连就较健全,而连长在政治上却不易有这样大的作用"。在这种思想指导下,红军中党员的比例有很大提高,"现在红军党员和非党员约为一与三之比,即平均四个人中有一个党员。最近决定在战斗兵中发展党员数量,达到党员非党员各半的目的"。③

在井冈山时期创造的以支部建在连上为核心的党对军队的绝对领导制度,在各个苏区根据地的红军中逐渐普遍实行,使工农红军的面貌发生了不少的变化,战斗力大大增强。

日军发动九一八事变后,中日民族矛盾上升为主要矛盾,团结抗日成为

---

① 《井冈山的斗争》(1928年11月25日),《毛泽东选集》(第1卷),人民出版社1991年版,第65—66页。

② 《井冈山的斗争》(1928年11月25日),《毛泽东选集》(第1卷),人民出版社1991年版,第64页。

③ 《井冈山的斗争》(1928年11月25日),《毛泽东选集》(第1卷),人民出版社1991年版,第66页。

五、保证：强化党的建设

全国人民的共同呼声。为顺应形势的变化，中国共产党逐步改变策略，暂时放弃武装推翻国民党统治的斗争，呼吁全国人民团结一致，共同抗日。1936年12月12日，希望结束内战、一致抗日的张学良和杨虎城，发动了著名的"西安事变"，扣押了蒋介石及其随行官员。随后，在中国共产党人和南京国民政府的共同努力下，蒋介石被迫放弃内战政策。西安事变的和平解决，为国共两党合作抗日，建立抗日民族统一战线奠定了基础。

随后，国共双方就建立抗日民族统一战线问题展开谈判。谈判的主要问题之一就是怎样改编红军。蒋介石提出了各种方案，想迫使中国共产党交出军队。抗日战争全面爆发后，为了中华民族的利益，国共两党顺应历史潮流，建立起抗日民族统一战线，共同抗击日本侵略者。在这次合作中，中国共产党吸取第一次国共合作的教训，始终坚持"党指挥枪"和独立自主的原则，从而有效地保证了党的组织体系和管辖区域的独立性。在红军进行改编后，中国共产党采取了一系列有效的措施，保证了党对改编之后的八路军和新四军的绝对领导权。

在红军改编之前的1937年8月1日，中共中央组织部为保证党对红军的绝对领导，专门作出规定：在师以上及独立行动之部队，组织军政委员会作为党的秘密组织，以指导全部的军事和政治工作，并对上级军政委员会或中央负责。军政委员会由该部的首长及其副者和政治部主任等5人组成。其人员名单和书记人选均由上级军政委员会或中央指定与批准；师、团两级及总部和师的直属队，组织党的委员会，完全经过自下而上的民主方式选出，师的由9—11人组成之，团的由7—9人组成之。各级党委会互推3—5人组织常务委员会；旅、营两级由军政主要干部，组织特别小组；连队的党的支部是党在部队中的基本组织，支委会由党员大会选举5—7人组成之，由他们分别担任支书、副书记和组织、宣传、民运、青年等委员。另外，中共中央组织部还规定：红军改编之后仍为团师以上之组织，师以上设政治部，团设政治处，各级

政治机关在上级政治机关和同级军政委员会指导之下工作。①

同时,中央军委总政治部也作出决定,要求健全和加强红军中党的组织及其作用,党的组织应该成为部队全部生活决定的骨干,成为一切政治工作的支持与依靠,而政治机关也要始终保持其为党的工作机关的特点。②

1937年8月在陕西省洛川召开的中央政治局会议上,毛泽东强调指出,在统一战线中,中共必须坚持独立自主的立场,对国民党必须保持高度警惕;时刻不忘蒋介石想通过抗战消灭和削弱共产党和红军的图谋;必须保证党对红军的绝对领导。为此,会议决定进一步扩大中共中央军事委员会。新的中共中央军委由毛泽东、朱德、周恩来、彭德怀、任弼时、叶剑英、林彪、贺龙、张浩、刘伯承、徐向前11人组成,毛泽东为书记,朱德、周恩来为副书记。

在红军改编为八路军、新四军后,为统一并加强对前后方部队政治工作的领导,贯通前后方的联系,中共中央军委决定成立以任弼时为主任、邓小平为副主任的总政治部,负责统一领导八路军和留守各部队医院、学校及边区各地区部队、全国各游击部队的政治工作。

此外,中共中央还决定恢复一度取消的政治委员制度。红军改编时,在国民党的压力下,八路军被迫取消了政治委员制度,将政治部改为政训处,部队的政治工作一度受到削弱。改编后不久,八路军主要领导人朱德、彭德怀和任弼时致电中共中央,反映改编后政治工作人员的地位和职权降低,影响了他们的工作积极性,建议恢复党代表制度和政治部,得到毛泽东等中央领导的同意。于是朱德、彭德怀等领导根据中央的命令,恢复军队中的政治委员和政治机关制度;独立营和团以上设立政治委员;各师、团的政训处改为政

---

① 《中央组织部关于改编后党及政治机关的组织的决定》(1937年8月1日),中央档案馆编:《中共中央文件选集》(第10册),中共中央党校出版社1985年版,第309—311页。

② 《中共中央总政治部关于新阶段的部队政治工作的决定》(1937年8月1日),中央档案馆编:《中共中央文件选集》(第10册),中共中央党校出版社1985年版,第391页。

五、保证：强化党的建设

治部和政治处,旅设政治处,由政治委员兼任主任。

在从制度上保证党对军队的绝对领导的同时,毛泽东等人还同党内王明等人的"一切经过统一战线"思想倾向进行了坚决斗争。

1937年11月底,时任中共中央驻共产国际代表的王明回国。在年底召开的中央政治局会议上,王明提出了"一切经过统一战线""一切服从统一战线"的错误主张。次年初,在中央政治局会议上,王明又附和国民党"只要一个军队"的主张,提出"统一指挥,统一编制,统一武装,统一纪律,统一待遇,统一作战计划,统一作战行动"的主张①,受到了毛泽东等人的强烈批评。在中共六届六中全会上,毛泽东不仅批判了王明"一切经过统一战线"的主张,而且提出了"先奏后斩""先斩后奏""斩而不奏""不斩不奏"等坚持独立自主和"党指挥枪"原则的具体措施。在另一篇文章中,毛泽东指出:"革命的中心任务和最高形式是武装夺取政权,是战争解决问题。""在中国,离开了武装斗争,就没有无产阶级和共产党的地位,就不能完成任何的革命任务。"因此,"为了胜利地进行今天的抗日战争,扩大和巩固八路军、新四军和一切我党所领导的游击队,是非常重要的。在此原则下,党应派遣最好的和足够数量的党员和干部上前线。一切为了前线的胜利,组织任务必须服从于政治任务"。② 在毛泽东等人的坚持下,中共六届六中全会基本上抵制了王明的右倾投降主义的错误主张。

这次会议后,毛泽东多次强调坚持"党指挥枪"原则的重要性。在《〈共产党人〉发刊词》中,毛泽东说:"十八年来,我们党的发展、巩固和布尔什维克化,是在革命战争中进行的,没有武装斗争,就不会有今天的共产党。这个拿

---

① 转引自胡绳主编,中共中央党史研究室著:《中国共产党的七十年》(简本),中共党史出版社1992年版,第305页。

② 《战争和战略问题》(1938年11月6日),《毛泽东选集》(第2卷),人民出版社1991年版,第541、544、549页。

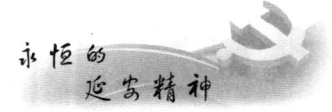

血换来的经验,全党同志都不要忘记。"[1]

在党内统一对"党指挥枪"原则重要性的认识的同时,中共坚持这一原则,在同国民党顽固势力进行斗争时毫不退让。

在国共两党进行合作抗日的过程中,两党之间的摩擦也不断上升,甚至发生武装冲突。1941年初发生的"皖南事变",是国共两党武装冲突中最为严重的事件。在国民党军队优势兵力的围攻下,新四军军部及直属部队9000余人经过七天七夜的浴血奋战,除了2000余人成功突围之外,大部分被杀或被俘。军长叶挺在谈判时被扣押,副军长项英突围后被害,政治部主任袁国平在突围中牺牲。在蒋介石宣布新四军为叛军并取消新四军番号的情况下,中共中央宣布重建新四军军部,继续保证党对这支部队的绝对领导权。

1941—1942年间,敌后抗日根据地进入抗战以来最困难的时期。中共中央采取了多项措施渡过难关,其中的一项重要内容便是建立党政军一元化领导体制,这也体现了"党指挥枪"的原则。

1942年9月1日,中共中央政治局指出:"党是无产阶级的先锋队和无产阶级组织的最高形式,它应该领导一切其他组织,如军队、政府与民众团体。根据地领导的统一与一元化,应当表现在每个根据地有一个统一的领导一切的党的委员会(中央局、分局、区党委、地委),因此据此确定中央代表机关(中央局、分局)及各党委(区党委、地委)为各地区的最高领导机关,统一各地区党政军民工作的领导,取消各地党政军委员会。"同时决定由分局、区党委、地委的书记兼任军区、分区(师或旅)政治委员,另设副书记,管理党务工作。军队中原来的军政委员会及政治部,成为同级党委(中央局、分局、区党委、地

---

[1] 《〈共产党人〉发刊词》(1939年10月4日),《毛泽东选集》(第2卷),人民出版社1991年版,第610页。

五、保证:强化党的建设

委)的一个部门。① 这就从制度上进一步保证了党对军队的绝对领导。

抗日战争胜利后,中国面临着两种命运的选择,国共双方都为这次决战进行着准备。中国共产党采取的重要举措之一,便是在同国民党进行和平谈判的同时继续坚持和加强了对军队的绝对领导。首先,于1945年8月23日成立了由毛泽东、周恩来等12人组成的中国共产党中央军事委员会,由毛泽东任主席。军委下设总参谋部和总政治部,由彭德怀兼任总参谋长,刘少奇兼任总政治部主任。其次,为避免军队里单纯的首长制带来的一些缺点,决定组织军队中各级党委会。作战、工作、政策等方面的问题,除在紧急情况下由首长决定外,应由军队中各级党委会进行讨论后决定。再次,要求野战军连队中党员比例达到30%—40%,后方部队为20%,为此加强了连队党员的发展工作,开展火线入党活动。

中国共产党不仅从自身建设着手,加强了对军队的绝对领导,而且在同国民党进行和平斗争时也坚持了"党指挥枪"的原则。

抗战胜利后,面对社会各界的和平呼声,为了赢得政治上的主动和备战时间,蒋介石连续三次电邀毛泽东到重庆进行谈判,想借机迫使中国共产党放弃地盘,交出军队。经过艰苦的谈判,双方虽然签订了《双十协定》,但在军队和政权问题上却未达成共识。

蒋介石在重庆谈判期间未能达到迫使中共交出军队的目的,便在1946年1月召开的政协会议上提出了先实现军队国家化,再进行政治民主化的方案。中国共产党则针锋相对地表达了先政治民主化,再军队国家化的强硬立场。

中国共产党始终坚持"党指挥枪"的原则,使国民党的阴谋不能得逞,为中国革命取得最后胜利提供了军事上的保证。

---

① 《中共中央关于统一抗日根据地党的领导及调整各组织间关系的决定》(1942年9月1日),中央档案馆编:《中共中央文件选集》(第12册),中共中央党校出版社1986年版,第124—126页。

上述种种事实证明,延安时期中国共产党人坚持"党指挥枪"的原则具有重大的意义。

首先,"党指挥枪"的原则为中国共产党的生存和发展提供了保障。由于始终坚持了这一原则并建立了一支独立的武装力量,党才能够与国内外反动势力进行斗争,才能够挫败国民党的种种阴谋,避免重蹈第一次国共合作的覆辙,才得到生存和发展。

其次,"党指挥枪"的原则为抗日战争的胜利提供了条件。抗日战争的胜利与中国共产党坚持对抗日民族统一战线的领导权是分不开的,而党之所以能够坚持领导权,也是由于有一支强大的武装力量作为保障。抗战中,虽然国共两党发生了"皖南事变"那样的严重冲突,国共关系一度十分紧张,但由于中共掌握着一支可靠的武装力量,进行有理有节的斗争,同时继续坚持抗战,终于避免了国共关系的破裂,使得抗日战争最终取得了胜利。

最后,"党指挥枪"的原则为中国新民主主义革命提供了重要保证。抗战胜利后,面对全国人民的和平呼声及国民党的和平攻势,中共始终保持清醒头脑,既向全国人民表明了自己的和平诚意,又不放弃对军队的领导权,从而在和平斗争与国共内战中都取得了胜利,这些胜利使中国人民最终完成了反帝反封建的革命任务。

血肉情深:密切联系群众

马克思主义认为,人民是历史的创造者,是社会实践的主体。中国共产党是以马克思主义为指导思想的,因此在革命实践中必然与广大民众保持密切联系,坚持密切联系群众的优良作风。

首先,坚持密切联系群众是坚持马克思主义的必然要求。

马克思主义是科学的世界观和方法论,是对自然、社会和人类思维最一般规律的总结,是无产阶级及其政党的指导思想。马克思主义的很多基本原理都要求做到密切联系群众。

毛泽东指出,马克思主义的认识论就是"将群众的意见(分散的无系统的意见)集中起来(经过研究,化为集中的系统的意见),又到群众中去作宣传解释,化为群众的意见,使群众坚持下去,见之于行动,并在群众行动中考验这些意见是否正确。然后再从群众中集中起来,再到群众中坚持下去。如此无限循环,一次比一次地更正确、更生动、更丰富"①。这要求作为中国革命领导力量的中国共产党必须坚持"从群众中来,到群众中去"的领导方法,与群众保持密切的联系。

其次,密切联系群众是无产阶级政党正确地制定和执行其路线、方针、政策的必然要求。

马克思主义认为,人类的社会实践是正确认识的最终来源,而无产阶级政党要制定正确的路线、方针和政策,又必须以正确的认识为依据。这就要求领导人和广大党员到群众中去进行调查研究,了解具体情况,了解人民群众的要求,以保证制定出的路线、方针、政策更加符合实际,从而能够正确地指导革命实践。

毛泽东等中共领导人正是看到了中国社会的基本构成是农民阶级占绝大多数,只有得到他们的支持才会取得中国革命的胜利,因此决定把中国革命的重心转向农村,制定土地革命的正确路线;正是认识到人民群众是抗日战争胜利的根本,才提出放手发动群众,让日本侵略者陷入人民战争的汪洋大海,并最终取得反侵略战争的胜利的;同样,也是在土地改革的政策下,中共争取了大多数农民的支持,才推翻了国民党的统治。要把制定的路线、方针、政策落到实处,就要在群众中进行宣传。因此,不仅要抓住群众的心理,

---

① 《关于领导方法的若干问题》,《毛泽东选集》(第2卷),人民出版社1991年版,第899页。

了解他们的思想动态,而且要深入群众,密切联系群众。了解群众的习惯,学习群众的语言,要能够运用为群众所喜闻乐见的语言和形式,才能收到最大的宣传与动员效果。要做到这些,同样要密切联系群众。

再次,密切联系群众是正确执行党的思想路线的必然要求。

解放思想、实事求是是中国共产党的思想路线。要在革命中做到实事求是,就要认识中国革命的实际,认识中国社会的特点。因此,单靠书本知识,只从马克思主义理论出发,是远远不够的。这就要求广大党员干部深入到人民大众之中,深入到社会的最底层中去,真正做到一切从实际出发,实事求是。同样,要想在革命中做到解放思想,就要清楚周围环境的变化,不断地更新认识,使之更加符合实际。这些同样需要深入民众,亲自参加实践才能做到。

最后,密切联系群众是中国革命取得胜利的必然要求。

如毛泽东所言,近代中国社会是一个"两头小,中间大"的社会。无产阶级和大资产阶级只占总人数的很少一部分,农民阶级占绝大多数。在敌人力量非常强大的情况下,单靠无产阶级孤军奋战,取得革命胜利是不可能的。无产阶级必须去发动广大农民和市民共同奋斗。要发动广大农民,就必须深入农民,了解农民的要求,只有这样,才能使中国共产党的一切政策、工作和组织与农民的利益真正结合起来,才能做到广泛发动群众,团结和领导广大农民,不断取得胜利。

由于上述原因,中国共产党成立后一直比较重视联系群众、宣传群众和发动群众。如中共三届一中全会,就对党的群众宣传工作的方针和方法做了规定。在向工人群众宣传时,"已有的《工人周刊》及《劳动周报》当尽力推销于工人及党员之间。凡能与工人接触之党员当尽力运用《前锋》《新青年》《向导》社会科学讲义之材料,使用口语,求其通俗化";在向农民群众宣传时,"大致与工人中相等,但材料取之于农民生活,尤其要指明农民与政治的关系,为具体的经济改良建议之宣传","只求实质能推广农民运动"。① 中共四大通过的《对于宣传工作之决议案》指出,共产党在群众中的政治宣传常常不能够深入,因此要建设好党的各级宣传部,办好《向导》《新青年》《中国工人》等党的刊物,尤其要根据不同对象切合实际地、生动活泼地开展宣传鼓动工作。在工人中进行宣传,应该注意他们不识字或识字不多、不愿意听纯理论等特点,要注意他们切身的实际问题。② 1929年6月,在中共六届二中全会上通过的一系列决议案中,更进一步强调党员要密切联系群众。③

延安时期,以毛泽东为代表的中国共产党人,在加强思想建设和组织建设、制度建设的同时,非常重视以理论联系实际、密切联系群众、批评与自我批评为主要内容的作风建设,从而使密切联系群众的作风成为广大党员干部深入群众、联系群众和发动群众的有力武器,保证了党的各项群众工作的顺利开展。

毛泽东认为:"我们共产党人区别于其他任何政党的又一个显著的标志,就是和最广大的人民群众取得最密切的联系。全心全意地为人民服务,一刻也不脱离群众;一切从人民的利益出发,而不是从个人或小集团的利益出发;向人民负责和向党的领导机关负责的一致性;这些就是我们的出发点。"④"在我党的一切实际工作中,凡属正确的领导,必是从群众中来,到群众中去。""凡属真正团结一致,联系群众的领导骨干,必须是从群众斗争中逐渐形成,

---

① 《教育宣传问题决议案》(1923年11月),中央档案馆编:《中共中央文件选集》(第1册),中共中央党校出版社1982年版,第150—151页。
② 《对于宣传工作之决议案》(1925年1月),中央档案馆编:《中共中央文件选集》(第1册),中共中央党校出版社1982年版,第306—307页。
③ 《组织问题决议案》和《宣传工作决议案》(1928年6月),中央档案馆编:《中共中央文件选集》(第5册),中共中央党校出版社1983年版。
④ 《论联合政府》,《毛泽东选集》(第3卷),人民出版社1991年版,第1094—1095页。

而不是脱离群众斗争所能形成的。"①基于这种认识,毛泽东要求在延安整风中普遍宣传领导骨干与广大群众在组织、斗争行动中保持正确关系的思想;宣传正确的领导意见只能从群众中集中起来又到群众中坚持下去的思想;宣传在领导意见付诸实行时要将一般口号和个别指导相结合的思想。

毛泽东还分析了脱离群众将会造成的危害,指出教条主义、经验主义、命令主义、尾巴主义、宗派主义、官僚主义都是脱离群众的表现。命令主义超过了群众的觉悟程度,违反了群众的自愿原则,害了急性病;尾巴主义则落后于群众的觉悟程度,违反了领导群众前进一步的原则,害了慢性病。他要求广大党员改正这些脱离群众的错误做法,正确地教育和引导民众。

刘少奇在中共七大上极为深刻地指出:党的群众路线"是我们党的根本的政治路线,也是我们党的根本的组织路线"。所谓群众路线,"就是要使我们党与人民群众建立正确关系的路线,就是要使我们党用正确的态度与正确的方法去领导人民群众的路线,就是要使我们党的领导机关和领导人与被联系的群众建立正确关系的路线"。②

要真正坚持党的群众路线,就必须使广大干部牢固树立群众观点。刘少奇概括的群众观点包括以下几点内容。

首先,是一切为了群众和全心全意为人民群众服务的观点。中国共产党为服务于人民而建立,广大党员的一切牺牲、努力和斗争,都是为了人民群众的幸福和解放。因此,所有党员都应该为人民服务,做人民的勤务员,都应该在高度自觉的基础上为人民服务,对人民负责。

其次,是一切向人民群众负责的观点。一切共产党员首先要在人民面前采取严肃负责的态度,保证党提出的任务、政策与工作作风的正确性,使之有

---

① 《关于领导方法的若干问题》,《毛泽东选集》(第2卷),人民出版社1991年版,第898—899页。
② 《论党》(1945年5月14日),《刘少奇选集》(上卷),人民出版社1981年版,第342、348页。

利于人民。除此之外,还应该知道向人民负责与向自己的领导机关负责是一致的。要认识到党的利益与人民的利益是一致的。凡是对人民有利的事业即是对党有利的事业,每个党员都要尽力去做;凡是对人民不利的事业,也就是对党不利的事业,每个党员都必须反对和避免。还要理解对党负责与对人民负责的一致性,使二者统一起来。

再次,是相信群众自己解放自己的观点。人民群众是历史的真正创造者。他们的解放,只有经过自己的斗争和争取才能获得,才能保持和巩固。有了群众的真正自觉和发动,有了中国共产党的正确领导,中国革命才能取得最后的胜利。

最后,是向人民群众学习的观点。由于群众的知识、群众的经验是最丰富、最实际的,群众的创造力也是最伟大的,因此在实际工作中如果不向群众学习,而是自作聪明地进行创造或者照搬历史的经验和外国的经验来启发和指导群众,肯定是会失败的。我们在工作中只能把最高的原则与群众最大限度的联系相配合,才能取得成功。

毛泽东等人对群众路线内涵的深刻阐述,表明密切联系群众是马克思主义和中国革命的必然要求。中国共产党要想取得革命的胜利,就必须坚持密切联系群众的优良作风。

要做到密切联系群众,除了在思想上对群众路线的内涵及坚持群众路线的必然性予以充分了解之外,更重要的是要在行动上努力做到密切联系群众,最好的办法是:深入群众进行实地调查;关心群众疾苦,解决他们的实际困难;健全党的基层组织,真正做到为人民服务。毛泽东等中国共产党的领导人是这样说的,也是努力这样去做的。

早在井冈山时期,毛泽东就在湖南、江西等地进行过很多调查。他的调查对象,多是有经验的中级和下级的干部或老百姓。如湖南五县和井冈山两县的调查对象,是各县中级负责干部;江西寻乌的调查对象,一部分是中级干

部,一部分是下级干部,还有一个穷秀才,一个破产的商会会长,一个以前在知县衙门管钱粮的小官吏。这些不同层次、不同知识水平、不同经历的人提供的信息非常有代表性。这些不同的信息,不仅反映社会现实,而且代表了不同阶层民众的利益呼声,从而为制定符合实际的斗争策略提供了可靠依据。

延安时期,毛泽东在倡导广大干部进行实地调查的同时,还亲自到驻地附近的群众中去进行调查。参加重庆谈判回到延安后,他在柳树店中央后勤疗养院养病,只住了一个星期,就把前前后后的村庄都跑遍了,和各村的农民都谈过话。陪同人员提醒毛泽东,为了安全起见,在没有对当地老乡的情况进行研究前,最好不要到处走动。毛泽东却回答:"难道我住在一个地方,连周围的情况都不能知道?"①

延安时期,亲自深入群众进行实地调查的中共主要领导人还有张闻天等人。

张闻天是执行王明"左"倾教条主义路线的原中共中央主要领导人之一。后来在毛泽东等人的帮助下,他逐渐认识到了自己的错误。当延安整风运动大兴调查之风时,张闻天向中共中央提出申请,组织"延安农村调查小组",于1942年1月至4月到陕甘宁边区神府县直属乡贺家川进行调查。1942年4—9月,张闻天又在晋西北兴县高家村区进行调查研究。调查期间,他住在农民家里,深入到群众中,搜集了大量第一手资料。整理出《贺家川八个自然村的调查》和《兴县十四个村的土地问题研究》等调查材料。1943年回到延安后,他又把这次调查的经过以及调查中的经验教训写成报告,这就是著名的《出发归来记》②。

---

① 师哲回忆,李海文整理:《在历史巨人身边——师哲回忆录》,中央文献出版社1991年版,第234页。

② 《出发归来记》,《张闻天选集》,人民出版社1985年版,第316—341页。

五、保证:强化党的建设

在这篇报告中,张闻天写道:"所以每一个做领导工作的同志,经常的保持同实际、同群众的联系,抓住一个典型的村或乡或一个市镇进行深入调查研究,同最下层的干部与群众举行会谈,是绝对必要的。""把我们的工作同群众、同实际结合起来,应该是我们全党的战斗任务。"①

在毛泽东等中央领导人的带动下,陕甘宁边区和各抗日根据地的广大干部群众掀起了调查研究的热潮,不仅密切了与人民群众的联系,而且为党的各项路线、方针、政策的制定提供了重要参考。

要真正做到密切联系群众,只在群众中进行调查远远不够,还必须关心群众的疾苦,认真听取群众的意见,解决他们的实际困难。

1941年始,随着战争深入进行,中共组织和八路军部队急速扩张,陕甘宁边区民众的经济负担亦日益加重。

1942年1—4月,当张闻天带着调查组到陕北米脂一带进行农村调查时,不能前往的毛泽东就通过中央社会调查部送阅的《情况汇报》来了解农村实际状况。有一次,《情况汇报》中记载了这样一件事:清涧县的一个农妇因为丈夫被雷电击死而咒骂毛泽东,社会调查部把这个农妇押到延安。毛泽东知道此事后,立刻叫来社会调查部有关干部,批评他们不做调查,不认真研究,就随随便便抓人。

社会调查部的干部离去后,毛泽东一夜未能平静。他召来军委总政治部保卫部长钱益民,让他把那个农妇带来。在会客室,毛泽东请她坐下,并拿出枣给她吃。在交谈中,毛泽东了解了农妇家里的情况,并告诉农妇他本人也是农民出身。农妇受到毛泽东的热情招待,感到很内疚,觉得自己不应该骂政府,被枪毙也是应该的。毛泽东却告诉她是政府工作有问题,并进一步了解到她家里以及村上其他困难户的情形。在农妇说出她们沟畔的20户人家

---

① 《出发归来记》,《张闻天选集》,人民出版社1985年版,第327—328页。

中缴不上公粮的不止一家,而她的丈夫为了挖一孔好窑洞给老母治病,不得不卖两只羊请村长吃饭这些事后,毛泽东当面表扬农妇敢说真话,并叫来钱益民和另外一名干部,交代他们派专人送农妇回去,向当地政府说明这位农妇不仅没有罪过,而且是一个敢说真话的好人。他还要求边区政府对清涧县的公粮问题做一次认真的调查研究,该免的要免,该减的要减。最后,他还要求社会调查部对此做出深刻反省。[1]

不仅毛泽东关心人民群众的疾苦,贺龙等军事将领也是如此。

1947年夏天,贺龙住在山西省临县沙园村。一天下午,在临近村子检查完一个后勤单位工作后将要离开时,一个正在挑水的40岁左右的农民放下水担,要上前替贺龙牵马。被拒绝之后,农民又提出要送他一程。贺龙感到农民有话要说,便和他一同行走。在交谈中,农民向贺龙反映,住在他们村里的解放军某单位人不多,占用的房子多了点,使用的家具(箱子、柜子、桌子等)多了点。如果住的时间长了,就会给他们的生活带来不便。请贺龙提醒这些同志把多余的或暂时不用的东西退还给群众。日后需要时,可以随时说随时拿。贺龙听后很重视,立刻纠正了这些部队干部的做法。[2]

中国共产党高级领导人身体力行,深入群众,认真听取群众的意见,关心群众的疾苦,是共产党密切联系群众优良作风的重要体现。在他们的影响下,密切联系群众的优良作风在广大党员中得到继承和发扬。

除了到群众中进行调查,听取群众意见和关心群众疾苦,解决他们的实际困难之外,深入群众中做好宣传工作,也是密切党群关系的重要途径。

首先,要通过宣传工作来联系和发动群众,"必须根据群众自身的政治经

---

[1] 张志清、孙立、白均堂:《延安整风前后》,江苏文艺出版社1994年版,第79—80页。
[2] 师哲回忆,李海文整理:《在历史巨人身边——师哲回忆录》,中央文献出版社1991年版,第290—291页。

验,使群众接受党的宣传鼓动。我们的宣传鼓动工作是要使得群众在自身的政治经验上来认识我们党的理论、政策、主张、口号的正确。因此必须根据群众今天所切身懂得的东西,根据群众今天的觉悟程度与文化水平来进行宣传,必须使我们的宣传鼓动能引起群众的兴趣与行动,并在这种同群众打成一片的基础上逐步提高群众的政治觉悟"①。

其次,在宣传中要做到内容充实,语言大众化,采用群众喜闻乐见的形式。做到言行一致。群众所重视的不仅是言论,更重要的是行动,只有使宣传和行动保持统一,才能得到群众的拥护。

再次,要重视基层支部成员的作用。基层党支部是党联系广大群众的纽带。党支部的成员不仅要担负起发展党员的工作,还要深入群众开展宣传工作,把党的路线、方针、政策传达给人民大众。在向支部成员提出工作要求的同时,也要听取他们的意见,并及时反映给党的组织。这样才能使党群之间发生互动,密切二者间的联系。

由此可见,深入群众开展宣传工作,也是坚持密切联系群众的一个重要途径。

中国共产党在延安时期形成的密切联系群众的优良作风,在抗日战争和解放战争中发挥了重要的作用。

由于中国共产党在敌后深入群众,宣传群众,发动群众,提高了广大群众的觉悟程度,制定出反映广大群众利益的政策,使广大群众与中国共产党人利益一致,血肉相连,千百万人民大众汇入抗日洪流,他们充分发挥自身的聪明才智,创造出地道战、地雷战、麻雀战等多种作战形式,使日本帝国主义陷入人民战争的汪洋大海之中,最终走向覆灭。

抗战胜利之后,中国共产党继续发扬了密切联系群众的优良作风,进行

---

① 《党的宣传鼓动工作提纲》,《张闻天选集》,人民出版社1985年版,第302页。

土地改革,充分保证了广大农民的切身利益,保证了人民群众当家作主的地位,从而赢得全国民众的广泛支持,迅速打垮了国民党集团的统治,取得了新民主主义革命的最后胜利。

　　形成于抗日战争时期和解放战争时期的延安精神,具有极其丰富的思想与精神内涵。我们认为,延安精神的核心内容之一,是中国共产党的组织建设和制度建设,这是中国革命胜利的保证。

六、力量：巩固统一战线

在社会结构呈现"两头小、中间大"的半殖民地半封建的中国社会，由于工人阶级人数较少，要想战胜强大的敌人，仅凭自己阶级的力量夺取胜利是非常困难的，必须尽可能地团结一切可以团结的力量，结成广泛的革命统一战线，才能取得革命的胜利。抗日战争爆发后，中国共产党及时改变关门主义的"左"倾政策，形成了一整套符合实际状况的策略方针，最大限度地团结进步力量与中间势力，不仅巩固和发展了抗日民族统一战线，战胜了强敌日本，而且为新民主主义革命的胜利奠定了坚实基础。

顺应时代：变革旧有策略

中国共产党成立后，在共产国际的推动下，依据中国革命发展的需要，与改组后的国民党进行合作，建立了以打倒北洋军阀统治为目标的国民革命联合战线，有力地推动了国民革命的发展。但1927年4月至7月，国民党内蒋介石、汪精卫两股力量先后在上海和武汉发动反动政变，国民革命联合阵线瓦解，中国革命遇到巨大挫折。

遭遇顿挫的中国共产党人，在革命陷入低谷、国民党建立"一党治国"独裁政治体制的情况下，整合革命营垒中最坚定的工人、农民、小资产阶级，建立工农民主统一战线，通过土地革命，开展武装斗争，开创革命根据地，将革命的星星之火重新燃烧成燎原之势。

不过,由于共产国际对中国革命脱离实际的错误指导,出于对国民党屠杀政策的愤恨及对中国革命形势脱离实际的判断,这一时期,中国共产党内的关门主义倾向一度十分严重。九一八事变后,民族矛盾逐渐上升为中国的主要矛盾。临时中共中央未能根据实际情况及时调整方针政策,虽多次发表宣言、声明等,申明坚决反击日本侵略的严正立场,但对于民族矛盾引发中国阶级关系剧烈变化的新情况理解不够,在统一战线问题上,排斥一切上层分子和中间势力,坚持只要"兵"不要"官"的下层民众统一战线,使党坐失"九一八"后国内抗日民主运动高涨的良机,令自己陷入孤立。

就在日军侵占东北、图谋华北并欲占领整个中国的同时,德国、意大利法西斯主义也极力扩军备战,世界反法西斯的形势越来越严峻。1935年7—8月间,共产国际七大在莫斯科召开。会上,季米特洛夫在其长篇报告中提出:在殖民地半殖民地国家,共产党和工人阶级的首要任务,在于建立广泛的反帝民族统一战线,为驱逐帝国主义和争取国家独立而斗争。会议要求各国共产党纠正自1928年共产国际六大以来盛行的"左"倾关门主义倾向,将建立最广泛的世界反法西斯统一战线作为基本策略。

1935年8月1日,中共驻共产国际代表团草拟了《中国苏维埃政府、中国共产党中央为抗日救国告全体同胞书》(即著名的《八一宣言》)。在分析了由日本侵略和蒋介石不抵抗政策所造成的紧迫形势的基础上,《八一宣言》指出:中华民族已处在生死存亡的紧要关头,抗日救国是全体中国人面临的首要任务;提出建立包括上层在内的统一战线,扩大抗日民族统一战线的范围;呼吁全国各党派、各军队、各界同胞,不论过去和现在有任何政见和利害的不同,有任何敌对的行动,都应当停止内战,集中一切国力去为抗日而奋斗。《八一宣言》表示:只要国民党军队停止进攻苏区,实行对日作战,红军愿立刻与国民党携手,共同救国,并建议成立国防政府和统一的抗日联军,中华苏维埃共和国政府和中国共产党愿意做国防政府的发起人,工农红军愿首先加入抗日联军。① 随后，中共驻共产国际代表团召开会议，讨论建立反帝统一战线的问题，认为中国人民的主要敌人是日本帝国主义，只要国民党停止反对红军的战争，并掉转枪口去反对日本帝国主义，中国共产党可以与之建立统一战线。

《八一宣言》首先于1935年10月1日在法国巴黎《救国报》上发表，后为苏联莫斯科《国际新闻通讯》等报刊转载，辗转传到国内。因通讯不便，长征途中的中共中央并不了解共产国际的新政策及《八一宣言》的内容，但从"华北事变"使民族危机加深的形势出发，也开始考虑变革策略以建立更广泛的抗日民族统一战线的问题。1935年11月13日，刚刚到达陕北的中共中央发表声明，提出中国工农红军愿同"一切抗日反蒋的中国人民与武装队伍联合起来，反对日本帝国主义"②。随后，得知共产国际新政策的中共中央按照共产国际新精神和《八一宣言》主要内容，于11月28日发表声明表示："不论任何政治派别、任何武装队伍、任何社会团体、任何个人类别，只要他们愿意抗日反蒋者，我们不但愿意同他们订立抗日反蒋的作战协定，而且愿意更进一步同他们组织抗日联军与国防政府。"③中国共产党关于建立"抗日反蒋"统一战线的宣言，在社会各阶层中引起强烈反响，有力地推动了抗日救亡运动的高涨。

1935年12月17日至25日，中共中央在陕西安定县（今子长县）瓦窑堡召开政治局会议。会议着重讨论了全国政治形势和党的策略路线、军事战

---

① 《为抗日救国告全体同胞书（八一宣言）》（1935年8月），中共中央书记处编：《六大以来：党内秘密文件》（上册），人民出版社1981年版，第679—682页。

② 中国共产党中央委员会：《为日本帝国主义并吞华北及蒋介石出卖华北出卖中国宣言》（1935年11月13日），中共中央书记处编：《六大以来：党内秘密文件》（上册），人民出版社1981年版，第724—726页。

③ 《中华苏维埃共和国中央政府中国工农红军革命军事委员会抗日救国宣言》（1935年11月28日），中共中央书记处编：《六大以来：党内秘密文件》（上册），人民出版社1981年版，第727—728页。

略,确立了建立抗日民族统一战线的新策略。

民族资产阶级有没有可能抗日,是会议的中心议题之一。毛泽东在主题发言中分析各阶级的抗日态度,明确提出民族资产阶级在亡国灭种的关头有参加抗日的可能,甚至连大资产阶级营垒也有分化的可能。因此,中国共产党要从关门主义中解放出来,建立广泛的抗日民族统一战线。

会议指出,当前政治形势的基本特点,是日本帝国主义"正准备并吞中国,把全中国从各帝国主义的半殖民地,变为日本的殖民地"。因此,一切不愿当亡国奴、不愿当汉奸的中国人的唯一出路,就是"向着日本帝国主义及其走狗汉奸卖国贼展开神圣的民族战争"。会议认为,"在新的反日的民族革命高潮"中,不但工农积极参加革命斗争,小资产阶级和知识分子"转入了革命",而且"一部分民族资产阶级,许多的乡村富农与小地主,甚至一部分军阀,对于目前开始的新的民族运动,是有采取同情中立,以至参加的可能的","民族革命战线是扩大了"。在新形势下,中国共产党的任务,是建立最广泛的抗日民族统一战线,"不但要团结一切可能的、反日的基本力量,而且要团结一切可能的反日同盟者","不使一个爱国的中国人不参加到反日的战线上去"。最广泛的反日民族统一战线,不仅应当是下层的,也应当是包括上层的。党的策略路线是发动、团结与组织全中国与全民族一切革命力量,去反对当时主要的敌人——日本帝国主义与蒋介石。会议重申,统一战线的最高组织形式是国防政府和抗日联军。①

会议认为,目前党内的主要危险是"左"倾关门主义,关门主义之所以出现,主要是因为不会把马克思列宁主义运用到中国特殊的具体的环境中去,强调党不能空谈抽象的共产主义原则,必须大胆地运用广泛的统一战线策

---

① 《中央关于目前政治形势与党的任务决议》(1935年12月15日),中共中央书记处编:《六大以来:党内秘密文件》(上册),人民出版社1981年版,第734—745页。

略,组织和团聚千千万万民众和一切可能的革命友军,这样才能取得中国革命的领导权。同时,会议提醒全党记取历史上发生过的实行统一战线政策时的右倾错误与教训,认为共产党在抗日统一战线内部,既要团结一切抗日力量,又要坚决不动摇地同一切动摇、妥协、投降和叛变的倾向作斗争,以自己彻底的反日、反汉奸卖国贼的言论和行动去取得统一战线的领导权。

为适应建立广泛的抗日民族统一战线的要求,会议决定将中共建设的"苏维埃工农共和国"改为"苏维埃人民共和国",同时改变不适应抗日要求的部分政策。

瓦窑堡会议后,争取地方实力派成为中国共产党开展上层统一战线的主要任务。依据客观形势,在争取地方实力派问题上,中共采取了先西北后全国的策略,首先争取当时在西北"剿共"前线率领东北军的张学良和率领第十七路军的杨虎城。

东北军大部分将士出身东北诸省,时刻渴望着返回东北家乡。在国民政府通过外交收复东北的努力失败后,东北军中时常爆发出不满的心声,特别是对不能光复家园,反而角力于"剿共"内争极为反感。中共中央经过分析,认为张学良、杨虎城是能够争取的对象,实现与他们的联合,不仅能改变红军的被动局面,而且能够影响其他地方实力派,扩大影响,形成西北地区抗日民主统一战线的新局面。基于对东北军的深刻认识,中共中央成立了以周恩来为书记的东北军工作委员会,开展对东北军的工作。1936年1月19日,中共中央派联络局局长李克农赴洛川,与东北军第六十七军军长王以哲会谈。随后,中国共产党发表声明,重申红军"愿意与任何抗日的武装队伍联合起来,组织国防政府与抗日联军,去同日本帝国主义直接作战",明确表示"愿意首

先同东北军来共同实现这一主张,为全中国人民抗日的先锋"。① 2月下旬,李克农再次到洛川与王以哲进行商谈,达成红军与第六十七军互不侵犯的口头协定。

在李克农与王以哲商谈的基础上,4月9日,周恩来代表中共中央同张学良举行秘密会谈。张学良接受中国共产党关于停止内战、共同抗日的政治主张,双方商定红军与东北军互不侵犯、互派代表等事项。张学良并提出争取蒋介石抗日的意见。6月20日,中共中央制定《中央关于东北军工作的指导原则》的党内文件,指出:东北军有极大可能转变为抗日的革命的军队,"争取东北军走向抗日是我们的基本方针";对东北军的工作目标,是使东北军变为红军的友军,使东北军实行彻底抗日的纲领;在东北军内的统战工作,应是"上层统一战线与下层统一战线同时并进与互相配合",上层统一战线尤具重要意义。②

第十七路军与中国共产党在历史上渊源很深,杨虎城一直保持着与中国共产党的联系。在争取张学良抗日的同时,中共进一步加强了对杨虎城的说服工作。1935年11月,杨虎城明确表示,赞成中国共产党的联合抗日主张。此后,中共先后与杨虎城商谈联合抗日问题。经过多次谈判,杨虎城表示赞成互不侵犯、取消经济封锁、建立军事联络、联合抗日等主张,并同意张文彬作为红军代表驻西安。中国共产党从而与第十七路军建立了比较牢固的关系。

中国共产党在分别与张学良、杨虎城建立统一战线的基础上,指示驻西安的地下党员加强张学良与杨虎城间的内部联系。经过努力,张学良与杨虎

---

① 《红军为愿意同东北军联合抗日致东北军全体将士书》(1936年1月25日),中共中央书记处编:《六大以来:党内秘密文件》(上册),人民出版社1981年版,第746—748页。

② 《中央关于东北军工作的指导原则》(1936年6月20日于瓦窑堡),中央档案馆:《中共中央文件选集》(第11册),中共中央党校出版社1991年版,第31—33页。

城开始了日趋密切的合作。从1936年上半年开始,红军同东北军、第十七路军之间实际上停止了敌对状态,为西北地区实现抗日力量的联合奠定了基础。

为实现西北联合抗日,中国共产党还注意开展对其他地方实力派的工作。

1933年4月,盛世才在执掌新疆政权后不久,即表示信仰社会主义,"允许将来新疆各族人民的文化水准能够接受共产主义时,可以实行共产主义"①。1935年,盛世才宣布实行"反帝、亲苏、民平、清廉、和平、建设"六大政策。1936年6月,中共中央派邓发赴新疆联络新疆督办盛世才,沟通中共中央与盛世才的联系,并建立起密切关系。此外,中共中央还开展对驻守陕北的国民革命军第八十四师师长高桂滋的工作,高桂滋表示赞成中共关于建立国防政府与抗日联军的提议。9月22日,中共中央派彭雪枫为特使,携带毛泽东给国民政府甘肃省政府主席、东北军第五十一军军长于学忠的亲笔信,赴兰州联络,向于学忠表达了双方立即停战、联合抗日救国的愿望。1936年夏,彭德怀率领红军西征时,坚决执行统一战线方针,不仅派朱瑞与东北军骑兵第六师达成互不侵犯的协议,而且发布了给宁夏军阀马鸿逵、马鸿宾的停止内战、共同抗日的提议书。

到1936年冬,西北抗日民族统一战线进一步扩大,西北大联合的局面初步形成,对国内政治局势产生很大的影响,有力地推动了全国抗日民族统一战线的建立。

为将抗日民族统一战线推向全国,中共中央通过各方面关系,争取华北地方实力派宋哲元、阎锡山等人转向抗日。1936年8月14日,毛泽东致信北方局联络部部长王世英并转刘少奇,指示必须对宋哲元及第二十九军继续开展工作。同日,毛泽东又给宋哲元写亲笔信。北方局派张经武、张友渔负责在二十九军内部开展统一战线工作。8月,薄一波按照党组织的安排,接受阎

---

① 张大军:《新疆风暴七十年》,台湾兰溪出版社1983年版,第6123页。

锡山的邀请,到山西太原,积极做争取阎锡山抗日的工作。10月,以薄一波为书记,成立中共山西公开工作委员会,做公开、合法的工作,并接办原山西牺牲救国同盟会,同阎锡山建立了特殊形式的抗日统一战线关系。利用这一合法形式,中共发展了大量青年知识分子和民众入会,使山西的抗日救亡运动很快活跃起来。

此外,山东的韩复榘,四川的刘湘,广东的陈济棠,广西的李宗仁、白崇禧,云南的龙云等地方实力派,也直接或间接地同中共中央或北方局联系,表示愿意与中国共产党联合抗日。到1936年12月,中共与晋、绥、冀、滇、桂、川、新、甘、陕等省的地方实力派之间已初步建立了联系,从而为形成广泛的抗日统一战线和全民族抗战的局面创造了条件。

对中间派民主人士,毛泽东多次致信沈钧儒、邹韬奋、陶行知、章乃器、宋庆龄、蔡元培等爱国领袖和国民党左派,表达对他们爱国行动的敬佩和赞赏。1936年上半年,中国共产党驻共产国际代表团派潘汉年回国,担任国共两党秘密谈判的联络代表。同时,中共中央派冯雪峰作为中央特派员前往上海,开展上层抗日统一战线工作,促进各党各派联合抗日。冯雪峰到达上海后,会见了鲁迅、宋庆龄、茅盾、沈钧儒、史沫特莱等人,向他们了解情况并建立密切联系。

与国民党最高当局联合抗日,是中共抗日民族统一战线的重点与关键。由于蒋介石坚持反共立场,瓦窑堡会议前后,中国共产党将抗日与反蒋并提。1936年2月,中共中央开始改变这一提法。2月27日,受宋庆龄、宋子文委托前往陕北的董健吾和受上海地下党委派前来汇报与国民党代表曾养甫等人谈判情况的张子华,抵达瓦窑堡,向中共中央汇报了蒋介石亦有和红军妥协共同反日倾向的有关情况,再一次印证了毛泽东关于中国社会主要矛盾的判断是正确的。3月4日,毛泽东、张闻天、彭德怀等人在致博古并转董健吾的电报中,明确表示:"弟等十分欢迎南京当局觉悟和明智的表示,为联合全国

六、力量：巩固统一战线

力量抗日救国，弟等愿与南京当局开始具体实际之谈判"，并提出"停止一切内战，全国武装不分红白，一致抗日"等五项具体意见。① 3月8—27日，中共中央晋西会议专门讨论了同南京政府谈判的问题。4月9日，在东征前线的毛泽东又同彭德怀联名致电张闻天，重申"我们的基本口号不是讨蒋令，而是抗日令"②。4月25日，中共中央发表《为创立全国各党各派的抗日人民阵线宣言》，首次公开把国民党列为抗日民族统一战线的对象。5月5日，中共中央发表《停战议和一致抗日通电》，正式放弃"反蒋"口号，不再称蒋介石为卖国贼，而称其为蒋介石氏，提出"为了促进蒋介石氏及其部下爱国军人们的最后觉悟，故虽在山西取得了许多胜利，然仍将人民抗日先锋军撤回黄河西岸"③。公开宣布放弃抗日反蒋政策，表明中共已开始向逼蒋抗日政策转变。

1936年8月10日，中共中央政治局召开会议，毛泽东在报告中指出："我们愿意与南京谈判，现在还是这个方计。在今天应该承认南京是一种民族运动的大力量。我们可以承认统一指挥、统一编制。在许多策略方面有所改变，但是一定要停止'剿共'，一定要实行真正的抗日。""抗日必须反蒋"的口号，现在已不合适，要在统一战线下反对卖国贼。会议一致同意毛泽东的报告和结论。④ 与此同时，共产国际致电中共中央，认为把蒋介石和日本侵略者相提并论是不对的，要真正武装抗日，必须有蒋介石或他的绝大部分军队参加，要求中共中央"正式向国民党和蒋介石提出立即开始停战谈判和签订共

---

① 中共中央文献研究室编：《毛泽东年谱（1938—1949）》（上卷），中共中央文献出版社2002年版，第519页。

② 中共中央文献研究室编：《毛泽东年谱（1938—1949）》（上卷），中共中央文献出版社2002年版，第534页。

③ 《停战议和一致抗日通电》（1936年5月5日），中央档案馆编：《中共中央文件选集》（第11册），中共中央党校出版社1991年版，第21页。

④ 中共中央文献研究室编：《毛泽东年谱：1893—1949（修订本）》（上卷），中央文献出版社2013年版，第567—568页。

同对日作战协定的建议"①。根据形势的变化,8月25日,中共中央发表《中国共产党致中国国民党书》,明确建议实行第二次国共合作,强调:只有国共的重新合作以及同全国各党各派各界的总合作,才能真正地救亡图存。9月1日和17日,中共中央向党内先后发出《关于逼蒋抗日问题的指示》和《关于抗日救亡运动的新形势与民主共和国的决议》。同时,毛泽东分别致书宋庆龄、蔡元培、邵力子、李济深、李宗仁、白崇禧、蒋光鼐、蔡廷锴等人,请他们利用各自的威望和地位,推动统一战线的形成。周恩来也先后致书曾养甫、陈果夫、陈立夫、蒋介石、胡宗南、陈诚、汤恩伯等人,反复陈述"大敌在前,亟应团结御侮"②的道理,希望国民党改变误国政策,重新合作,共同抗日。

就在中国共产党调整策略方针,采用"逼蒋抗日"建立统一战线的时候,蒋介石的"攘外必先安内"方针并未改变。1936年下半年,蒋介石继续抽调大军围剿红军,并亲临西安,逼迫张学良、杨虎城率部"剿共",张、杨被迫发动西安事变,力图以兵谏方式促使蒋介石停止内战,举国抗日。中国共产党以抗日大局为重,与张学良、杨虎城商定和平解决西安事变的方针。经过谈判,蒋介石承诺"决不打内战了","一定要抗日"③,并以人格担保履行改组政府、释放政治犯、联合红军抗日、召集救国会议决定抗日救亡方针等六项承诺。西安事变的和平解决,成为扭转时局的枢纽,促进了中国共产党逼蒋抗日方针的实现,十年内战的局面就此基本结束,国内和平初步实现,国共两党第二次合作成为不可逆转的时代大势。

---

① 《共产国际执行委员会书记处给中国共产党中央委员会书记处的电报》(1936年8月15日),中国社会科学院近代史研究所编译室编译:《共产国际有关中国革命的文献资料》(第3辑),中国社会科学出版社1990年版,第9页。

② 《周恩来致蒋介石信》(1936年9月22日),中央统战部、中央档案馆编:《中共中央抗日民族统一战线文件选编》(中册),档案出版社1985年版,第273页。

③ 《论统一战线》(1945年4月30日),《周恩来政论选》,人民日报出版社1993年版,第459页。

六、力量：巩固统一战线

西安事变后，为促使蒋介石早日履行承诺，1937年2月到7月，周恩来、叶剑英、林伯渠、博古等代表中国共产党在西安、杭州、庐山同国民党代表顾祝同、贺衷寒、张冲以及蒋介石、宋子文等人举行多次谈判。

在1937年2月、3月的西安和杭州谈判中，周恩来等人以中共中央致国民党五届三中全会电为基本指导原则，围绕国共合作、红军改编、陕甘宁边区的地位、停止进攻西路军和南方游击根据地的中共军队等问题，同国民党代表进行商谈。国民党在谈判中的基本目的，是把共产党、红军和陕甘宁边区置于国民党控制之下，不许共产党有独立性，不许人民革命力量发展，想以和平方法限制和削弱共产党的力量。由于蒋介石缺乏诚意，谈判没有实质性进展。6月上旬，周恩来与蒋介石在庐山谈判。在这次谈判中，蒋介石表示，中国共产党可以根据以前的声明，发表与国民党合作宣言；南京政府在这一宣言发表后，即发布红军改编为国民革命军的三个师番号，委任师长；陕甘宁边区政府的正官长由共产党推荐国民党人担任，副官长由边区自己推举；国民大会的240名指定代表名额，可指定共产党代表；释放关押在狱中的共产党人等。同时，蒋介石还建议毛泽东和朱德"出洋"，以及成立国民革命同盟会，作为国共两党一切对外行动及宣传的决策机关等。7月中旬，周恩来等人再上庐山，围绕发表国共合作宣言、红军改编、苏区改制等问题同国民党谈判。蒋介石对国共合作宣言态度冷淡，另外提出一套方案。关于红军改编问题，蒋介石坚决不设统一的军事指挥机关，红军改编后归西安行营直接管辖。蒋介石的强硬态度，使得此次谈判再次无果而散。8月上旬，国共继续在南京谈判。迫于抗日战争的严峻形势，蒋介石的态度有所松动。中国共产党为早日实现抗日民族统一战线，在红军编制等问题上也有所让步。9月22日，在抗日形势日益严峻的压力和中共的敦促斗争下，国民党中央社终于公开发表了《中共中央为公布国共合作宣言》；次日，蒋介石发表谈话，指出团结御侮的必要，事实上承认了中国共产党的合法地位。国共合作宣言和蒋介石谈话的发

表,标志着抗日民族统一战线正式形成。

抗日民族统一战线的演进过程证明,渐趋成熟的中国共产党,本着独立自主原则,制定了从反蒋抗日到逼蒋抗日、最终联蒋抗日的策略方针,是合乎中国实际的正确方略。在延安时期的中国共产党,将抗日民族统一战线这一策略运用得极为成功,团结了一切可以团结的力量,也努力争取对抗日民族统一战线的领导权。中共由此摆脱孤立的政治局面,并且日益壮大起来。

荣辱与共:携手抗御强敌

1937年7月7日,日本发动全面侵华战争,中华民族面临生死存亡的巨大考验。在紧要的历史关头,国共再度合作,以此为基础,形成抗日民族统一战线,开始了全民族的抗战。抗日民族统一战线的建立,调动了中华民族各阶级、各阶层力量,激发了中国人民以爱国主义为核心的民族精神,形成了全民抗战的局面,是中国能够以弱胜强,取得抗日战争最终胜利的重要因素。

近代以来,在西方列强的连续打击下,中国陷入连年战争、军阀割据的混乱状态,形成各自为战、人人自保的局面。蒋介石虽名义上统一中国,建立南京国民政府,但奉行一党专政的政治专制主义和武力围剿的强硬政策,不仅未能改变四分五裂的政治状况,还造就出一批新军阀,而且造成民心离散、信仰缺失、经济凋敝。抗日战争爆发前夕,中国因历史与现实、政治与经济、文化与思想等方方面面原因形成的一盘散沙状况更加恶化。

在这种情况下,中国共产党作为抗日民族统一战线的中流砥柱,要想凝聚散若流沙的不同民族、不同阶级、不同阶层力量,激发全民族的爱国主义精神,巩固和壮大抗日民族统一战线,不仅需要热情,更需要理性与智慧。

中国共产党的理性与智慧,主要表现在紧紧把握住中华民族生存大局,有所让步,亦有所坚持、有所斗争。无论是让步还是坚持、斗争,中国共产党

六、力量:巩固统一战线

均以民族利益为重,超然于党派利益,提出了正确的统一战线的策略和政策,从而在统一战线内部树立起威望,成为抗日民族统一战线的领导者与核心。

在同国民党最高当局的关系问题上,中国共产党坚持独立自主的原则,以又联合又斗争的政策,孤立反共顽固势力,争取对统一战线、民族解放战争的领导权。

国民党虽然与中国共产党合作,建立抗日民族统一战线,但始终不能以平等的态度对待中国共产党和其他抗日力量,没有正确地解决国共合作的共同纲领、组织形式等重大问题,通过限制、削弱等途径来消灭中国共产党的企图始终没有放弃,因而成为抗日民族统一战线发展的严重障碍。特别是在抗日战争进入相持阶段后,国民党确定了"溶共、防共、限共、反共"的方针,并设置了专门的防共委员会,随后国民党军队在山东、河北、湖南、湖北、河南相继制造了骇人听闻的"博山惨案""深县惨案""平江惨案""确山惨案"等一系列反共事件,残杀八路军、新四军干部战士及其家属共1300余人,揭开了一系列反共事件的序幕。1939年12月,国民党掀起大规模的反共摩擦。在蒋介石的授权下,朱绍良、胡宗南率部向陕甘宁边区进攻,并一度占领陕甘宁边区5座县城。同时,阎锡山以6个军的兵力进攻八路军晋西四支队和决死二纵队,屠杀八路军干部战士,制造了震惊全国的"晋西事变"。1941年1月,国民党更是以7万军队在安徽南部围剿奉命北移的新四军军部9000将士,骗俘军长叶挺,杀害大部分将士,制造了令人发指的"皖南事变"。

与此同时,在统一战线外部,共产国际由于低估了中国共产党的力量,错误地认为中国抗战需要依靠以蒋介石为首的国民党,为"武装保卫苏联"的需要,要求中国共产党在统一战线内部不提领导权问题,按照法国共产党"一切服从统一战线""一切经过统一战线"的经验,与国民党共同负责、共同领导统一战线。对于共产国际这些指示,作为共产国际执行委员会委员、中共驻共产国际代表的王明言听计从。1937年9月,王明在《救国时报》上发表《日寇侵略的新阶段与中国人民斗争的新时期》，全面接受并阐述了共产国际的右倾观点。回国后，王明在1937年12月和1938年3月召开的中共中央政治局会议上先后系统阐述其观点，认为中国共产党过去对国民党的根本转变认识不够，不应空喊领导权，不应改造旧政府机关，不能成立抗日人民政府，脱离实际地提出全国抗日部队"统一指挥""统一编制""统一武装""统一待遇""统一作战计划""统一作战行动"等主张。王明的报告由于萦绕着共产国际和斯大林指示的光环，在中共党内一度影响较大。许多人根据王明的观点，检查过去统一战线工作的得失，承认有"狭隘观念"和"不策略"的地方。

面对复杂而严峻的政治局势，以毛泽东为代表的中国共产党人强调抗日民族统一战线的独立自主原则，注意在实际工作中发挥中央领导作用，重提与坚持独立自主原则。

在1938年3月召开中共中央政治局会议期间，抗日民族统一战线的独立自主原则及与之相关的领导权问题，再度成为争论的重要内容之一。3月25日，以毛泽东为首的中央书记处起草了《中共中央致国民党临时全国代表大会电》，并再次公开提出了民主与民生的正义要求。5月，毛泽东再次公开强调共产党和八路军的作用，强调共产党的政治领导和独立自主原则。

与此同时，毛泽东等中央领导人又主动地加强了同共产国际的联系，派任弼时去莫斯科向共产国际报告工作，并担任中共驻共产国际代表团团长。任弼时于1938年4月14日和5月17日，先后两次向共产国际报告和说明了中国抗战的形势、统一战线的状况、中共的任务和工作，指出：抗日民族统一战线中的困难和障碍，来自国民党的"自大主义"和对共产党的"仇视观念与成见"。任弼时的报告，使共产国际第一次比较全面和深入地了解到中共处境的艰难，对共产国际正确认识中国的实际情况和中国共产党的主张起了重要作用。共产国际执委会主席团于同年6月11日通过《关于中共代表报告的决议案》和《共产国际执委会主席团的决定》，明确肯定了中共中央的政治路

六、力量：巩固统一战线

线,强调了中共在抗日民族统一战线中的独立自主原则。

共产国际右倾方针的改变与共产国际对中共最高领导层内部关系的明确表态,对于结束王明右倾投降主义错误和最终在全党确立毛泽东抗日民族统一战线的独立自主原则,起到了极为重要的作用。在1938年9月29日至11月6日召开的中共六届六中全会上,毛泽东代表中央政治局作的《论新阶段》的政治报告和《统一战线中的独立自主问题》的会议总结,着重重申了抗日民族统一战线的独立自主原则,批判了"一切经过统一战线""一切服从统一战线"的右倾观点。毛泽东在总结中指出,国民党是当权的党,它统制民众运动,限制共产党的发展,剥夺各党派的平等权利,不愿制定共同的政治纲领,不允许有统一战线的组织形式。在这种情况下,"一切经过统一战线",就是一切经过蒋介石、阎锡山,成为单方面的服从,束缚自己的手脚。正确的方针应该是既统一,又独立。统一战线中的合作和让步都是以承认对方为前提的,不能因合作和统一而抹杀党派和阶级的独立性及其必要的权利。否则合作就变成了混一,必然牺牲统一战线。所以,没有独立就没有统一,统一和独立是可以而且也是应当一致起来的。

为了进一步从理论上阐明独立自主的抗日民族统一战线,毛泽东提出了民族斗争和阶级斗争一致性原理。毛泽东指出,抗日战争时期,民族敌人深入国土,民族矛盾成为主要矛盾,国内阶级矛盾降到次要的服从的地位,但阶级矛盾仍然存在,并没有减少或消灭。所以,抗日的民族斗争是第一位的、最紧迫的任务,但是,没有属于阶级斗争范畴的民主、民生问题的适当解决,就不能实行广泛的人民的动员以战胜日本帝国主义。进行抗日同解决民主、民生问题不能分离,二者互为条件。民族斗争和阶级斗争一致性原理的系统阐述,为中国共产党制定领导抗日战争的基本路线和各项具体政策奠定了理论基础。

中共六届六中全会根据毛泽东的报告通过了《中共扩大的六中全会政治

决议案》,批准了以毛泽东为首的中央政治局的路线,标志着王明右倾投降主义的基本结束和毛泽东抗日民族统一战线中独立自主原则在全党的最终确立。

在抗日民族统一战线内部,中间势力是进步势力同顽固派作斗争时决定胜负的因素。如何处理同中间势力的关系,是中国共产党需要解决的另外一个重要问题。

中国共产党成立后,通过总结经验教训,逐步认识到在半殖民地半封建的历史条件下,中国反帝反封建的革命任务是极为艰巨的,任何一个革命阶级及其政党都不可能单独完成这一历史任务。在科学分析中国社会各阶级的状况后,毛泽东认为,新民主主义革命统一战线中存在着两个联盟,即工人阶级同农民及其他劳动者的联盟、工人阶级同民族资产阶级及其他非劳动者的联盟。后一联盟虽然是非基本的,但是不可缺少的重要一部分,应采取措施加强这一联盟。因此,联合广大的同盟者包括中间势力,建立最广泛的革命统一战线是非常重要的。毛泽东曾明确指出:"在中国,这种中部势力有很大的力量,往往可以成为我们同顽固派斗争时决定胜负的因素。"[①]

抗战伊始,毛泽东就指出:"抗日民族统一战线的中间集团是民族资产阶级和上层小资产阶级……我们的任务是争取中间集团的进步和转变。"[②]为团结更多人共同抗战,中国共产党利用各种机会,向中间势力做了大量耐心细致的工作。

在抗日根据地,为了照顾中间势力的政治和经济利益,中国共产党提出"三三制"政权思想,普遍建立了"三三制"的统一战线性质的抗日民主政权,

---

① 《目前抗日统一战线中的策略问题》(1940年3月11日),《毛泽东选集》(第2卷),人民出版社1991年版,第748页。

② 《上海太原失陷以后抗日战争的形势和任务》(1937年11月12日),《毛泽东选集》(第2卷),人民出版社1991年版,第395—396页。

吸收中间分子参加。在政权的人员分配上,中间分子及其他分子占1/3。在经济上,执行"保护民族工商业"和"减租减息"的政策。这些政策的实施,产生了很大影响,成功地实现了对民主党派的团结、争取,进一步激发了他们的抗日精神。

在国民党统治区,中国共产党充分利用合法的组织和机构开展统一战线工作。1938年1月,国民政府改组军事委员会,按照第一次国共合作时期北伐军的经验,设立政治部,由周恩来等担任副部长,郭沫若担任掌管宣传工作的第三厅厅长。在周恩来和郭沫若的领导下,以共产党员为领导核心,成立了中华全国戏剧界抗敌协会、中华全国电影界抗敌协会、中华全国文艺界抗敌协会、全国歌咏协会和全国战时教育协会等抗日统一战线组织,团聚了一大批致力于抗日民主运动的进步文化工作者。在抗日救亡的客观要求和中共及其他民主势力的巨大压力下,1938年7月,由各党派成员参加的国民参政会宣告成立。毛泽东、王明、博古、董必武、林伯渠、吴玉章、邓颖超以"文化团体代表"的名义担任国民参政会参政员。虽然国民参政会既不是各党派统一战线的组织形式,也不是真正意义上的民意机关,而是一个建议、咨询性质的机构,但对于中共以及其他民主势力而言,国民参政会提供了可以公开发表政见的场所,也为中共和其他民主势力交流、开展统一战线工作提供了空间。在重庆的中共参政员同国民参政会中的各界知名人士广泛联络,加强相互了解,并一同为促进全民族抗战和国内民主发展提出许多提案。

根据党的六届六中全会的决定,1939年1月16日,中共中央南方局在重庆成立,周恩来任书记,代表中共中央领导南方国民党统治区和部分沦陷区的工作。南方局将团结中间势力作为主要工作,重视加强同国民党党内民主人士的联系,同时团结和争取民主党派和无党派民主人士。

在国民党党内,以宋庆龄、何香凝、柳亚子等人为代表,坚持孙中山新三民主义,反对以蒋介石为首的国民党当局打着三民主义的旗号控制政权,打击异己。南方局领导人周恩来等和他们关系密切,经常征询他们的意见,共同反对国民党顽固派。此外,周恩来等还同冯玉祥、于右任、孙科、邵力子等人保持接触,共商抗日民主大计。1941年"皖南事变"发生后,周恩来提议由一部分国民党民主派和国民党政府中的进步人士组织一个秘密团体。经过王昆仑、王炳南等人的筹划,1941年夏在重庆成立中国民族大众同盟(后改名为中国民主革命同盟,简称"民革";在简称同为"民革"的中国国民党革命委员会成立后,为加以区别,后又简称为"小民革"),主要领导者有王昆仑、王炳南、许宝驹、屈武等,在国民党内部坚决主张抗战到底,反对倒退,反对分裂。参加者后来发展到200余人。"小民革"的成立及其活动,对于争取国民党上层人士、分化国民党顽固派、巩固抗日民族统一战线起了重要作用。

周恩来等南方局领导人和工作人员积极同民主党派、无党派人士和著名知识分子交朋友,交换对国际国内政治形势的看法,彼此增进了解。章伯钧、左舜生等人拟发起成立民主联合会,周恩来对此表示完全赞同,并愿与他们在挽救民族危亡中风雨同舟,共同奋斗。1941年3月19日,中华民族解放行动委员会、中国青年党、国家社会党、中华职业教育社、乡村建设派、全国各界救国联合会等代表民族资产阶级和上层小资产阶级利益的团体组成中国民主政团同盟,因国民党压制,无法在重庆公开活动,派人到香港开展工作。周恩来获悉此情况后,指示中共驻香港办事处给予中国民主政团同盟大力支持。在中国共产党的协助下,1941年9月18日,中国民主政团同盟在香港创办的机关报《光明报》创刊,并于10月10日公开发表中国民主政团同盟对时局的主张、纲领和成立宣言,提出坚决抗日、加强团结、结束党治、实行宪政、实践民主、保障自由等主张,在国内外引起强烈反响,同时造成中国民主政团同盟成立的既定事实,迫使国民党政府不得不允许它公开活动。对于中国民主政团同盟的成立,中国共产党机关报《解放日报》不仅报道宣传,而且发表社论,称赞这"是抗战时期我国民主运动中的一个新的推动"①。此后,中国共产党对中国民主政团同盟的活动都给予热情支持和肯定,双方互相支持,相互协助,不仅维护和发展了抗日民族统一战线,而且有力地推动了中国政治民主化向前发展。抗日战争期间,民主党派中的不少爱国者积极奔赴抗日前线直接参加抗击日本帝国主义的武装斗争。救国会大批成员进入陕北、华北、华中等解放区,参加八路军、新四军。乡村建设派的部分成员,面对日本帝国主义的疯狂进攻和国民党军队的狼狈溃退,仍留在山东和共产党领导的游击队共同战斗。

对于大后方的民族工商界人士,周恩来等通过座谈、参观企业、多方面合作等方式,鼓励他们发展生产、支持抗战。通过多方面工作,卢作孚、胡子昂、康如心、缪云台、刘鸿生、胡厥文、李烛尘等人都成了中国共产党的朋友,与中国共产党一道,积极参加大后方民主运动,以个人、联名或团体的名义发表对时局的主张,要求国民党当局真正实行民主。

对于地方实力派,周恩来等积极争取。1942年2月,周恩来在重庆会见川康地区地方实力派刘文辉,向他介绍国内政治形势和中国共产党的主张,表示愿意同国民党内一切愿意抗战的人士合作,尤其希望同西南地区的民主力量建立密切的联系。通过周恩来的努力,刘文辉表示愿意同中国共产党密切合作。随后,中共中央派人从延安到雅安,同刘文辉建立联系,并设立同延安直接联系的秘密电台。同年9月,南方局派人赴云南同龙云取得联系,商谈合作抗日问题,并建立秘密电台。

中国共产党也很重视对华侨的统一战线工作。在周恩来的领导下,南方局同南洋华侨领袖陈嘉庚建立联系,促进华侨支持祖国团结抗战,并赞助华侨参加当地的抗日活动。抗战前夕,在世界各地的华侨总数为1740万人,上

---

① 《民主运动的生力军》,《解放日报》1941年10月28日。

至富商、知识分子，下至工人、学生以至妇女、老人和儿童，都纷纷组织起来，踊跃捐助，以物力和人力援助祖国抗战。中国致公党的主要派支美洲洪门致公堂主席司徒美堂，积极发动美洲华侨捐款支援祖国抗战，在整个抗战期间仅司徒美堂领导的募捐活动，捐款即达5400多万美元。南侨总会主席陈嘉庚从中国抗战开始至抗战胜利，每月捐款2000美元，从未间断。抗战期间，华侨每年汇回国内的外汇达10亿美元以上，这笔惊人的外汇对祖国抗战是莫大的资助。与此同时，海外华侨中还有许多人纷纷回国，参加西北前线的华侨服务团、深入敌后的华侨战地服务团或负责战地采访的华侨记者团，为祖国的抗日战争做出巨大贡献。

在西北国统区，中国共产党广泛争取和团结社会各阶层抗日爱国力量，促使他们解除对中国共产党的疑虑，团结起来，一致抗日。

在甘肃，中共中央代表谢觉哉和八路军驻甘肃办事处积极联系甘肃省主席贺耀祖和各界人士，提出开展民众运动、整顿军队等建议，逐步打开了甘肃统一战线工作的局面。在宁夏，中共中央派张子华以八路军总参谋部名义及周恩来秘书的身份，做马鸿逵的工作，并会见一些进步人士。随后，中共成立宁夏工作委员会，专门负责与国民党地方当局和各界进步人士建立联系，开展统一战线工作。在新疆，中共中央先后派代表陈云、邓发、陈潭秋、毛泽民、林基路等100多名共产党员到新疆工作，与盛世才建立起特殊的统战关系。他们中的许多人被安排到省政府以及军队、新闻、文教、群众团体等部门任职。中国共产党还通过新疆反帝同盟联合会这一合法的统一战线组织，团结和促进爱国民主人士及各族人民开展抗日斗争，发展新疆的经济和文化教育事业，保证国际交通运输线的畅通，支援了全国抗战。

通过实践，以毛泽东为代表的中国共产党总结经验教训，在1940年间先后写就《目前抗日统一战线中的策略问题》《放手发展抗日力量抵抗反共顽固派的进攻》《论政策》等重要文件，提出全面系统的抗日民族统一战线政策和策略,标志着中国共产党统一战线理论的发展和成熟。

毛泽东指出,中国共产党统一战线政策的根本指导原则是又联合又斗争,以斗争求团结。"斗争是团结的手段,团结是斗争的目的。以斗争求团结则团结存,以退让求团结则团结亡"①。在抗日民族统一战线中,中国共产党要全面了解历史上和当前党的政策的变化和发展,克服在策略问题上的片面观点和由此而来的"左"右摇摆,既不"一切联合否认斗争",又不"一切斗争否认联合",而是"综合联合和斗争两方面的政策"②,在阶级关系的区别上确定政策。具体而言,就是要把主张抗日的英美派大地主大资产阶级和反对抗日的亲日派大地主大资产阶级加以区别;把两面性较少的民族资产阶级、中小地主、开明士绅同大地主大资产阶级加以区别;把亲英美派大资产阶级为主体的国民党内民主派和法西斯派加以区别;把汉奸亲日派中的两面分子和死硬汉奸加以区别。在正确的阶级分析基础上,中共中央提出对国内各阶级相互关系的基本政策是:发展进步势力,争取中间势力,孤立顽固势力。

发展进步势力,就是要放手发动工人、农民和城市小资产阶级参加抗日斗争和民主运动,放手扩大八路军、新四军及其他人民武装力量,广泛地创立抗日民主根据地,发展共产党的组织到全国。进步势力是中国革命的基本力量,是抗日民族统一战线的支柱。发展进步势力,是一切革命工作的基础,是有效地争取中间势力和孤立顽固势力的基本条件,是这个政策中三个环节的中心一环。

争取中间势力,主要是争取民族资产阶级、开明士绅和地方实力派这三部分人。随着抗日民族统一战线的发展,中间势力包括国民党中的多数党

---

① 《目前抗日统一战线中的策略问题》(1940年3月11日),《毛泽东选集》(第2卷),人民出版社1991年版,第745页。

② 《论政策》(1940年12月25日),《毛泽东选集》(第2卷),人民出版社1991年版,第763页。

员、中央军中的多数军官、多数的杂牌军军官、各抗日小党派等。中间势力各依其阶级性的不同,对土地革命、对民主、对顽固派的态度也各不相同,但他们都可以同共产党合作抗日。共产党应该而且可以争取他们作为反对日本侵略和孤立国民党顽固派的同盟者。争取中间势力的主要条件,一是共产党有充足的力量,二是尊重他们的利益,三是对顽固派进行坚决的斗争并一步步取得胜利。争取中间势力,是抗日民族统一战线中极其重要而又复杂的任务。中间势力往往可以成为进步势力同顽固派作斗争时决定胜负的因素,因此必须对他们采取十分慎重的态度和恰当的政策。

孤立顽固势力,主要是孤立抗战阵营内部的大地主大资产阶级。他们的代表是国民党蒋介石集团,在抗日战争时期采取合作抗日和摧残进步势力的两面政策。共产党必须以革命的两面政策对付之,既要坚持团结抗日,争取他们继续留在统一战线内,又要在思想上、政治上直至军事上同他们的反共言行进行坚决的斗争。只有同顽固势力进行坚决斗争,才能限制和缩小他们实施反动政策的范围,使进步势力得以发展,使顽固派承认进步势力的地位;才能有效地争取中间势力,而使顽固势力陷于孤立。在对顽固势力的斗争中,必须采取"利用矛盾,争取多数,反对少数,各个击破"和"有理、有利、有节"的策略原则。"有理",即自卫的原则。人不犯我,我不犯人;人若犯我,我必犯人。这就是斗争的防御性。"有利",即胜利的原则。不斗则已,斗则必胜,绝不打无准备之战,利用顽固派之间的矛盾,择其最反动者首先打击之。这就是斗争的局部性。"有节",即休战的原则。打退顽固派的进攻后要适可而止,不可被胜利冲昏头脑,无休止地斗下去。这就是斗争的暂时性。

中共中央制定的全面系统的抗日民族统一战线政策和策略,正确地处理了民族斗争和阶级斗争的关系,把争取民族解放的斗争和争取人民民主的斗争有机地联系起来,广泛地团结了一切可以团结的抗日力量,最大限度地孤立了反共的顽固派,保证了抗日民族统一战线的团结,促进了统一战线的发展,不仅为抗日战争胜利做出重要贡献,而且为新民主主义革命胜利奠定了坚实基础。

肝胆相照:缔造民主中国

抗日战争胜利,宣告中华民族100多年被外族欺凌的历史结束,和平、民主成为人心所向的历史潮流。然而,虽然国民党政府宣称将实施宪政,还政于民,但它独占胜利果实的言行,继续一党专政、排斥异己的政策,表明中国的和平、民主之路依旧不会平坦。中华民族生存问题虽告解决,但在中国向何处去的问题上,依然没有明确的答案。

面对中国向何处去的问题,中国社会内部的各种政治力量开始寻求政治上的解决方案。早在抗日战争期间,中国共产党一直努力将抗日与民主建国放在一起考虑,力求以民主推动抗战。1944年,中国共产党提出的联合政府主张,实际上就是抗日民族统一战线逻辑发展的结果,"是抗日民族统一战线在政权上的最高形式"[1]。中国共产党建立民主联合政府的主张得到各民主进步势力和各阶层民众的普遍拥护和支持。1944年9月24日,重庆各界500多人集会,表示支持中国共产党民主联合政府的主张,强烈要求国民党尽快结束一党专政,改组政府,实行民主政治。同年10月10日,民盟发表《对抗战最后阶段的政治主张》,明确表示要立即结束国民党一党专政,建立各党派联合政权,实行民主政治[2]。章伯钧代表第三党表示,中共民主联合政府的主张,"是国内的舆论!""只有立即召集国民会议,实行联合政府,才能挽救

---

[1] 《论统一战线》(1945年4月30日),《周恩来政论选》,人民日报出版社1993年版,第456页。
[2] 《中国民主同盟对抗战最后阶段的政治主张》(1944年10月10日),中国民主同盟中央文史资料委员会编:《中国民主同盟历史文献(1941—1949)》,文史资料出版社1983年版,第31—33页。

危机!"①

抗战胜利后,中国的和平、民主浪潮更成汹涌之势。民主同盟在抗战胜利声中紧急呼吁"民主统一,和平建国"②,并提出保障人民的一切基本自由、释放一切政治犯、召集各党派及无党派人士的政治会议以解决当前一切紧急和重大的问题等十项具体主张,获得各界人士的普遍响应。中国共产党顺应时代潮流,明确提出和平、民主、团结三大口号,并决定由毛泽东亲赴重庆谈判,为避免内战、建立民主的新中国而努力。

不过,以蒋介石为首的国民党政府虽在国内外压力下屡次表示将召开国民大会,实施宪政,还政于民,但实际上并无实现民主的诚意,而是想在民主的招牌下,继续一党专政,独享抗战胜利的果实。

1945年8月,蒋介石接受张群等人的建议,给毛泽东连发三次电报,希望毛泽东赴重庆谈判,解决战后中国政治建设诸问题。但他此举显然出自策略,而非诚意。中国共产党为重庆谈判做了充分准备,专门召开政治局会议讨论,提出十一点意见。然而中国共产党在与国民党谈判时发现,国民党方面几乎没有任何准备。更有甚者,就在国共政治谈判期间,国民党方面却大规模调动军队进攻解放区,并密令各战区印发所谓的《剿匪手本》,为发动内战积极做准备。

对蒋介石来说,中国共产党是心头大患,如何消灭或"溶化"中国共产党,一直是他首要考虑的问题。在日本帝国主义威胁到中华民族的生存时,他逆中华民族抗日大潮,以"攘外必先安内"为国策,将消灭中国共产党作为抗日的前提,招致东北沦陷、华北危机、华东动荡,几陷中华民族于万劫不复之深

---

① 《各党派各阶层代表一致要求改组政府》,《解放日报》1944年10月17日。
② 《中国民主同盟在抗战胜利声中的紧急呼吁》(1945年8月15日),中国民主同盟中央文史资料委员会编:《中国民主同盟历史文献(1941—1949)》,文史资料出版社1983年版,第60—63页。

六、力量：巩固统一战线

渊。抗战胜利后，和平、民主成为民心所向的时代潮流，作为执政者，蒋介石沉溺于一党私利，不思如何重建家园，如何在宪政模式下应对中国共产党的大挑战，依旧以军事实力为依托，试图溶化中国共产党。在重庆谈判开始时，他确立如下对共谈判方针："（一）不得于现在政府法统之外来谈改组政府问题。（二）不得分期或局部解决，必须现时整个解决一切问题。（三）归结于政令、军令之统一，一切问题，必须以此为中心也。"[①]从中不难看出，维持国民党执政的法统和"政令、军令之统一"是国民党重庆谈判的前提条件，与"攘外必先安内"政策相比较，其内容虽不同，但体现的国民党一党独大的思维方式未变。

在国民党一党独大的心态下，重庆谈判显然无法取得预期成果。重庆谈判后，以东北问题为核心，国共"关外大打，关内小打"，内战危机愈演愈烈。在美国总统特使马歇尔的调停下，1946年初国共达成停战协定，并召开各党派和无党派人士参加的政治协商会议，通过了关于政府组织、国民大会、和平建国纲领、宪法草案、军事问题等项协议案。这些协议案，基本反映了当时人民的愿望，有利于实现和平、民主、团结。然而，国民党在六届二中全会上撕毁政协决议，并于1946年6月发动全面内战。

国民党的举动已充分暴露其代表大地主、大资本家利益的反动本质，国民党已成为阻碍中国走向和平、民主、富强、文明的现代化道路的绊脚石。联合民主党派和无党派民主人士，组成爱国民主统一战线，共同反对国民党一党专政，建设民主新中国，成为历史赋予中国共产党的新使命。

各民主党派和无党派民主人士的社会基础为民族资产阶级、城市小资产阶级、海外侨商和资产阶级知识分子以及其他爱国民主分子。他们"虽带中

[①] 秦孝仪主编：《总统蒋公大事长编初稿》（第5卷）（下册），台湾中国国民党中央委员会党史委员会1990年版，第816页。

间性,但其组织成分又常从统治阶级内部的反对派一直包含到进步分子",政治倾向"又从君主立宪一直到新民主主义革命都有"。① 虽然阶级组成复杂,政治倾向各异,但他们坚持爱国民主的基本政治主张,与中国共产党在民主革命阶段的政治主张有许多共同点,因而他们早就同中共建立了不同程度的合作关系。抗战胜利后,这些民主人士在反对内战、要求和平,反对国民党专制独裁、要求实行民主政治,反对官僚资本操纵国计民生、要求保护民族工商业等方面,同中国共产党实行政治合作,共同向国民党进行斗争。

不过,这些中间势力对国民党一度抱有幻想,希望在和平、民主的环境下,在中国实行"中间路线",走"第三条道路"。这一在中国政治现实中无法走通的道路,是中间势力在遭到国民党一再打击和中国共产党的批评教育下逐渐放弃的。

全面内战爆发后,国民党为给自己的独裁统治披上合法的外衣,打击、孤立中国共产党,提出在1946年11月12日召开"国民大会"。民主党派和无党派民主人士是否参加,不仅将决定"国民大会"是否具有符合民意的"合法性",而且将对中国政治前途产生深远影响。以民盟为代表的大部分民主党派和民主人士坚持在国民党贯彻政治协商会议决议、停止内战的前提下,才能召开国民大会。虽然青年党和民社党及部分无党派社会贤达在诱惑与压力下最终参加了"国民大会",但以民盟为代表的大部分民主党派和民主人士最终拒绝参加。

对于拒绝参加"国民大会"的民盟,国民党当局充满敌意。虽然民盟系"以民主的方式""合法的行动"争取民主和合法地位的政党,但国民党却以血腥暴力来恐吓、镇压。1946年7月,国民党暗杀民主同盟云南支部负责人李

---

① 《关于当前民主党派工作的意见》(1948年1月),《周恩来选集》(上卷),人民出版社1980年版,第285页。

公朴、闻一多,随后又于1947年10月7日杀害民盟中央常委兼西北总支部主任委员杜斌丞。1947年10月27日,国民党当局宣布民盟为非法团体,一度监禁民盟中央负责人罗隆基,甚至扬言将大规模镇压民盟成员。迫于国民党当局的淫威,民盟宣告解散。国民党的血腥与残暴让民主党派和民主人士最终认清了国民党反民主、反人民的真实面目。

与国民党相反,中国共产党将中间势力作为革命力量的一分子,努力争取。在政治上,中国共产党提出"联合工农兵学商和被压迫阶级、各人民团体、各民主党派、各少数民族、各地华侨和其他爱国分子,组成民族统一战线,打倒蒋介石独裁政府,成立民主联合政府"[①]。在经济上,提出"没收封建阶级的土地归农民所有,没收蒋介石、宋子文、孔祥熙、陈立夫为首的垄断资本归新民主主义的国家所有,保持民族工商业",实行"发展生产、繁荣经济、公私兼顾、劳资两利"的政策[②]。这些纲领和政策,得到了民主党派成员的普遍拥护,产生了巨大的革命推动作用。同时,毛泽东、周恩来等中国共产党领导人和党的组织同各民主党派的领导人保持着密切的联系,鼓励和支持他们坚持反对国民党独裁统治的斗争,有效地帮助各民主党派中的左派,加强了他们在政治上的地位。中国共产党的支持与帮助,促使民主党派更加坚定地与中国共产党一道,投身于反对国民党一党专政的革命斗争之中,实现了历史性的转变。

1947年11月12日至1948年1月1日,三民主义同志联合会、中国国民党民主促进会、中国民主革命同盟及其他国民党爱国民主人士的代表在香港召开中国国民党民主派第一次联合代表大会,实现了国民党民主派革命的联

---

① 《中国人民解放军宣言》(1947年10月10日),《毛泽东选集》(第4卷),人民出版社1991年版,第1237页。

② 《目前形势和我们的任务》(1947年12月25日),《毛泽东选集》(第4卷),人民出版社1991年版,第1253—1256页。

合。会议选举产生中国国民党革命委员会中央执行委员会,推举宋庆龄为名誉主席,李济深为主席,何香凝、冯玉祥、谭平山、蔡廷锴等为中央常务委员会委员。中国国民党革命委员会声明:"抗战结束以来,蒋介石及其劫持下的党中央机关与政府,其反动性与日俱增,已成为全国人民的公敌",宣布"脱离蒋介石劫持下的反动中央,集中党内忠于总理、忠于革命之同志,为实现革命的三民主义而奋斗"[①]。中国国民党革命委员会明确提出"推翻蒋介石卖国独裁政权,实现中国的独立、民主与和平"[②],坚持同中国共产党合作,与全国各民主党派、民主人士携手并进,赞同成立联合政府的主张,同意新民主主义纲领的基本原则。

民盟被宣布为非法并被迫解散之后,它的许多成员转入地下,在中国共产党的帮助下,以香港为基地,继续开展工作。1948年1月,民盟在香港召开一届三中全会,宣布不接受被迫解散的任何决定,并恢复民盟总部。会议宣告,民盟"决不能在是非曲直之间,有中立的态度","中间路线"不符合中国的现实环境,是行不通的;民盟必须站在人民的、民主的、革命的立场上,为彻底推翻国民党统治集团、消灭封建土地所有制、将美帝国主义驱逐出中国、实现人民的民主而奋斗,明确表示今后要与中国共产党"携手合作"。[③] 民主建国会等其他民主党派也明确表示,与中国共产党一道参加新民主主义革命。

就在各民主党派纷纷实现历史性转变的同时,中国共产党在战场上也取得了突破性进展,国民党陷入大溃败的全面危机。在此背景下,1948年4月

[①] 《中国国民党革命委员会成立宣言》(1948年1月1日),西北大学历史系中国现代史教研室编:《中国民主党派史资料选辑(民主革命时期)》,1982年印,第10页。

[②] 《中国国民党革命委员会行动纲领》(1948年1月1日),西北大学历史系中国现代史教研室编:《中国民主党派史资料选辑(民主革命时期)》,1982年印,第20页。

[③] 《民主同盟三中全会宣言的四项主张》(1948年1月5日),中央档案馆编:《中共中央文件选集》(第14册),中共中央党校出版社1987年版,第59—60页。

30日,中国共产党发布《纪念"五一"劳动节口号》,号召"全国劳动人民团结起来,联合全国知识分子、自由资产阶级、各民主党派、社会贤达和其他爱国分子,巩固与扩大反对帝国主义、反对封建主义、反对官僚资本主义的统一战线,为着打倒蒋介石建立新中国而共同奋斗",同时提议"各民主党派、各人民团体、各社会贤达迅速召开政治协商会议,讨论并实现召集人民代表大会,成立民主联合政府"。①"五一"口号实际上是彻底摧毁国民党政府统治,夺取新民主主义革命胜利,建立真正的民主联合政府的行动纲领。1948年5月1日,中共中央电示上海局和香港分局,征求在香港的各民主党派对筹备新政协的意见,并开列拟邀请的解放区以外民主人士李济深、何香凝、李章达、柳亚子、谭平山、沈钧儒、章伯钧、彭泽民、邓初民、郭沫若、茅盾、马叙伦、章乃器等29人。同日,毛泽东随电报附上由香港分局常委潘汉年转达的致中国国民党革命委员会主席李济深和主持盟务的中国民主同盟中央常委沈钧儒的函件,提出了召开新政协的具体意见。

中共关于召开新政协的号召发出后,各民主党派反应热烈。5月3日,民革中央委员梅龚彬首先发表题为《建立真人民政权,响应五一号召》的文章。5月4日,中国农工民主党、中国人民救国会分别发表声明,认为应从速召开人民代表大会,商讨成立民主联合政府。5月5日,中国国民党革命委员会李济深、何香凝,中国民主同盟沈钧儒、章伯钧,中国民主促进会马叙伦、王绍鏊,中国致公党陈其尤,中国农工民主党彭泽民,中国人民救国会李章达,中国国民党民主促进会蔡廷锴,三民主义同志联合会谭平山,无党派人士郭沫若,在香港联名致电中共中央主席毛泽东,认为中国共产党《纪念"五一"劳动节口号》第五项"'各民主党派,各人民团体及社会贤达,迅速召开政治协商会

---

① 《中共中央发布纪念"五一"劳动节口号》(1948年4月30日),中央档案馆编:《中共中央文件选集》(第14册),中共中央党校出版社1987年版,第111页。

议,讨论并实现召集人民代表大会,成立民主联合政府'密合人民时势之要求,尤符同人等之本旨,曷胜钦企,除通电国内外各界暨海外同胞共同策进,完成大业外,特此奉达,即希赐教"①,并通电国内外。5月7日,台湾民主自治同盟在香港发表《告台湾同胞书》,表示:中共中央发表的这个号召,"正切合全国人民目前的要求,也正切合台湾全体人民的愿望",中共呼吁建立的"民主联合政府","才是一个真正合法的中国政府,真正代表人民利益的政府",因此应"赶快起来响应和拥护中共中央的号召",准备参加政协会议、人民代表大会和民主联合政府。② 5月23日,民主建国会在上海作出决定,指定驻港代表章乃器、孙起孟表明响应中共纪念"五一"口号的态度。5月24日,民主促进会发表宣言,指出:"五一廿三条是近百年来中国革命史的结晶,是今后中国政治运动航向的指标","光明与黑暗,生存与死灭,中国没有任何第三种路径可循进的";"本会对于中共的五一口号,以十分的兴奋心,同意其号召,并望中国的民主党派,人民团体,社会贤达,起而响应,一致奋斗!"③6月9日,致公党发表宣言指出:"全国人民和人民敌人之间的生死斗争已达到最尖锐化,革命与反革命已明显地划分为两个阵营,人民已没有第三条道路可以观望。""中共在中国革命艰苦而长期斗争中,贡献最大而又最英勇,为全国人民起了先导和模范作用。因此,这次新政协的召开,无疑我们得承认它是领导

---

① 《各民主党派与民主人士李济深等响应中共"五一"号召致中共毛主席电》(1948年5月5日在香港),西北大学历史系中国现代史教研室编:《中国民主党派史资料选辑(民主革命时期)》,1982年印,第27页。

② 《台湾民主自治同盟告台湾同胞书》(1948年5月7日),西北大学历史系中国现代史教研室编:《中国民主党派史资料选辑(民主革命时期)》,1982年印,第523—525页。

③ 《响应中共五一号召,不仅坐谈更应行动——中国民主促进会发表宣言》,香港《华商报》1948年5月24日。

者和召集人。"①同日,民主建国会在上海举行理监事联席会议,决议赞成中共"五一"号召,筹开新政协,成立联合政府,并推章乃器、孙起孟为驻港代表,同中共驻港负责人保持联系,表明态度。

6月14日,民盟向各民主党派、人民团体和报馆以及全国同胞发出倡议,将新政协运动推向第一个高峰。民盟发表公开信表示,为响应中共"五一"口号,必须在香港展开一场新政协运动。"通过新政协会议以解决国是,既是今日救国建国的唯一正确途径,本盟愿号召全国人民,吁请各民主友党民主团体,共同为迅速实现新政协而努力"②。6月25日,民革发表声明,明确表示中共中央"五一"口号中提出的迅速召集新政协、成立民主联合政府的建议,是"为消灭卖国独裁的反动统治和建立独立民主幸福的新中国所应循的途径"③。同日,三民主义同志联合会发表宣言,指出:"在反革命的反民主的独裁路线与民主统一战线的尖锐斗争中间,是没有'第三条道路'的。""凡是坚决地站在民主统一战线方面者,凡是希望今后'新政协'顺利成功者,不独不应该有着丝毫'第三条道路'的幻想,而且应该积极起来揭露折中'第三条道路'的阴谋。"④7月7日,中国人民救国会发表宣言,指出:"此一口号恰符合本会'建立举国一致民主政府,完成反抗侵略肃清封建任务的一贯主张。亦只有如此,人民力量民主阵营始能更强化扩大和组织化,全面胜利始能实现。"⑤

---

① 《号召海内外同志加紧努力,拥护中共领导新民主革命——致公党宣言响应五一口号》,香港《华商报》1948年6月9日、6月10日。

② 《中国民主同盟响应中共"五一"号召致全国各民主党派各人民团体各报馆暨全国同胞书》(1948年6月14日),中国民主同盟中央文史资料委员会编:《中国民主同盟历史文献(1941—1949)》,文史资料出版社1983年版,第428—431页。

③ 《推动新政协运动——国民党革命委员会号召同志接受中山遗教继续奋斗》,香港《华商报》1948年6月25日。

④ 《三民主义同志联合会响应中共五一号召》,香港《华商报》1948年6月26日。

⑤ 《中国人民救国会纪念"七七"十一周年宣告》,香港《华商报》1948年7月7日。

对于在香港的各民主党派的热烈响应，中共中央十分重视。1948年8月1日，毛泽东复电各民主党派负责人，表示："现在革命形势日益开展，一切民主力量亟宜加强团结，共同奋斗，以期早日消灭中国反动势力，制止美帝国主义的侵略，建立独立、自由、富强和统一的中华人民民主共和国。为此目的，实有召集各民主党派、各人民团体及无党派民主人士的代表们共同协商的必要。"毛泽东同时提议："关于召集此项会议的时机、地点、何人召集、参加会议者的范围以及会议应讨论的问题等项，希望诸先生及全国各界民主人士共同研讨，并以卓见见示。"①

上述响应中共"五一"口号声明、宣言、公开信的发表，表明各民主党派确认中共在中国革命中的领导地位，接受了新民主主义革命的纲领、路线，在领导力量和革命方式这两个中国革命的根本问题上与中共取得共识，因而使中共领导的多党合作具备了重要政治基础。而毛泽东的复电既是对民主党派就新政协提出的有关观点的赞同，也表示中共对民主党派接受中共领导的认可。可见，中共"五一"口号发布，各民主党派积极响应和毛泽东复电发表，拉开了具有中国特色的民主政治建设和政党制度建设的序幕，成为中共领导的多党合作的重要起点和里程碑，在中国民主政治建设和多党合作史上有着重要的历史意义。

随着人民解放战争的胜利发展，香港新政协运动从1948年9月由讨论、磋商阶段进入实际行动阶段，即邀请、护送民主党派领导人和民主人士安全到达解放区，以保证新政协筹备工作和正式会议得以顺利进行。

邀请和护送民主党派领导人和民主人士北上的工作是经过中共中央和周恩来缜密筹划，由香港分局和香港工委具体指挥施行的。周恩来在1948年

---

① 《毛泽东关于召开新政协复各民主党派电》(1948年8月1日)，中央档案馆编：《中共中央文件选集》(第14册)，中共中央党校出版社1987年版，第259页。

六、力量：巩固统一战线

8月1日致电大连钱之光等，要求钱之光以解放区救济总署特派员的名义前往香港，与香港分局负责人一起完成接送民主人士北上的任务。为此，周恩来还亲自筹划交通工具和护送人员。8月9日，周恩来代表中共中央起草致香港分局书记方方并香港分局电，指出，"为邀请与欢迎港、沪及南洋民主人士及文化界朋友来解放区"，要"为他们筹划安全的道路"，并指定潘汉年、夏衍和连贯负责计划并协商一个名单电告中央。① 当时香港的政治气候日益恶化，中共在港活动不时受到港英当局的骚扰和国民党特务的严密监视；而从香港到东北或华北解放区，中间隔着大片国统区，加上连年战火，路上交通极不安全；陆上行不通，只能走海路，而这又要冒港英政府留难、破坏和美蒋海空军干扰拦截的风险。最后香港分局按照周恩来的周密部署，决定租用外国轮船，设法穿过敌人的海上封锁线，分批、分期运送民主人士秘密北上。对于民主人士的安全问题，中共中央非常重视。1948年9月7日，周恩来在获知冯玉祥乘船由美返国途中于9月1日不幸遇难的消息后，即刻为中共中央起草致潘汉年并香港分局电：民主人士乘苏轮北上事，望慎重处理。"第一，如该轮确无船行保证，以不乘该轮为妥"；"第二，如该轮有保证，而民主人士表示有顾虑，亦可不乘该轮"；"第三，如该轮有保证，而民主人士也愿意北上，亦不宜乘一轮，应改为分批前来，此次愈少愈好"②。

1948年9月13日，沈钧儒、谭平山、章伯钧、蔡廷锴等人离港，并于9月29日到达哈尔滨，开始了长达近一年之久的北上行动。中共先后租用了不同国籍和型号的10多艘轮船，共护送20多批民主人士数百人北上，加上中共及其他人员共达1000多人。据初步统计，经中共护送北上参加首届政协的代表有100多人，接近全部政协代表的1/5。

---

① 中共中央文献研究室编：《周恩来年谱（1898—1949）》，中央文献出版社1998年版，第803页。
② 中共中央文献研究室编：《周恩来年谱（1898—1949）》，中央文献出版社1998年版，第804页。

中共中央非常重视民主人士对新政治协商会议的意见。10月8日、30日，中共中央将统战部同符定一、周建人等商讨提出的《关于召开新的政治协商会议诸问题草案》分别电发中共东北局和华南分局，请他们邀集各党派领导人讨论协商。该草案包括新政协的召集、人选、召开时间与地点、准备讨论的事项等，并特向各党派代表声明："中共所提的名单只是中共的希望，他们完全可以增减和改动。"①随即各党派代表畅所欲言，就以上问题提出他们的具体意见。比如在东北的民主人士，除同意中共所提参加新政协筹备会的各单位外，提议增加"上海人民团体联合会"，将"平津教授"改为"全国教授"，将"南洋华侨民主人士"改为"海外华侨民主人士"，将"无党派民主人士"单列。这些建议均被中共采纳。11月中旬，在香港的各民主党派、无党派民主人士座谈《关于召开新的政治协商会议诸问题》时，有人提出"国民党反动集团内，特别是国民党地方派系人员中，如有赞同三反（反帝、反封建、反官僚资本）并见诸行动者，似应准其参加新政协"②。对于共同纲领草案，各党派在研讨中也提出了自己的看法。对于以"新民主主义"为今后建国最高指导原则，民革有两种意见：一种赞同，一种坚持用"革命的三民主义"；民盟方面，有的人主张用"人民民主专政"，有的人主张用"民主主义"，不必加上"新"字，但大多数意见均赞成采用"新民主主义"的提法。民盟香港总部联席会议向中共中央提出建议：新政协各党派代表名额应以其发展历史、工作成绩、现有力量、对国内外的政治影响、代表性大小五点来决定。③ 在交流与协商过程中，民主党

---

① 中国人民政治协商会议全国文史资料研究委员会编：《五星红旗从这里升起》，文史资料出版社1984年版，第16页。

② 中国人民政治协商会议全国文史资料研究委员会编：《五星红旗从这里升起》，文史资料出版社1984年版，第19页。

③ 中国人民政治协商会议全国文史资料研究委员会编：《五星红旗从这里升起》，文史资料出版社1984年版，第22—23页。

六、力量：巩固统一战线

派和无党派民主人士的许多主张和建议为中共所采纳。

经过中国共产党与民主人士的共同努力，1949年6月15日至19日新政协筹备会在北平中南海勤政殿举行第一次全体会议。参加会议的有中国共产党、各民主党派、各人民团体、各界民主人士、国内少数民族和海外华侨等共23个单位的134位代表。毛泽东在开幕式上指出，筹备会的任务是"完成各项必要的准备工作，迅速召开新的政治协商会议，成立民主联合政府，以便领导全国人民，以最快的速度肃清国民党反动派的残余力量，统一全中国，有系统地和有步骤地在全国范围内进行政治的、经济的、文化的和国防的建设工作"[①]。

1949年9月21日至30日，中国人民政治协商会议第一届全体会议在北平举行。出席会议的有党派代表、区域代表、军队代表、团体代表和特邀代表5个方面46个单位的622人，代表着中国各个民主阶级和其他爱国民主人士，表明召开的新政协具有广泛的代表性。经过充分的民主协商，会议通过了具有临时宪法性质的《中国人民政治协商会议共同纲领》《中华人民共和国中央人民政府组织法》《中国人民政治协商会议组织法》。会议选举毛泽东为中央人民政府主席，朱德、刘少奇、宋庆龄、李济深、张澜、高岗为副主席，周恩来等56名中共及民主人士为委员，新的中央人民政府正式组织形成。

中国人民政治协商会议的成功召开，充分体现了各党派、各团体、各阶层、各地区、各民族平等的民主协商精神。在此基础上创立的人民政治协商制度，实现了中国人民100多年来追求民主政治的梦想，是中国人民不断反侵略、反压迫、追求民主自由的斗争获得胜利的充分体现。

[①] 《在新政治协商会议筹备会上的讲话》（1949年6月15日），《毛泽东选集》（第4卷），人民出版社1991年版，第1463页。

七、指向：一切为了人民

中国共产党人深深地明白，马克思列宁主义的政党，其政治基础是以工人、农民为基础的全体人民，因此其基本宗旨就是要全心全意地为人民服务。延安时期的中国共产党人，不仅强调心系人民的党的宗旨，也在政治实践上始终将人民利益置于崇高的地位。正是这种思想的指向，才会有中国共产党人与人民大众血肉相连的鱼水深情。人民的支持，是中国共产党人无往而不胜的根本保证。

党的宗旨：为人民服务

对于中国人而言，中国共产党的为人民服务宗旨，可谓家喻户晓，妇孺皆知。追溯其来源，当属延安时期毛泽东所作的《为人民服务》的著名讲演。

这个著名的讲演，是在中央警备团战士张思德的追悼会上发表的。

张思德是四川仪陇人，从小父母早亡，跟随养母长大。1933年他就参加了红军，同年入团，1937年入党，参加了二万五千里长征，九死一生，来到了延安。一开始，他在中央军委警卫营担任通讯班长。1942年，中央军委警卫营和中央教导大队合编为中央警备团，张思德被分配在这个团的手枪连，即一连。

1944年春，为了继续开展生产自给运动，中央机关和警卫人员组织了一支精悍的生产小分队。当时在枣园内任毛泽东警卫战士的张思德第一个报

七、指向：一切为了人民

了名，在得到批准后随队从枣园来到了陕北安塞县境内的石峡峪庄，与另一队人马汇合，组成了生产农场。张思德被选为农场的副队长，专门负责生产。夏季过后，天气渐渐转凉，为保证部队和中央冬季取暖，农场决定抽调人员轮流进山烧炭。张思德此前曾烧过两次炭，便又担任了这项任务，率一队人开进了深山密林中。9月5日，张思德在修理新挖成的窑洞时，突然发现窑顶掉落土块，抬头一看，窑顶裂开一条缝。他知道这个窑就要倒塌，他第一个反应不是自己往外跑，而是把身边的战友一把推出窑口。就在推战友的瞬间，张思德被随之塌下的两米多厚的窑土埋在窑内。战友脱险了，张思德却光荣牺牲，年仅29岁。生前的张思德少言寡语，离开这个世界时同样地默默无声。他年轻的生命和他的为人，就像他自己亲手烧制的木炭，只有奉献，没有索取，燃烧自己，温暖别人。

张思德牺牲的消息很快就报告到毛泽东那里。毛泽东非常难过，认为张思德是个好战士。在询问了张思德牺牲的经过后，毛泽东要求警备团领导保护好尸体，不要被狼吃了；要做一口好点的棺材安葬；认为张思德是为大家、为集体而死的，表示一定参加张思德的追悼会。[①]

9月8日，直属机关和警备团千余人在枣园西边的操场上集合，为张思德举行隆重的追悼大会。

毛主席、任弼时、张闻天等中共中央高层领导人出席了追悼会。追悼会结束后，毛主席亲自送张思德同志的灵柩到墓地下葬。

追悼会当天早晨，毛泽东送来他亲自书写的"向为人民利益而牺牲的张思德同志致敬"的挽联，并在追悼会上即席讲演。讲演充满革命激情，感染了在场的所有干部战士。当时一位为机关挑水的职工参加了追悼会，听了毛泽东的讲演后，原来一天挑水20余担，追悼会过后坚持增加到40余担。他逢人

---

① 张诚：《新编毛泽东故事集》，辽宁大学出版社1994年版，第194—196页。

便讲:"一个普通的战士死了,毛主席都这样关心重视,我虽是个挑夫,也要多干些。"

毛泽东的讲话,是深知张思德的经历有感而发。张思德是革命队伍中的普通一员,在战斗部队打过仗,负过伤,在大生产运动中纺过线、烧过炭;从战士到班长,再从班长到战士,一切从人民利益和党的需要出发,干一行爱一行专一行,其高尚品质十分可贵。张思德牺牲后,警备团的战士有些议论:"老红军,经过长征,负过伤,最艰苦的环境都过来了,因到山中烧炭被崩塌的炭窑砸死了,太不值得!"这个情况被毛泽东知道了,促使他产生了参加追悼会的想法。①

毛泽东在讲演中从张思德这位警卫团普通战士的牺牲引发开来,阐明了一个革命者应有的人生观和生死观,阐明了我党我军为人民服务的宗旨。他说:"我们共产党和共产党所领导的八路军、新四军,是革命的队伍。我们这个队伍完全是为着解放人民的,是彻底地为人民的利益工作的。张思德同志就是我们这个队伍中的一个同志。""人总是要死的,但死的意义有不同。中国古时候有个文学家叫做司马迁的说过:'人固有一死,或重于泰山,或轻于鸿毛。'为人民利益而死,就比泰山还重;替法西斯卖力,替剥削人民和压迫人民的人去死,就比鸿毛还轻。"他称赞道:"张思德同志是为人民利益而死的,他的死是比泰山还要重的。"②

毛主席由张思德的牺牲进而要求全党:"因为我们是为人民服务的,所以,我们如果有缺点,就不怕别人批评指出。""只要我们为人民的利益坚持好的,为人民的利益改正错的,我们这个队伍就一定会兴旺起来。""我们都是来

---

① 慕丰韵:《这是一个值得回忆和纪念的日子》,中国延安精神研究会等编:《为人民服务:纪念毛泽东〈为人民服务〉发表 50 周年》,党建读物出版社 1995 年版,第 34—35 页。

② 张诚:《新编毛泽东故事集》,辽宁大学出版社 1994 年版,第 195 页。

自五湖四海,为了一个共同的革命目标,走到一起来了。我们还要和全国大多数人民走这一条路。""中国人民正在受难,我们有责任解救他们,我们要努力奋斗。要奋斗就会有牺牲,死人的事是经常发生的。但是我们想到人民的利益,想到大多数人民的痛苦,我们为人民而死,就是死得其所。"①

  毛主席此番讲话正值抗日战争走向胜利的关键阶段。此时向全党提出为人民服务的思想,这是对中国共产党宗旨的高度而凝练的概括,对鼓舞群众斗志、促进人民团结有着特殊的意义。从此,"为人民服务"这句话流传开来,既为党和军队指明了方向,也为党和军队赢得了千千万万民众的信任,成为中国共产党人不朽的精神源泉和无往不胜的力量源泉。

  毛泽东讲话的时候没有稿子。大家很认真地听他讲话。当时,演讲的内容由中央办公厅秘书处速记室主任张树德同志做了符号速记,后来李克农要罗青长和许立群两个人整理毛泽东的这个讲话。他们一字一句整理出来以后,在中央警卫团的团报《战卫报》上刊登。延安的《解放日报》看到这篇文章后打算转载,通过叶子龙转给毛泽东看,经毛泽东认可后登出。后来,由新华社转发到各解放区报纸和设在国统区重庆的《新华日报》,在全国引起巨大反响。1953年,这篇文章以《为人民服务》为题,正式收入了《毛泽东选集》。从此,"为人民服务"这句口号传扬天下,深入人心。

  1944年9月8日毛泽东《为人民服务》的这篇讲演,脍炙人口,集中阐述了中国共产党人以人民利益为宗旨的根本精神,但中国共产党人为人民服务的思想却并非始于此。1939年2月20日晚,毛泽东在给张闻天的信中,对陈伯达的文章《孔子的哲学思想》写下这样的意见:"关于孔子的道德论,应给以唯物论的观察,加以更多的批判,以便与国民党的道德观(国民党在这方面最

---

① 《为人民服务》(1944年9月8日),《毛泽东选集》(第3卷),人民出版社1991年版,第1004—1005页。

喜引孔子)有原则的区别。例如'知仁勇',孔子的知(理论)既是不根于客观事实的,是独断的,观念论的,则其见之仁勇(实践),也必是仁于统治者一阶级而不仁于大众的;勇于压迫人民,勇于守卫封建制度,而不勇于为人民服务的。"①这大概是目前从毛泽东著作中能见到的最早关于为人民服务的论述了。

1945年4月23日至6月11日,中共七大在延安隆重召开。毛泽东向大会作了《论联合政府》的政治报告。在报告中,毛泽东对中国共产党为人民服务的宗旨做了进一步的阐述:"我们共产党人区别于其他任何政党的又一个显著的标志,就是和最广大的人民群众取得最密切的联系。全心全意地为人民服务,一刻也不脱离群众;一切从人民的利益出发,而不是从个人或小集团的利益出发;向人民负责和向党的领导机关负责的一致性;这些就是我们的出发点。"所以,"共产党人的一切言论行动,必须以合乎最广大人民群众的最大利益,为最广大人民群众所拥护为最高标准";"只要我们依靠人民,坚决地相信人民群众的创造力是无穷无尽的,因而信任人民,和人民打成一片,那就任何困难也能克服,任何敌人也不能压倒我们,而只会被我们所压倒。"②他充满感情地说:"以中国最广大人民的最大利益为出发点的中国共产党人,相信自己的事业是完全合乎正义的,不惜牺牲自己个人的一切,随时准备拿出自己的生命去殉我们的事业,难道还有什么不适合人民需要的思想、观点、意见、办法,舍不得丢掉的吗?难道我们还欢迎任何政治的灰尘、政治的微生物来玷污我们的清洁的面貌和侵蚀我们的健全的肌体吗?无数革命先烈为了人民的利益牺牲了他们的生命,使我们每个活着的人想起他们就心里难过,

---

① 《致张闻天》(1939年2月20日),《毛泽东书信选集》,人民出版社1983年版,第147页。
② 《论联合政府》(1945年4月24日),《毛泽东选集》(第3卷),人民出版社1991年版,第1094—1096页。

七、指向：一切为了人民

难道我们还有什么个人利益不能牺牲，还有什么错误不能抛弃吗？"①

从1939年2月的信件，到1944年9月的讲演，再到1945年4月的报告，延安时期的中国共产党，由毛泽东代表全党对全心全意为人民服务的宗旨进行了深刻阐述，这不是偶然的，而是有其必然性的。

首先，这是对党成立20多年来正反两方面经验的概括与总结。大革命时期，陈独秀犯了右倾机会主义错误；土地革命战争前期，王明等领导人使革命事业长期处于"左"倾错误的泥沼之中。虽然二者的表现形式不同，但在对待人民群众这一点上，失误是相同的，即轻视人民群众的力量，致使中国共产党脱离人民群众，未能真正代表人民的利益，这是党的事业持续遭受挫折的重要原因。遵义会议后，毛泽东之所以能带领全党走出困境，开辟新局面，很重要的一个原因，在于他充分重视人民的力量，认识到人民是革命的主体，中国共产党的所有活动的根本出发点和归宿，都是为了实现人民群众的利益。

其次，延安时期毛泽东领导地位的确立，全党在马克思列宁主义思想认识上的成熟，为党的宗旨的概括提供了政治和理论基础。从遵义会议，经过延安整风，到党的七大，毛泽东成为历经磨难的中国共产党众望所归的领袖，毛泽东思想写入党章，全党空前团结统一。延安时期，在中国共产党思想与理论发展的百花园中，不是毛泽东思想一枝独秀，而是呈现出万紫千红的繁荣景象。刘少奇、任弼时、周恩来、朱德、张闻天、王稼祥等一批领袖人物在思想与理论建设上都十分活跃，胡乔木等许多理论工作者也充分发挥了智囊作用，全党理论意识大大提高。这些都为党的宗旨的理论总结奠定了坚实的基础。

全心全意为人民服务这一党的宗旨，具有政治取向和道德修养的双重

---

① 《论联合政府》(1945年4月24日)，《毛泽东选集》(第3卷)，人民出版社1991年版，第1096—1097页。

内涵。

从政治取向来说,它首先指的是党所制定的路线、方针、政策和一切活动都是为了实现人民群众的根本利益。延安时期,中国共产党在政权建设、土地路线、文化方针、司法工作、社会改造等方方面面,无不体现出为人民服务的明确指向。

延安时期中国共产党领导下的根据地政权(抗日民主政权)体现了鲜明的人民性。"人民"是一个历史的范畴,抗日战争时期,"人民"的包容性是最广泛的,除汉奸、亲日派以外的一切支持抗日的阶级、阶层和社会集团都包括在内。这种广泛的人民性,体现在抗日民主政权的权力分配上,就是采取了著名的"三三制",即中国共产党党员、非党的左派分子、中间派各占1/3。中国共产党认真履行自己的诺言,努力使抗日政权中党员数量保持在1/3左右,使抗日民主政权成为抗日民族统一战线的典范。如晋察冀边区易县384个区代表中,中共党员占27%,余者皆为进步分子和中间分子。唐县64个县议员中,中共党员占39%,进步分子和中间分子各占35%和25%。1943年1月,晋察冀边区第一届参议会选出7名驻会参议员,其中中共党员只有2名;9个政府委员中,中共党员只有3人。① 在1942年11月2日晋西北临时参议会开幕大会上,全体议员145人,中共党员占49人,比例略过1/3,中共中央晋绥分局副书记林枫代表分局讲话,指定共产党参议员退出2人。解放区建立了比较完善的民主选举制度。在选举资格上,年满18岁,不分阶级、党派、职业、男女、宗教、民族、财产和文化程度的差别,都有选举权和被选举权,充分体现了民主的广泛性。在选举形式上,县、区、乡三级政权采取了普遍、直接、平等、无记名的投票选举制。由于解放区人民群众文化水平很低,各地还采用了背箱子、投豆子、香火烧小孔等灵活多样、易于操作的方法,满足了广大民

---

① 魏宏运、左志远主编:《华北抗日根据地史》,档案出版社1990年版,第209—211页。

众的政治参与需求。与此同时,人民群众还对各级政权享有监督、罢免的权利。这一措施极大地调动了各地民众的政治热情。据对晋冀鲁豫边区昔(阳)东县 29 个村的统计,1940 年举行的村选中,参加投票的村民占村民总数的 80% 以上,有的村甚至高达 95%。晋察冀边区 70% 有选举权的公民参加了选举,中心区域更是高达 90% 以上。①

抗战时期,为了结成最广泛的抗日民主统一战线,中国共产党将支持抗日的地主阶级也包括在统一战线之内,认定其属于"人民"的范畴。在土地路线上,从抗日救亡的大局出发,中国共产党结束了土地革命时期无偿没收地主土地分给无地农民的做法,采取了地主减租减息、农民交租交息的政策。这种新的土地路线照顾了最广大人民的利益,极大地调动了各个阶级的抗战热情。

1937 年 10 月至 1939 年底,是八路军进驻华北各地的适应期。因此,创建根据地的政治与军事任务十分繁重。减租减息政策在各地并未能及时地贯彻执行。1938 年 2 月,晋察冀边区颁布了《晋察冀边区减租减息单行条例》,这是华北各根据地中第一个减租减息条例。根据条例,晋察冀边区各县陆续开展减租减息运动,大大地调动了农民的生产热情。

1940 年之后,减租减息政策在平北各根据地(晋察冀边区的一部分)得到了普遍的贯彻。晋察冀边区在修正的减租减息条例中规定,地租的最高额"不得超过耕地正产物收获总额的千分之三百七十五"和承租人拥有"永佃权"。晋冀鲁豫边区各地减租减息运动形式多样,如武乡县的办法是改大斗交租为小斗交租,地租约减少 1/4。晋西北边区在 1940 年 4 月 4 日颁布的减租减息条例中规定,"普遍实行减租百分之二十五,并取消一切附加","不论

---

① 魏宏运、左志远主编:《华北抗日根据地史》,档案出版社 1990 年版,第 211 页。

新欠旧债,年利一律不准超过一分"。①

针对一些地方出现的农民不交租交息,甚至对地主任意扣罚、乱打乱杀的新问题,中共中央要求各边区必须严格执行土地政策,以维持抗日民族统一战线。毛泽东为中共中央专门撰写了《论政策》的党内指示,以强调统一战线的重要性。各地也及时发布文件,有效地遏制了这一问题的蔓延。

通过减租减息运动,平北各根据地农村的阶级关系发生了新的变化。一是土地集中现象趋向缓和,如1942年与1937年相比,北岳区35个村的地主土地占有率由16.4%下降至11.7%;富农土地占有率由21.92%下降至19.35%;中农土地占有率由41.69%上升至49.14%;贫农土地占有率由17.92%上升至19.37%。② 二是地主、富农与贫雇农的户数下降,而中农户数上升,表明农村经济有所好转,人民生活有所提高。三是削弱了农村的经济剥削,团结了大多数人民,大大巩固了抗日民主政权。

在文化方针上,1942年5月,毛泽东发表了著名的《在延安文艺座谈会上的讲话》(以下简称《讲话》),这篇经典文献明确提出了文艺为人民大众服务,首先为工农兵服务的方向,提出了文艺工作者与工农兵相结合的道路,解决了知识分子为谁服务、怎样服务这一重大问题。《讲话》的问世,为中国革命文艺运动开创了一个新纪元。火红的秧歌从圣地延安舞到雾城重庆,激起了重庆文艺界人士与国际友人的共鸣;秧歌剧《兄妹开荒》、歌剧《白毛女》备受瞩目,赢得盛誉;李季的长篇叙事诗《王贵与李香香》,博得众多名家的喝彩;赵树理的小说,被公认为《讲话》以后解放区文学创作的代表作;《黄河大合唱》《南泥湾》《军民大生产》《八路军进行曲》等战歌、颂歌,唱出了人民的欢乐昂扬之情。《讲话》以后的文艺实践活动,之所以被誉为崭新的文艺,就是因

---

① 魏宏运、左志远主编:《华北抗日根据地史》,档案出版社1990年版,第134—135页。
② 魏宏运、左志远主编:《华北抗日根据地史》,档案出版社1990年版,第137页。

为它真正面向了广大的人民群众,是为人民服务的新文艺,是堪称真正民族的、科学的、大众的新文艺。

根据地的司法工作始终贯穿着"一切为了人民,一切方便人民"的指导思想。陕甘宁边区参议会副议长、边区法制起草的主要主持人谢觉哉认为"法源在人民"①。因此,诉讼立法要反映人民的根本意志和愿望,保护人民,打击罪犯。同时,诉讼立法也要方便人民。如《陕甘宁边区民事诉讼条例草案》和《陕甘宁边区刑事诉讼条例草案》都规定,提起诉讼的形式有两种:书面的和口头的。两种形式"具有同等法律效力"。这就解除了边区群众文化程度低,写不了状纸的困难。为方便群众,两个条例都规定"不收讼费","不收送达费"和"抄录费",老百姓打官司不要钱;边区司法工作者还进行就地审判、巡回审判等。边区实行人民陪审制度,甚至由人民仲裁员组织人民法庭,调节民间纠纷,充分体现了人民司法公正与民主的特性。

中国共产党致力于各根据地的社会改造——这既是对旧社会的改造,也是一个新社会的开创。党和政府积极推行新的科学技术,兴修水利,推广新式农具,改变旧的自然环境,使抗日根据地农、林、牧、副业得到全面发展;实行婚姻自由,消灭了早婚、重婚、纳妾、溺婴、蓄婢及童养媳等现象;提倡科学,破除封建迷信,在灾难面前,人民较少向神烧香、磕头和祈祷;大力发展文化教育事业,办报纸、剧团、兴学校,开展社会教育,使广大人民开始逐渐摆脱愚昧和落后的状态。整个社会改造以人为本,人们实实在在地感受到身边的进步。各个根据地呈现出新的社会面貌,成为新中国的雏形。

1946年,美国纽约《先锋论坛报》记者斯蒂尔访问延安后深有感触地说:"不到延安实在不能深触到中国问题的内脏;到了延安使我对中国问题的认识深化了。我觉得在延安的访问中,有三件事使我感动而且深刻起来。第一

---

① 《谢老司法轶事》(15),《法制周报》1982年10月5日。

件是我体味到共产党常常说的'为人民服务',在延安所亲见的各种具体事实,我认为这是货真价实的。"①美国友人斯特朗也说,她在延安与中共领导人的大量谈话中,"最常听到的词汇是'人民',中国人民,最后往往总要提到世界人民。口号是'到人民中间去','向人民学习'。它们的含义似乎比口号要深远得多,似乎是表达了一种最根本的爱和最终的信念"②。这两位美国记者说出了中国共产党成功的奥秘,也道出了延安精神的奥秘。

为人民服务,既是中国共产党人一贯的作风,又是中国共产党对党员道德修养的要求。1939年2月,毛泽东在致张闻天的信中,就是把"为人民服务"作为无产阶级的道德观提出来的。1939年12月在《纪念白求恩》这篇文章中,毛泽东号召共产党员要学习白求恩"对工作的极端的负责任,对同志对人民的极端的热忱"③这样一种崇高的精神。在延安对《解放日报》、新华社全体工作人员及陕甘宁边区文教大会等讲话中,毛泽东多次强调要树立为人民服务的高尚道德。他说:"我们一切工作干部,不论职位高低,都是人民的勤务员,我们所做的一切,都是为人民服务。"④1945年9月,他给《大公报》的题词也是"为人民服务"。在延安,刘少奇说过,毛泽东同志是人民的勤务员。毛泽东听了很高兴,说讲得对,讲得好。⑤ 延安时期,各解放区的党员干部,绝大多数都是一心为公,毫不利己,以为公为荣,以利己为耻,全心全意做人民的公仆,如帮助农民减租减息,发展生产,春播夏锄,秋收冬藏,直至修桥铺

---

① 张香山、孙铭:《外国记者看延安》,中国社会科学院新闻研究所、中国报刊史研究室编:《延安文萃》(下),北京出版社1984年版,第811页。
② 李寿葆、施如璋主编:《斯特朗在中国》,生活·读书·新知三联书店1985年版,第179页。
③ 《纪念白求恩》(1939年12月21日),《毛泽东选集》(第2卷),人民出版社1991年版,第659页。
④ 《一九四五年的任务》(1944年12月15日),中共中央文献研究室编:《毛泽东文集》第3卷,人民出版社1996年版,第243页。
⑤ 彭真:《实事求是,不尚空谈》,《延安颂歌——继承和发扬延安精神》,新华出版社1992年版,第7页。

七、指向:一切为了人民

路,修房垫圈,打井挑水,清厕扫院,救死扶困,帮老护幼,兴办学校,扫除文盲等等。走到哪里,好事办到哪里,已形成一种自觉的习惯,养成一种优良精神与作风。

在领袖毛泽东心目中,人民的分量是最重的。开国大典上,当天安门广场上的群众见到了自己心目中的"救星"时,情不自禁地高呼"毛主席万岁",毛泽东则真诚地高呼"人民万岁"。毛泽东曾为人民生活贫苦而落泪,决不为亲朋谋私利,殚精竭虑,所思所想就是让人民群众过上好日子,其情至诚,发自肺腑。正因如此,虽然毛泽东晚年犯了错误,但人民依然怀念他。人民的好总理周恩来堪称人民公仆的典范。他一生为国为民,鞠躬尽瘁,死而后已。十里长街的涟涟泪,天安门前的花山诗海,寄托着人民对他的无尽怀念。联合国破例为周恩来的逝世下半旗志哀。联合国前秘书长瓦尔德海姆说,有哪一个国家的总理如周恩来这样,在国外没有一分钱存款,终生受人民爱戴!

邓小平深情地说:"我是中国人民的儿子,我深深地爱着我的祖国和人民。"拳拳之心,殷殷之情,令人感动。江泽民曾给国家行政学院题词:"永做人民公仆。"胡锦涛反复强调"立党为公、执政为民"。习近平明确指出:"党的各级领导干部都是人民的勤务员,中央领导是人民的大勤务员。"[1]他在深入基层慰问干部群众时,一位老人由衷地说:"您是我们的好领袖,中国人民的福星!"他则答道:"谢谢,我是人民的勤务员,是为人民服务的。"[2]

"为人民服务"这个思想,是毛泽东在革命战争年代概括出来的。但它有一个很深刻的源头——它是唯物主义历史观在中国的运用和发展,又是对传统道德观的批判继承。

---

[1] 《新华网评:如何当好人民的勤务员》,新华网,网址:http://www.xinhuanet.com/comments/2015-07/19/c_1115967864.htm。

[2] 《温暖一幕留心里成为幸福记忆》,人民网,网址:http://sc.people.com.cn/n2/2018/0304/c379471-31307008.html。

唯物史观认为，人民群众是历史的创造者，是人类社会的主人翁。毛泽东也强调说："人民，只有人民，才是创造世界历史的动力。"①人民是力量之源、胜利之本。正如毛泽东所说，千百万真心实意地拥护革命的群众，"是真正的铜墙铁壁，什么力量也打不破的，完全打不破的"②。中国革命时期，中国共产党与对手的较量是力量悬殊的较量，但中国共产党人却上演了一幕以小敌大、以弱胜强的威武雄壮的话剧。究其原因，归根结底，在于中国共产党为人民服务的宗旨和心系人民的行动赢得了人民的爱戴。作为工人阶级先锋队、中国人民和中华民族的先锋队，中国共产党始终尊重人民群众的历史主体地位，全心全意为人民服务理所当然地成为党始终不变的宗旨。

在中国传统道德文化中，倡导"民为邦本""使民以时""民贵君轻"的民本思想，是一种比较富有人民性的思想，成为具有社会批判意识的士人的精神支柱。另一方面，民本学说作为一种为君王长治久安而设计的政治方案，又为历代统治者所利用，构成君主专制政治的补充物和装饰品。以此为理论基础的孔子道德观，更多地倾向于为统治者的长远利益服务，而为广大人民服务的成分相对薄弱。中国共产党来自人民，代表人民，扎根人民，对民本思想和孔子的道德观进行了批判继承，为最大多数人民群众服务遂成为中国共产党人毕生为之奋斗的最高价值追求。

"为人民服务"这句响亮的话语，在中国大地上已烙下不可磨灭的印记。直至今天，在中国武装力量的队列中，仍呼喊着这样的口号——"同志们辛苦了！""为人民服务！"在牵系中国亿万民众和世界目光的北京中南海新华门的影壁上，毛泽东手书"为人民服务"五个大字金光灿灿，格外引人注目，庄严地

---

① 《论联合政府》(1945年4月24日)，《毛泽东选集》(第3卷)，人民出版社1991年版，第1031页。
② 《关心群众生活，注意工作方法》(1934年1月27日)，《毛泽东选集》(第1卷)，人民出版社1991年版，第139页。

昭示着中国共产党及其领导政府的根本宗旨。

政治取向：人民当家作主

抗日战争时期，以延安为中心的中国共产党进入了一个新的发展阶段。奋斗八载，中国共产党党员由抗战开始时的4万发展到130万，人民军队由3万多发展到127万，根据地发展到19个，根据地人口由150万发展到1亿。共产党发展壮大如此迅速，个中原因甚多，根据地成功的民主政治实践即为极其重要的一点。民主，是抗日民主政权最大的特色；民主，也是根据地政治进步的主要表现。这一中国特色的民主政治的关键，就是让人民充分享有当家作主的权利。

抗日民主政权体制，是中国共产党直接领导的实行抗日民族统一战线政策的地方政府体制。它与以推翻国民党统治为目的的苏维埃体制不同。为了维护国共合作抗日的大业，它承认国民政府的领导地位，承认自己是中华民国国民政府的地方政府。实际上，这些根据地政权在政治上和组织上接受中国共产党中央的统一领导。在组织结构上，基本上由边区（相当于省）、县、乡（村）三级组成；同时，在边区和县之间又设行署和专署，作为边区政权的辅助机关，在县和乡（村）之间设区署（公所），作为县政权的辅助机关。这就形成了三级三辅制或三级两辅制的层级结构。

在组织制度上，抗日民主政权实行议行并列和民主集中制的原则。这与国民党的所谓"权能分离"和司法、立法、行政、考试、监察五院并立体制有根本差别，也与苏维埃"议行合一"的政权体制不完全相同。抗日民主政权由三部分组成，即参议会、政府和法院。参议会是民意机关，又是权力机关和立法机关。三级参议员通过普遍、直接、平等、无记名的选举产生。参议会有选举产生各级政府、创制和复决边区各项单行法规之权。政府为行政机关。从立

法地位上来说,政府是隶属于参议会的,因为政府机构的设置和人员的配备都由参议会决定并选举。政府要尊重参议会的议决、创制、监督、罢免的权力。但政府在职能上又是独立的,独立行使行政权,同时对参议会有一定的制约权。这样,参议会和政府既互相制约,又互相独立,结合成为各级政权机关。参议会委员和政府领导人及委员是分开选举的,许多根据地规定,参议会委员不能兼任政府领导人和委员。参议会和政府在组织上分开,更便于发挥权力机关对行政机关的监督作用。法院是司法机关,全面负责审判、检察和司法三种职权。它名义上受国民政府最高法院管辖,实际上对参议会负责,日常工作由政府直接领导,实质就是置司法于行政领导之下,时人称为司法"半独立"。抗日民主政权的这种结构系统,使三类职能机构各有其权,各负其责,不能互相代替,既互相配合又彼此监督,从制度结构上保证了人民行使当家作主的权利。

各级抗日民主政权通过施政纲领、法规、法令以及各项条例的制定,从法律上保障了人民参政议政的权利。

施政纲领是各抗日根据地的根本法律,起着地方宪法的作用,是根据地一切工作的指针和准绳。陕甘宁边区是第一个提出施政纲领的根据地,先后出台了三个施政纲领:1937年6月9日提出《民主政府施政纲领》16条,1939年2月7日通过《陕甘宁边区抗战时期施政纲领》28条,1941年5月1日公布《陕甘宁边区施政纲领》21条(通称《五一纲领》)。晋察冀边区于1940年8月13日公布了《中共中央北方局关于晋察冀边区目前施政纲领》20条(又称《双十纲领》),1943年1月26日由参议会通过。晋冀鲁豫边区于1941年7月29日通过《晋冀鲁豫边区施政纲领》15条。晋绥根据地于1942年10月19日公布《对于巩固与建设晋西北的施政纲领》14条。山东抗日根据地于1943年8月1日公布《山东省战时施政纲领》10条。华中和华南各抗日根据地,也都分别制定和颁布了施政纲领。

七、指向:一切为了人民

在各根据地颁布的施政纲领中,都提出抗日民主政权建设方针。主要内容有:摧毁敌伪政权,严厉镇压汉奸、特务、汪派和投降派。加强民主政权建设,逐步实现民选各级政府。在民意机关和政府人员中实行"三三制",共产党员在政权机关中只占1/3,吸引广大的非党人士参加政权,其中包括那些不积极参加反共的小资产阶级、民族资产阶级和开明绅士的代表。普遍实行平等的直接的不记名的选举制度,一切抗日人民均享有选举、罢免、创制和复决四大民权。发扬民主作风,对人民注重政治动员与说服教育,密切政府与人民间的关系。如陕甘宁边区《五一纲领》规定,实施抗日民主政治:"保证一切抗日人民(地主、资本家、农民、工人等)的人权、政权、财权及言论、出版、集会、结社、信仰、居住、迁徙之自由权。"(第6条)保证在政权机关中实行"三三制",规定共产党愿与"各党各派及一切群众团体进行选举联盟,并在候选名单中确定共产党员只占三分之一,以便各党各派及无党无派人士均能参加边区民意机关之活动与边区行政之管理,在共产党员被选为某一行政机关之主管人员时,应保证该机关之职员有三分之二为党外人士充任,共产党员应与这些党外人士实行民主合作,不得一意孤行,把持包办"(第5条)。[①] 各施政纲领成为各根据地民主政治的根本法律准绳、政府和人民共同遵循的行动指南,有效地保障了人民最广泛的民主自由权利,为各根据地民主建设的深入开展奠定了厚实基础。

选举权和被选举权是人民群众最基本的权利,是人民得以参政议政的基础与保证,是衡量政治透明度的重要标准,也是一个国家、地区民主化程度的集中、根本体现。各根据地的选举条例对选举资格和选举形式做了明确规定。陕甘宁边区是最早确立民主选举制度的地方,该区选举条例的制定与实

[①] 《陕甘宁边区施政纲领》(1941年5月1日),《中共中央文件选集》(第13册),中共中央党校出版社1991年版,第91页。

践对其他根据地起到了指导和示范作用,具有广泛的代表性。

1937年5月12日,陕甘宁边区尚未正式成立,当时的西北办事处召开行政会议,讨论并通过了由特区选举法起草委员会草拟的《陕甘宁边区选举条例》(下面简称《条例》)。这一条例共13章,29条。《条例》第一章明确提出,它是"遵照国民政府国民代表大会选举法民主的原则,并依据陕甘宁边区的特殊情况而制定","采取普遍的直接的无记名的选举制,保障彻底的民主制"。《条例》在"选举资格"中规定:"凡居住陕甘宁边区区域的人民,在选举之日,年满16岁的,无男女、宗教、民族、财产与文化的区别,有选举权和被选举权。"犯下列各条之一的人,没有选举权和被选举权:(一)有卖国行为经法庭判决者。(二)经法庭判决有罪被剥夺公民权年限未满者。(三)精神病患者。《条例》在"选举议员的人数比例"中规定,各级议会区域被选举人与居民比例为:"一、乡代表会,每居民二十人得选举代表一人。二、区议会,每居民五十人得选举议员一人。三、县议会,每居民二百人得选举议员一人。四、边区议会,每居民三五百人得选举议员一人。""不满法定人数而在法定人数的半数以上的,亦得选举议员一人,其人数在法定半数以下的,得选举候补议员一人。""各级选举得按照当选人数,选出三分之一的候补议员,候补议员出席议会时,有发言权无表决权,候补议员以得票次多数充任之。"《条例》又规定:"乡长、区长、县长、边区长官、边区法院院长由各级议会选举,但须得到出席议员三分之二以上的同意。"《条例》还规定各级议员的选举,由"各政党及各职业团体提出候选人名单,进行竞选运动,在不妨害选举秩序下,选举委员不加以任何阻止"。至于各级选举事项,则由各级委员会主持。"选举委员会由政府及各群众团体的代表组成,其人员以在该地工作或居住的人民为合格,遇特别情形时,可由上级政府从别处调去"。"各级政府现任长官,不得为各

七、指向：一切为了人民

级选举委员会委员"。①

1939年1月,陕甘宁边区第一届参议会对该条例做了修改并正式通过。第1条改为"本条例根据国民政府建国大纲之民主选举原则及陕甘宁边区之实际情况制定之"。"选举资格"中的年龄由16岁改为18岁,并加上无阶级之区别;同时,不再剥夺有卖国行为经法庭判决者家属的选举权和被选举权。此外,还增加了对少数民族的照顾条文:"在选举区域内,如有少数民族……其人数不足各级参议会选举法定人数五分之一者,参加区域选举;有法定人数五分之一以上者,单独进行该民族居民之选举,得选出正式议员一人。"选举参议员人数比例也有所变化,乡参议会改为"每居民三十人得选举议员一人","县参议会,每居民七百人得选举议员一人","边区参议会,每居民五千人得选举议员一人"。并增加改选条款:"乡参议会议员每半年改选一次。""县参议会议员每一年改选一次。""边区参议会议员每一年改选一次。""边区各级参议会如遇特殊情况,未能按期改选时,得由边区参议会议决延长之。"②以上修改,使这个选举条例更加完善和合理。

继《陕甘宁边区选举条例》之后,晋察冀、晋冀鲁豫、晋绥、淮南、苏中等根据地也都先后制定了各级选举条例。这些条例,基本精神与《陕甘宁边区选举条例》基本一致,但又照顾到各根据地的具体情况。如1940年6月15日制定的《晋察冀边区暂行选举条例》,1944年11月22日通过的《晋冀鲁豫边区县议员选举条例》,都有关于敌占区议员选举的规定,即敌占区各级议员不能进行直接普选时,得举行间接选举,或由边区政府(或县政府)聘请之。

从上述选举条例中可以看出,选举资格的范围极其普遍和广泛,除了汉

---

① 《陕甘宁边区选举条例》(1937年5月12日公布),《新中华报》1937年5月23日第3版。
② 《红色档案:延安时期文献档案汇编》编委会编纂:《陕甘宁边区参议会史料汇编》,陕西人民出版社2014年版,第78—80页。

奸、被判罪并剥夺公民权者和精神病患者外，不分阶级、党派、职业、宗教、民族、财产和文化程度，都有选举权和被选举权，充分体现了人民性。在选举方式上，各级代表、议员在可能的情况下都由选民直接选举产生，有利于调动选民的积极性，保障选举在更大的程度上反映绝大多数选民的意志，也有利于选民加强对各级代表、议员的监督和各级代表、议员增强对自己选民的负责精神。每个选民在选举中享有同样的权利。无记名投票的方式，也是为了保障选民选举的自由和公正。

民主制度框架层面的建构固然不可缺少，但具体的程序运作更为重要。各抗日根据地政权从实际出发，设计出了一系列便于操作的渠道和方法，将人民当家作主的权利从理念化为现实，在实践中开创了一条具有中国特色的民主化道路。

中国共产党领导下的抗日根据地，占据的主要是县以下的乡村，所以抗日民主政权基本属于乡村政权。这些乡村政权在进行民主运作的时候，最中心的环节是基层政权的选举。在当时条件下，这是最能反映民意的民主实践。

选举首先面临的难题，就是如何帮助各地民众克服由于长期以来被隔离于政治参与之外而产生的政治冷漠心态。几千年的专制政治剥夺了农民参与政权管理的可能性，农民也失去了对民主实践的兴趣。国民党当局也一再用"中国民众文化程度低下，没有经过民主的基本训练"为主要借口，推迟宪政的施行[①]。唤起民众的参政热情遂成为实施民主运作的第一步。晋察冀边区的负责人之一刘澜涛在一篇论民主建设的文章里，道出了中共花大力气进行基层民主建设的初衷："不管我们民主选举范围如何宽广，不管选举边区参议会、县议会是如何重要，但一切工作的基础'在群众！在乡村！'没有充分的群众的政治动员、组织动员与工作动员，没有深入刻苦切实的乡村工作，那么

---

① 孙景珊：《抗战时期陕甘宁边区政治发展研究》，辽宁人民出版社2014年版，第85页。

一切漂亮美丽的决议和指示,将和革命博物馆的古代文献一样,徒供人们的参观游览而已。只有决议和指示,深入到下层群众中去、乡村中去,且为广大群众在实践中所了解所体验,并愿坚决为其彻底实现而斗争,那么这个决议和指示,才能发生伟大的革命效力,才能变为'物质'的力量。"①

中国共产党领导的各抗日根据地政权,在法统上要与国民政府保持一致,故基层的民主选举打出了国民党也无法反对的两面旗帜,一是三民主义所强调的民权主义,二是国民党试图推行的地方自治。各根据地区域的民选,先后经过几个阶段。最初的民选,主要是为了合法地选掉国民政府系统的乡村政权人员。由于众所周知的原因,国民党政权委派的基层政权人员,不是地方豪绅就是借此捞取好处的人,一般都有相当程度的贪污行为。因此,在反贪污、反腐化的口号下,民选基层政权的活动很容易发动起来。早在1938年3月,晋察冀边区开展了民选村长运动,这个运动的口号就是"反贪污"。通过清算村账,清算不合理的负担和鱼肉乡民的行为,一大批在阎锡山主持下由山西省政府精心挑选的编村村长和村副倒了台。为此,大多数村庄都成立了清查账簿委员会,共产党组织起来的农会在其中起到主导作用。有些村长因为贪污严重,被农会押送到县上,即使县政府将他们释放了,可是他们却失去了回村任职的可能。更普遍的是农民请愿运动,成千的农民涌到县政府,逼迫县政府实行民选,撤换旧村长②。据统计,在1938年,晋察冀边区有8000多个村庄进行了民选村长的运动,参选公民占40%—50%,冀中边区3128个村庄进行了选举和改选,占所属村庄总数的68%。③ 在鄂豫边根据地,先由抗日团体出面发动,组织宣传队到各地宣传鼓动,甚至还演出"改选

---

① 刘澜涛:《论当前晋察冀边区的民主新建设》(1940年6月),《晋察冀抗日根据地史料选编》(上册),河北人民出版社1983年版,第293页。

② 《战地总动员》,晋察冀边区1939年油印本,第128—132页。

③ 谢忠厚、肖银成:《晋察冀抗日根据地史》,改革出版社1992年版,第78—79页。

贪污保长的戏剧,内容就是保甲长贪污压迫老实人"①。广大民众认识到,通过选举产生的新政权,的确会给自己带来许多看得见摸得着的好处。这样选出来的政权没有衙门气,与大家的需求贴得最近,让老百姓有亲切感,能最大限度地替大多数农民说话,而不只为贫苦农民或者富人说话。从一次实践斗争中得到的民主教育,比一百次纸面上的民主宣传都要大。人们认识到:政权是人人有份的事情。于是他们要说话了,要做主了。政治参与热情大大高涨起来。

虽然各根据地初期与反贪污、反摊派相结合的基层选举基本上摧毁了乡村的封建体制,但各级政权的民主化程度尚嫌不足,要强化这一点并使选举制度化,仅靠激起农民的道德义愤是不够的,需要更深入细致的民主选举宣传工作。各根据地对施政纲领的宣传都很重视。如在陕甘宁边区,为宣传《五一纲领》,毛泽东特地给当时负责边区工作的任弼时及边区中央局写信,指示施政纲领的最后修正稿,"请在边区刊物上发表,并印多张广为散布于边区境内及外。支部书记以上,班长以上,乡主席以上之干部,须使之人手一张,识字少者当作识字课本读。并张贴于通衢。《群众报》上,须为文逐条加以通俗解释。与此纲领发布同时,须由边区发一通知,亦同样在报上发表,在通衢张贴,并使干部人手一张"②。这种宣传办法收到了很好的效果,部队的官兵及边区的老百姓都能了解边区施政纲领的基本精神和一些与他们的切身利益相关的具体内容。

有的地方专门成立了选举委员会,成立选举训练班,针对选举的技术问题专门进行培训,编排了《选村长》这样的戏剧到处演出,形象地告诉农民选

---

① 陈炽钦:《民选斗争在孝感》(1941年5月15日),鄂豫边区革命史编辑部编:《鄂豫边区抗日根据地历史资料》(第3辑)(内部资料),1984年8月,第223—225页。
② 《陕甘宁边区政权建设》编辑组编:《陕甘宁边区参议会(资料选辑)》,中共中央党校科研办公室1985年印,第188页。

七、指向：一切为了人民

举出自己满意的人会带来什么好处。为了进行选举宣传，各个边区都印行了大量的小报和宣传品，仅晋察冀边区就出版了各种报刊100余种。有些报刊就是为了选举而存在的，像阜平的《大家选》、曲阳的《民选》、定县的《民主洪流》等等，另外还有成千个村剧团、宣传队和歌咏队走村串街地进行宣传。

有的根据地艺术性地选择了小而具体的切入点进行选举宣传。比如，在淮南根据地的殿发乡在进行选举以前，用红白榜分别进行选民登记，不合格的登记在白榜上。①

民主选举关系到农民的切身利益，且宣传又如此通俗易懂，甚至成为他们日常生活的一部分，于是基层民众终于焕发出积极介入民主运行过程的巨大热情。在陕甘宁边区，"候选名单公布以后，每个乡村都热烈地参加讨论，有的批评某人对革命不积极，某人曾经反对过革命，某人曾经贪污过，某人曾经是流氓，某人曾经吸食鸦片等等。有的选民则公开涂掉其名字，有的则到处宣传某人的坏处等等。又如安塞四区一个乡长因工作消极，蟠龙区一、三、五乡乡长不能代表群众利益等，均遭反对为候选人。至于那些平日对抗战工作努力的分子，在选举中都当选了"②。在晋察冀边区，一位老太太病倒在床上，但是在选举的那一天还是让她的老伴扶她出来，亲自投她那应有的一票。晋察冀的人民对选举是这样讲的："这是我们的权利，我们决不放弃！"③

民众具备了参与民主选举的热情后，具体选举步骤就可以一步步着手实施。选举步骤一般如下。

先是审查选民资格，进行居民和选民登记，并张榜公布。

随后检查政府工作，即由政府工作人员向选民作政府工作报告，选民对

---

① 刘顺儿、冯定：《安乐、殿发两乡乡选经过的调查》，《淮南抗日根据地》编审委员会编：《淮南抗日根据地》，中共党史资料出版社1987年版，第270—272页。
② 林伯渠：《陕甘宁边区政府对边区第一届参议会的工作报告》，《解放》周刊第68期。
③ 李公朴：《华北敌后——晋察冀》，生活·读书·新知三联书店1979年版，第92页。

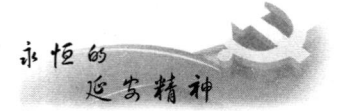

政府工作进行评审,对政府工作人员进行评议,以利于选民了解和关心政府工作,考察干部的业绩,决定取舍,进行换届改选。

接下来提出候选人名单。这对选举是至关重要的。乡选举中,候选人名单分别由共产党支部、贫农团、青年抗日救国会、妇女抗日救国会等团体提出。由于地主、富农没有组织,因此往往没有他们的候选人,少数地主、富农及其他民主分子的候选人名单,一般由共产党支部提出。

正式投票选举终于开始了。关键的一点在于选举方式的运用。投票是全世界通用的选举方式,在抗日根据地,这种方式多用在较高一级的选举中。在乡村,运用此法往往会加上一些变通措施,比如在候选人名单上编号,甚至用通行的外号代替大名写在票上。红绿票法和投豆法是比较普遍的农村选举方式。

红绿票法系票选法的一种具体实施:发给投票人额定的红绿票,让候选人坐在台前,背对着投票者,每人背后一个票箱,红票表示同意,绿票意味着反对,投票人对每一个候选人只能投一种颜色的票,当场投票,当场开箱验票,红票多于绿票者当选。

投豆法是根据地使用的最为普遍的一种选举法,其法以豆粒作为选票,每个投票人发给一定额数的豆粒,每粒代表一票。投票时让候选人坐在台前一排,背对着投票者,每人背后放一大海碗,投票人鱼贯而过,认为信得过的,就在他的碗里放下一粒豆子,豆多者当选。

此外,还有画圈法、画杠法、画点法、烧洞法、投纸团法、背箱子和乍胳膊等选举法,虽然土得掉渣,但对识字无多甚至大多数不识字的农民来说,这是所能采取的最适宜的选举方式了。实地考察根据地选举后,一位著名民主人士感叹地说:"他们这种选举方法,和可以发挥自主能力的各种事实,是给借口民众不识字、程度太低即不可能实行民主者以最有力的打击。事实证明,唯有在扶助民主中,才可能训练民众的能力,而达到完全的民主。"国民党员

七、指向：一切为了人民

刘奠基先生也说："我从没有想到二十年来追求的愿望——民主政治，会在今天敌后残酷的战争环境中实现。"①一生倡导民主自由的胡适针对国民党借口民智不开、不肯实施宪政的说法，曾经提出过"幼稚园民主论"。然而，真正将这种理论付诸实施的是中国共产党人。

根据地民主选举宣传动员的到位及选举方式的灵活多样，使得各根据地选民参加选举的比例很高。如1941年陕甘宁边区第二次选举运动中，据曲子县的统计，全县选民有25175人，参加选举的选民为20233人，占80.4%；据吴堡第六区的统计，选民3505人，参加选举的选民2961人，占84.5%。总计边区参加选举的选民占80%以上。② 1940年冬季，晋察冀边区的选举是规模最大的一次民主选举活动，农民参加选举的人数达到了前所未有的程度。全区有选举权的公民70%以上参加了选举，中心区域达到90%以上。平山县15个区高达99%，灵寿县7个区达到97%。③ 在晋冀鲁豫太行山根据地腹地，许多村庄投票人数达到村民总数的80%以上，有的地方达到95%以上。许多地方为新选的村长披红戴花，举行各种庆祝会，庆祝民主政治的胜利。④

通过民主选举运动，农村政权实行了较为彻底的改选。各个抗日阶级、阶层都参与到政权中，基层民众明显占据优势，广大人民群众真正当家做了主人。如1941年陕甘宁边区第二次民主选举中，据延川、清涧、吴堡、曲子、华池、新宁、新正、赤水、淳耀、同宜耀10县的统计，7143名乡参议员中，工人38名，占0.53%；雇农292名，占4.09%；佃农133名，占1.8%；贫农4799名，占

---

① 以上转引自德福：《论晋察冀边区政权建设中的民主政治》，南开大学历史系编：《中国抗日根据地史国际学术讨论会论文集》，档案出版社1985年版，第268页。

② 宋金寿等主编：《陕甘宁边区政权建设史》，陕西人民出版社1990年版，第243—244页。

③ 宋劭文：《边区行政委员会工作报告》(1943年1月)，魏宏运主编：《抗日战争时期晋察冀边区财政经济史资料选编（总论编）》，南开大学出版社1984年版，第493页。

④ 太行革命根据地史总编委会编：《太行革命根据地史稿》，山西人民出版社1987年版，第142页。

67.19%;中农 1528 名,占 21.39%;富农 278 名,占 3.89%;地主 45 名,占 0.63%;商人 12 名,占 0.17%;绅士 18 名,占 0.25%。总计工人、贫农、中农占据比例为 95.06%。据吴堡、华池、新正、赤水、淳耀、同宜耀 6 县的统计,乡政府委员中,工人 6 名,占 0.61%;雇农 50 名,占 5.13%;佃农 33 名,占 3.39%;贫农 627 名,占 64.37%;中农 220 名,占 22.59%;富农 29 名,占 2.98%;地主 5 名,占 0.51%;商人 2 名,占 0.21%;绅士 2 名,占 0.21%。共计工人、贫农、中农占据比例为 96.09%。① 在晋察冀边区,以冀中 7 个县的统计为例,在村、区、县三级议会的当选代表中,工人、贫农所占比例分别达到 49.2%、44.6% 和 50.5%;中农当选者所占比例分别为 37.9%、47% 和 52.6%。②

人民在政治上当家作主,不仅在于人民广泛地参与选举,选出自己信任的政权,同时体现在人民对候选人享有监督、罢免的权利。

按照各抗日根据地参议会组织法和政府组织法的规定,人民对他们的代表(参议员)和行政司法人员有监督、检察、批评、控告之权;一定数量的村民对参议员还有罢免权。这些权力的行使一般是结合选举运动集中进行的(平时也可行使)。在每一次选举运动中,各级政府都要向人民报告自己的工作,听取人民对政府工作的批评意见;人民也要认真检察各级民意机关、行政司法部门及区工作人员的工作,或褒或贬,或新选或剔退,切实行使了监督罢免权。

各地常常出现民众罢免有罪行和犯错误的行政人员,农会代表请愿惩治贪污的村长、区长,民众召集斗争大会批斗贪污腐化分子的事例。如"高平、

---

① 宋金寿等主编:《陕甘宁边区政权建设史》,陕西人民出版社 1990 年版,第 243—244 页。
② 徐大本:《冀中一年来的政权工作》(1941 年 5 月),魏宏运主编:《抗日战争时期晋察冀边区财政经济史资料选编(总论编)》,南开大学出版社 1984 年版,第 168—169 页。

七、指向：一切为了人民

陵川等县的民众,曾集合数千人,跋涉山川到长治专署递交请愿书,要求撤换不法县长刘涵森"①。阳城县专门成立行政民运联合视导团,深入农村对村民提出的不合理负担、村干部失职、减租减息不当、硬派民夫、派款摊粮等问题予以处理。涉县第一区军政民联合委员会于 1939 年 11 月 9 日召开全区民众大会,正式罢免"违背政府法令、包庇汉奸、睡宿娼妓、贪赃枉法、破坏抗日群众团体"的原区长刘某,并决定另选新区长。② 从 1939 年冬到 1940 年秋,在冀中区 9 万名中共党员中清除 2730 名异己分子、投机分子和落后分子;在北岳区 15 个县清除 759 人。③ 这类事情,在当时各根据地报纸上多有报道,充分显示了农民日益成熟的民主意识。谢觉哉说:"有广大人民的力量来监督政府,监督工作人员,坏人可以幸逃法网,但不能逃出人民的视线。坏事就不易发生。"④彭真谈到晋察冀边区的廉政问题时也说:"至于贪污,政府依靠着广大群众之监督和协助,已相当的肃清或正在肃清。""边区政府依靠着民众的检举,才相当保证了各县政府的廉洁,并间接保证了政府在群众中的威信。"⑤

毛泽东在与著名民主人士黄炎培的谈话中,更是将人民监督政府置于关系中国共产党生死存亡的高度去认识。1945 年 7 月初,黄炎培等 6 位参政员到延安访问。黄炎培向毛泽东提出了一个尖锐问题,他说:"我生六十多年,耳闻的不说,所亲眼看到的,真所谓'其兴也浡焉','其亡也忽焉',一人,一家,一团体,一地方,乃至一国,不少单位都没有能跳出这周期率的支配力。

---

① 克寒:《坚持华北抗日枢纽的晋冀豫抗日根据地》,《群众》第 3 卷第 2 期。
② 《新华日报》(华北版)1939 年 12 月 15 日、11 月 21 日。
③ 彭真:《关于晋察冀边区党的工作和具体政策报告》,中共中央党校出版社 1981 年版,第 158 页。
④ 《再论边区民主政治的实际(节录)》(1940 年 6 月 6 日),《谢觉哉文集》,人民出版社 1989 年版,第 357 页。
⑤ 彭真:《论晋察冀边区抗日根据地的政权》,《解放》周刊第 55 期。

大凡初时聚精会神,没有一事不用心,没有一人不卖力,也许那时艰难困苦,只有从万死中觅取一生。既而环境渐渐好转了,精神也就渐渐放下了。有的因为历时长久,自然地惰性发作,由少数演为多数,到风气养成,虽有人力,无法扭转,并且无法补救。也有为了区域一步步扩大了,它的扩大,有的出于自然发展,有的为功业欲所驱使,强求发展,到干部人才渐见竭蹶、艰于应付的时候,环境倒愈加复杂起来了,控制力不免趋于薄弱了。一部历史,'政怠宦成'的也有,'人亡政息'的也有,'求荣取辱'的也有。总之没有能跳出这周期率。中共诸君从过去到现在,我略略了解了的,就是希望找出一条新路,来跳出这周期率的支配。"毛泽东答:"我们已经找到新路,我们能跳出这周期率。这条新路,就是民主。只有让人民来监督政府,政府才不敢松懈。只有人人起来负责,才不会人亡政息。"①

毛泽东与黄炎培的对话已经过去了七十余载,如今听来依然振聋发聩。延安时期中国共产党人执政的成功经验,也已融入了新中国的政治体制之中。特别是改革开放以来,中国共产党逐步实现了从革命党向执政党的转变,但中国共产党的宗旨从未改变,人民群众在政治上当家作主的地位更不会改变。中共十九大报告指出:"发展社会主义民主政治就是要体现人民意志、保障人民权益、激发人民创造活力,用制度体系保证人民当家作主。"走中国特色社会主义政治发展道路,就要"积极稳妥推进政治体制改革,推进社会主义民主政治制度化、规范化、程序化,保证人民依法通过各种途径和形式管理国家事务,管理经济文化事业,管理社会事务,巩固和发展生动活泼、安定团结的政治局面"。②

---

① 黄炎培:《八十年来(附〈延安归来〉)》,文史资料出版社1982年版,第148—149页。
② 习近平:《决胜全面建成小康社会,夺取新时代中国特色社会主义伟大胜利——在中国共产党第十九次全国代表大会上的报告》(2017年10月18日),《中国共产党第十九次全国代表大会文件汇编》,人民出版社2017年版,第29页。

七、指向：一切为了人民

利归民众：社会动员显伟力

中国共产党全心全意为人民服务的宗旨，体现在政治上，是促使广大人民群众积极介入政治运作过程，积极选举出政权工作人员，监督其行使职能，充分享受当家作主的权利。另一方面，民以食为天，以唯物史观为哲学基础的中国共产党人在强调精神文明建设的同时，也从不忘记努力满足人民的物质追求，想方设法改善人民的生活。

在各个抗日根据地，中国共产党主要面对的是广大农村，焦点是土地问题。只有解决了土地问题，才能从根本上改善人民群众的经济境况。

抗战时期，减租减息政策是解决农民土地问题的基本政策。

这一政策的提出，始于1937年8月25日中共中央政治局在陕北召开的洛川会议。会议通过的《抗日救国十大纲领》中，列入了减租减息政策，将减租减息作为改善农民生活的主要措施。但直到1941年底，多数地区还只是把减租减息当作宣传口号，并未认真执行，或者只在形式上减租减息，实际上明减暗不减。一些根据地对减租减息政策较少提及，对民众生活的改善关心不够。[①] 针对这种情况，1942年1月28日，中共中央作出《关于抗日根据地土地政策的决定》。同年2月4日，中共中央又发出《关于如何执行土地政策决定的指示》，对减租减息政策及执行办法做了明确规定。主要内容包括：（一）减租减息政策的目的是扶助农民，减轻地主的封建剥削，保证农民的政治经济权利，借以改善农民的生活，提高农民抗日和生产的积极性。（二）现阶段土地政策是减轻封建剥削，而不是消灭封建剥削，因此实行减租减息后，又须实

---

① ［美］马克·赛尔登著，魏晓明、冯崇义译：《革命中的中国：延安道路》，社会科学文献出版社2002年版，第219页。

行交租交息,保障地主的地权、财权和人权,以联合地主阶级一致抗日。(三)承认资本主义生产方式是现时中国比较进步的生产方式,对于富农则削弱其封建部分,鼓励其资本主义部分的发展。① 概括说来,减租减息、交租交息和奖励富农生产构成减租减息政策的三个有机组成部分。

抗战时期,"人民"这一历史范畴包容面最广大。在农村,不仅仅农民,抗日的地主也包括其中。因此,要使所有人的生活都得到照顾、改善,共同抗日生产,就不能像十年内战时期那样,无偿没收地主的土地分给无地农民,而是要兼顾双方的利益。一方面,地主应该普遍地减租减息,不得拒不实行;另一方面,农民有交租交息的义务,不得抗不缴纳。一方面,地主的土地所有权与财产所有权仍属于地主,地主有依法出卖、出典抵押以及做其他处置的权利;另一方面,当地主做这些处置时,必须顾及农民的生活。一切有关土地及债务的契约的缔结,须双方自愿;契约期满,任何一方有解约的自由。党和政府工作人员在贯彻减租减息政策时,不能站在某一方立场上,而是要采取调节双方利益的方针。

中共中央发布《关于抗日根据地土地政策的决定》的同时,还对地租、佃权、债务以至特殊土地的处理做了原则性的规定,作为附件发给各地参照执行。各根据地又根据各地的具体情况和特点制定更加具体的实施条例和办法。在减租减息运动中,各地普遍采取了群众路线的工作方法,积累了丰富的经验和策略。1943年冬至1944年春以及1944年冬至1945年春,各根据地普遍开展查减运动,检查减租减息政策执行的程度,减租减息运动普遍深入地开展起来,一般实行减租减息的村庄占70%以上,尤以晋察冀边区和陕甘宁边区未经土地革命的地区减租减息运动开展得最为普遍。晋冀鲁豫边

---

① 《中共中央关于抗日根据地土地政策的决定》(1942年1月28日),中央档案馆编:《中共中央文件选集》(第13册),中共中央党校出版社1991年版,第281—282页。

区的太行区,是比较普遍深入实行减租减息的地区,据该区12个县的调查,有91.8%的村庄实行了减租减息。山东根据地于1945年9月统计,当时全省23417个村庄中,实行了减租减息的村庄有14963个,占63.9%。在华中抗日根据地,实行减租减息的区327个,占全部区的87.6%;实行减租减息的乡1779个,占全部乡的74.4%。①

减租减息政策的主要精神是"调剂群众利益,逐渐改善人民生活"②。减租减息政策的实施,取消了地租、债息中封建性的超经济剥削,改善了广大中农和贫苦农民的经济状况。通过清理旧债和"抽地换约",贫苦农民从地主和富农手里抽回了部分土地。如晋察冀边区北岳区农民,到1940年6月,就抽回土地达6500亩。③ 于是,农村土地开始由原来向地主集中转变为向广大农民分散。党和政府还对贫苦农民生活加以扶持,如发放贷款,帮助获得种子、牲畜、农具,修滩开荒,减税及组织生产,使他们能经过自己的努力发展生产,改变贫穷面貌。

同时,由于租息的减少,地主出租土地和放债收入不如实行富农经营和投资工商业更有利,从而促使收租地主向富农经济和工商业方面转移。富农的生产,由于减轻了封建性剥削的束缚(其中既包括富农对农民的部分封建性剥削,也包括租地富农向地主交付的部分地租)得到更快的发展。陕北米脂银城市6户地主减租减息以后,典卖土地156垧,2户投资工业,3户投资经营商业,1户投资合作事业。1943—1944年6户地主的经济收入中,工商业和合作事业收入即占47.3%。地主艾斌卿有98垧出租地,收入租米8石,投资民生纸厂后收入20余石,占其全部收入的75%。地主杜良宝典卖土地31

---

① 赵效民主编:《中国土地改革史(1921—1949)》,人民出版社1990年版,第291页。
② 《晋察冀边区减租减息单行条例》(1938年2月9日),魏宏运主编:《晋察冀边区财政经济史资料选编(农业编)》,南开大学出版社1984年版,第15页。
③ 黄韦文:《关于抗日根据地减租减息的一些材料》,《解放日报》1942年2月11日。

垧,创办裕民纺织工厂。延家岔11户地主中有7户转营商业。①

华北、华中敌后抗日根据地的农业生产力受到战争的严重破坏。经过减租减息和大生产运动,1943年以后,农业生产普遍得到恢复和发展。晋绥边区1944年粮食增产16万担,植棉面积从1941年的3.2万亩增加到1944年的18万亩。晋冀鲁豫边区太行区的6个分区开荒335886亩,相当于原有耕地的13%,8个分区共增产30多万担粮食。晋察冀边区抗战期间共修滩田354446亩,通过开生熟荒地扩大耕地面积1823933亩,通过农田水利基本建设新建水田和受益农田共计2137433亩,估计每年粮食增产达100万担以上。②

可见,不论从农民经济还是地主经济的角度来看,实行减租减息政策都有利于促进农村生产力的发展,有利于最广泛意义上的农村群众生活的改善。

抗战胜利后,中国共产党原打算继续实行减租减息。1946年上半年国民党挑起的全面内战,阻碍了这一土地政策的继续实施。中共中央决定,解放区的土地斗争逐步由减租减息转变为土地改革,即没收并分配地主的土地。《五四指示》就是这一转变的标志。

由于要照顾地富阶级的经济利益,减租减息政策并不能从根本上满足农民的土地要求。1946年春,在山西、河北、山东、华中等解放区,相当数量的农民在反奸清算、减租减息的斗争中,直接从地主手中取得土地。在群众运动开展深入的地方,基本上解决了或正在解决土地问题。群众性的反封建风暴,已经超越了减租减息的界限。对此,社会各阶层——包括中国共产党内部——反应各不相同。形势要求中共中央制定出新的土地政策。1946年3月,中共中央听取了黎玉、邓子恢、薄一波等各地领导干部关于农民斗争情况

---

① 《绥米部分地主典卖土地投资工商业》,《解放日报》1945年1月9日。
② 《中国农业合作化运动史料》(上册),生活·读书·新知三联书店1962年版,第357、350页。

七、指向：一切为了人民

和各阶层反应的报告，并于4月对解放区的农民问题进行了认真讨论。经反复研究，刘少奇综合大家的意见，执笔起草了中共中央《关于土地问题的指示》。之后又根据各地领导农民运动干部的意见，做了几次修改。1946年5月4日，中共中央将它作为党内文件发至各解放区贯彻执行，这就是著名的《五四指示》。

《五四指示》的基本精神是坚决批准农民的土地要求。它要求各地党委在广大群众运动面前，要有"五不怕"精神：不要害怕变更解放区的土地关系，不要害怕农民获得大量土地和地主丧失土地，不要害怕消灭农村中的封建剥削，不要害怕地主的叫骂和诬蔑，也不要害怕中间派暂时的不满和动摇。① 就解决农民土地问题的实质来说，《五四指示》与土地革命时期是相同的，那就是使农民"耕者有其田"；但两者取得地主土地的方式有所不同，土地革命时期是直接没收，《五四指示》则要求采取反奸、清算、减租、减息等有偿的方式。这样做既体现了历史的延续，由减租减息自然过渡到没收并分配地主土地；又便于向解放区外的民主人士解释说明，使农民站在合法和有利的地位。

1946年6月国共内战全面爆发后，各中央局和中央分局、解放区各级政府为了切实贯彻执行《五四指示》，抽调大批干部组成工作队，奔赴广大农村，广泛发动群众，展开了轰轰烈烈的土改运动。在具体做法上，各解放区根据《五四指示》的精神，结合本地区的实际情况，采取了灵活多样的方式。

没收伪满官员、恶霸地主、土匪窝主的土地分配给农民。这种方式在东北解放区最为突出。中共中央东北局针对东北土地多集中于伪满官员、恶霸地主等人手中的特点，首先发动农民开展反奸清算，大张旗鼓地没收和分配开拓地（日本人掠夺的土地）、满拓地（"满洲国"各级军政组织掠夺的土地）以

---

① 《关于土地问题的指示》(1946年5月4日)，《刘少奇选集》(上卷)，人民出版社1981年版，第377—378页。

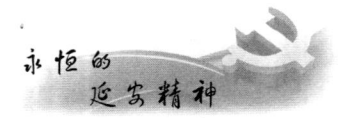

及大汉奸、大恶霸地主的土地。对于勾结土匪、坐地分赃的地主和不执行人民政府减租法令的地主,也发动群众算账退赔,直至分配其土地。对于只有少数土地的小地主,暂不没收分配其土地。

以清算地主的方式解决农民土地问题。这种方式的基本做法是:除了对汉奸和恶霸地主的土地明令没收外,对于一般地主的土地,通过清算方式收归农民所有。即通过清算租息、清算额外剥削、清算无偿劳役、清算转嫁负担、清算霸占吞蚀等方式,使地主的土地在偿还积债、交纳罚款、退还霸占、赔偿损失等名义下,转移、折算或出卖到农民手里。这种做法,形式上是有偿交换,实际上是在对封建地主揭露控诉的基础上,由农民没收地主土地。在进行清算时,一般都注意不侵犯中农的利益。

通过征购方式转移地主的一部分土地给农民。1946年7月,中共中央出于巩固统一战线的考虑,认为需要制定一种使民主人士、中间人士都易于接受的政策,即以征购方式重新分配他们多占的土地。

通过献田献地方式解决农民土地问题。献田献地,即地主无偿地将土地献给农民。这是土改初期各解放区对出身于地主的干部家庭和开明绅士所采取的方式。到1946年8月,各解放区献地达3.3万余亩。

此外,在贯彻《五四指示》的过程中,各解放区还从实际出发,对少数民族上层人士、寺院、天主教堂以及清朝政府遗留在热河的皇族"挂地"等特殊土地问题,以极其慎重的态度,有区别地做了适当处理。

各中央局、中央分局还十分重视对土地以外的土改成果的分配问题,并确定了按需合理分配的原则。其中,房屋、耕畜等生产资料多分配给贫雇农、荣誉军人、军烈属等;对衣服、家具等生活资料的分配,也照顾到一部分中农,尽量扩大获利面,以团结更广大的农民群众。

到1947年2月,各解放区约有2/3的地区解决了土地问题,实现了"耕者有其田"。尚有1/3的地区,由于战争环境的影响,尚未着手进行土地改革。

七、指向：一切为了人民

据不完全统计，晋冀鲁豫解放区，至1946年10月有2000万农民获得土地；晋察冀解放区的冀中地区，至1946年底有7012个村庄完成了土地改革，占村庄总数的83%；苏皖解放区，至1946年11月有1500万农民获得土地；东北解放区，至1946年10月底有500万农民获得土地；山东解放区，至1946年底有1900万农民获得土地；晋绥解放区，至1946年底有100余万农民获得300余万亩土地；至1947年1月，在陕甘宁解放区新进行土地改革的370多个乡中，有120余万亩土地回到农民手中。① 土地是农民的命根子，拥有一份自己的土地是千百万农民梦寐以求的夙愿。有了土地，农民才有了安身立命之所，有了谋生糊口的保障。在这个过程中，中国共产党对人民群众的关心和爱护实实在在地体现出来。

抗战时期，由于中国共产党领导下的各根据地基本上处于农村或偏远山区，自给自足的自然经济占绝对优势，民族工商业（也称私人资本主义、民族资本主义、私人工商业）所占的份额很小，但它对各根据地的经济发展是必要的和迫切的。毛泽东曾说过，边区公营经济是解决数万党政军的生活费和事业费的主要部分，可以减少取之于民的数量，以休养民力；私营工商业是为了解决边区140万人民的生活，同时也以租税的形式援助政府与军队，支持抗战建国的神圣事业。他还强调指出："国营经济和合作社经济是应该发展的，但是目前的农村根据地内，主要的经济成分，还不是国营的，而是私营的，而是让自由资本主义经济得着发展的机会，用以反对日本帝国主义和半封建制度。这是目前中国的最革命的政策，反对和阻碍这个政策的施行，无疑义地是错误的。"② 毛泽东不仅指出了在各根据地发展民族资本主义的必要性，而

---

① 中共中央党史研究室著：《中国共产党历史》（第1卷下册），中共党史出版社2002年版，第934—936页。

② 《〈农村调查〉的序言和跋》（1994年3月、4月），《毛泽东选集》（第3卷），人民出版社1991年版，第793页。

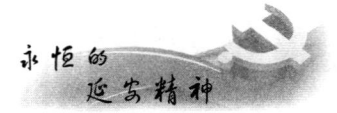

且把民族资本主义视为支持抗战不可缺少的经济基础的组成部分。

对于民族资本主义这一进步的经济形式,中国共产党从未忽视。在这一时期,中国共产党对资产阶级的政治政策随着形势变化而不断调整,但对民族工商业则采取了始终如一的政策,那就是保护和奖励。

在《陕甘宁边区经济建设的纲领、政策和方针》中,对边区的劳动政策做了如下规定:"第一,保障工人生活上必要的改善,以发展生产,增加抗战力量。第二,加薪减时要有一定的限度,我们反对资本家过分的剥削,但也不应反对资本家发财。第三,八小时工作制是将来的理想,目前不应过于强调,一般的以十小时为宜。第四,对劳资契约与劳动纪律,工人必须遵守,使厂方能继续维持生产。"①

其他抗日根据地也有类似的劳动政策规定。这些劳动政策的核心是强调"劳资两利",既保障了工人应有的权益,也维护了资本家的合法权益。不过,就各抗日根据地的实际情况而言,这些劳动政策的侧重点在于保护私人资本的合法权益。

上述方针政策的提出和一些具体措施的施行,有力地促进了民族工商业在各根据地的发展。据统计,1939年陕甘宁边区织布业中,私营工厂有6家,织机52架。经过政府采取投资、订货的办法,保护产品销路和20%利润等措施,到1943年,私营纺织厂发展到50家,雇佣工人310人,拥有织机150架,产布12000匹。其他行业的私人资本主义也有很大发展。如米脂民生纸厂、万合毛织厂等等,都是规模较大的私营工厂。至于私营手工业作坊,更是各地皆有。延安等13个县市,1942年有手工业作坊399个,工人1107人;到1943年,作坊增至656个,工人增至2047人。一年中作坊数和工人数分别增

---

① 王炳林主编:《中国共产党与私人资本主义》,北京师范大学出版社1995年版,第164页。

七、指向：一切为了人民

长了64%和84%。①

在商业政策上，各根据地实行贸易自由。在发展公营商业和合作商业的同时，保护正当的私营商业；对外实行管制贸易，在政府贸易部门的统一领导和管理下，以税收和行政手段对进出口货物加以控制，禁止一切奢侈品和非必需品的输入和内部必需品的输出，奖励必需品的输入与内部多余品的输出。抗日根据地内的私营商业也得到相当的发展。延安市的私营商店，1938年有90家，1939年为149家，1940年增至320家，1943年更增至473家。各地集市也逐渐恢复和发展起来。② 私营商业的发展，在促进生产和满足人民生活方面发挥了不小的作用。

抗战胜利后，中国共产党在大反攻中从日本人手中收复了一些城镇。到1948年2月，中国共产党曾经占领并较长时期管理过的城市有张家口、邯郸、长治、晋城、淮阴、烟台、威海卫、淄川、博山、德州、承德、赤峰、安东(今丹东)、哈尔滨、齐齐哈尔、牡丹江、佳木斯、石家庄等一批中等城市和相当数量的小城镇，民族工商业的数量也随之增多了。中国共产党发布一系列指示，强调必须坚决地执行城市政策，保护城市工商业，不得随便没收和搬运厂矿企业。中国共产党还采取措施鼓励国统区的资本家和外国资本来解放区投资。

在各解放区轰轰烈烈的土改运动过程中，出现了一些"左"的错误，如认为地主富农转入经营工商业是"化形"，对其资产应予以没收和分配等。对此，中共中央在《五四指示》中明确规定："凡富农及地主开设的商店、作坊、工厂、矿山，不要侵犯，应予以保全，以免影响工商业的发展。不可将农村中解决土地问题、反对封建地主阶级的办法，同样地用来反对工商业资产阶级。"③

---

① 李占才主编：《中国新民主主义经济史》，安徽教育出版社1990年版，第222页。
② 王炳林主编：《中国共产党与私人资本主义》，北京师范大学出版社1995年版，第166页。
③ 《关于土地问题的指示》(1946年5月4日)，《刘少奇选集》(上卷)，人民出版社1981年版，第379页。

  1946年1月27日,中共中央华中分局书记邓子恢给中央致电,谈及解放区的私人企业问题。2月5日,中共中央给邓子恢复电,对私人企业的政策方针做了指示。这个指示比较系统地反映了这一时期党对私人资本主义的政策,其要点是:(1)凡在敌占期间,未与敌伪合作的私人企业,一律保护其继续经营。至于因敌伪强迫加入而变成敌伪资本与私人资本联合经营者,只要能证明敌伪资本确属强迫加入,则只没收敌伪资本充作官股,私人资本并不没收,以公私合营方式继续经营。(2)凡被敌伪没收的私人企业,一律发还原主。至于敌伪没收该企业后,又投入新的资本者,则敌伪之投资应予没收,充作官股,原业主则收回原投资本的所有权,以公私合营之方式继续经营。(3)某些应发还原主的私人企业,在收复后还未曾发还,且已由政府或民间投入资本恢复生产者,原业主收回其原投资本的所有权后,亦应以公私合营或合作经营等方式继续经营。(4)在收复前,确曾出力保护资材设备,使企业得免敌人破坏的职工;或在收复后,确曾出力抢修,使企业迅速恢复生产的职工,除政府予以奖励外,均应受到厂方的奖励和优待。(5)私营企业购买机器原料及运销成品时,政府尽可能予以便利,并帮助解决其困难。(6)私人企业如感资金不足,可请求政府贷款,亦可请求政府投资,改组为公私合营之企业。但政府不强迫加入官股,以谋吞并或统制私人企业。(7)私人企业如遇不可抗拒之意外损失,可请求政府予以特别辅助,政府在可能范围内当给以适当的补助。(8)私人企业之正当利润,政府当予以保护;但私人企业不得故意高抬物价,紊乱市场,操纵国计民生。(9)政府当通过税收、贸易等政策法令,使私人资本有利可图,以扶助私人企业之发展;但私人企业亦必须遵守政府的工厂法、劳动法及其他一切法令,不得违法压迫工人,并应适当地增加工人工资,以提高工人的劳动热忱,增加生产。总之,我们是奖励私人企业,提倡私人资本主义之发展的。我们当前的任务是发展生产,发展解放区的经济建设。故上述一般方针对私人矿产仍是适用的。①

上述中央政策,既是党针对当时具体情况提出的新原则,也是党对民族工商业政策的经验总结,表明党的民族工商业政策发展到一个新阶段,实际上形成了党对民族工商业既利用又加以限制的政策。

在管理新取得的城市中,中国共产党的城市政策和工商业政策发挥了巨大的威力,成效显著。

为恢复生产,繁荣经济,新政权明令取消敌伪实行的一切苛捐杂税及统制办法,大量发放工商业贷款,为私营工商业调拨原料,推销产品。因此,解放区一些城镇的工商业恢复发展得很快。烟台是一个拥有20万人口的城市,在日伪统治下倒闭商号800家。1945年8月下旬烟台解放后,烟台人民政府迅速将过去被敌伪没收吞并的企业发还原主,鼓励他们努力经营。如张裕葡萄酒公司是华侨资本最早经营的新式酿酒厂,1892年在烟台购地种植葡萄,建厂添置设备,1914年张裕葡萄酒出厂应市,远销东南亚国家,享有很高声誉。日本侵华后,该公司被日伪政权没收。当地解放后,烟台市政府即将其发归原主,继续经营。烟台全市原有57家织布厂,到1945年12月已有45家复工生产。28家铁工厂则全部复工。解放仅3个月,全市商号即由原来的3216家增加到5742家,出口贸易也大幅度增加。这样,不仅满足了城乡广大人民生产生活的需要,而且大批失业工人也恢复了工作,生活有了明显改善。

华北重镇张家口在1945年8月解放后,一年之内人民政府发放工商业低息贷款1亿元,全市商号由1980家增加到3301家。② 1946年3月,拥有30万人口的安东已有公营和私营的工厂及作坊100余家开工生产,复工工人达

---

① 《中央关于对解放区私人企业的政策方针问题给邓子恢的指示》(1946年2月5日),中央档案馆编:《中共中央文件选集》(第16册),中共中央党校出版社1992年版,第69—71页。

② 《解放日报》1946年9月2日。

到1.3万余人。①

中国共产党对民族工商业的政策,是有深厚的理论基础作指导的。毛泽东在《论联合政府》里,有一段很有名的话:"有些人不了解共产党人为什么不但不怕资本主义,反而在一定条件下提倡它的发展。我们的回答是这样简单:拿资本主义的某种发展去代替外国帝国主义和本国封建主义的压迫,不但是一个进步,而且是一个不可避免的过程。它不但有利于资产阶级,同时也有利于无产阶级,或者说更有利于无产阶级。现在的中国是多了一个外国的帝国主义和一个本国的封建主义,而不是多了一个本国的资本主义,相反地,我们的资本主义是太少了。"②在民主革命时期,革命的对象是帝国主义、封建主义和官僚资本主义,不是一般地反对资本主义。革命归根结底是为了解放和发展生产力,而在民主革命时期,封建主义的生产关系是腐朽的、落后的,要予以破除;而资本主义生产关系虽有剥削的一面,也有有利于生产力发展的一面,具有进步意义,应予以保护和奖励。而生产力的解放和发展,落实到现实层面,就是为了让人民群众过上好日子。

民主革命成功后,中国共产党成为坚持社会主义道路的执政党,它的首要任务就是让老百姓比在其他社会制度下生活得更好,这包括物质生活和精神生活。而改善物质生活就需要不断发展生产力。1978年前,中国共产党人走了一段弯路,把解决世界观的问题置于生产力的发展之上,违背了唯物主义的基本原理,给国家发展及人民生活带来了巨大的损失。1978年后,倡导改革开放的邓小平指出,"贫穷不是社会主义","发展才是硬道理",恢复了中国共产党人对生产力发展与人民利益之间关系的高度重视。"三个代表"重要思想和科学发展观,同样将解放、发展社会生产力摆在突出位置。习近平

---

① 《解放日报》1946年4月28日。
② 《论联合政府》(1945年4月24日),《毛泽东选集》(第3卷),人民出版社1991年版,第1060页。

七、指向：一切为了人民

新时代中国特色社会主义思想，坚持以人民为中心，把人民对美好生活的向往作为奋斗目标，提出增进民生福祉是发展的根本目的。十九大报告继续强调："实现'两个一百年'奋斗目标、实现中华民族伟大复兴的中国梦，不断提高人民生活水平，必须坚定不移把发展作为党执政兴国的第一要务，坚持解放和发展社会生产力，坚持社会主义市场经济改革方向，推动经济持续健康发展。"与此同时，更加注重"质量第一、效益优先"，并努力"让改革发展成果更多更公平惠及全体人民，朝着实现全体人民共同富裕不断迈进"。[①] 这充分彰显了中国共产党的性质、宗旨和社会主义的本质要求。

[①] 习近平：《决胜全面建成小康社会，夺取新时代中国特色社会主义伟大胜利——在中国共产党第十九次全国代表大会上的报告》(2017年10月18日)，《中国共产党第十九次全国代表大会文件汇编》，人民出版社2017年版，第24、36页。

八、风采:万众一心得胜利

在抗战时期及国共内战时期,经过思想解放洗礼的中国共产党人,以实事求是的思想路线为指导,不断强化党的建设,党的凝聚力、战斗力大大加强。既有政治民主的实践,又有一切"为人民服务"的基本政策,还有刺激经济发展的方针,各根据地和解放区展现出一种欣欣向荣、团结奋进的社会发展新景象。

红色热土:一个新型的社会

抗日战争时期,中国实际上形成三个政权、三种社会并存的局面,即中共领导的抗日民主政权及所辖各根据地区域,国民政府统治的大西南地区,日伪统治的"满洲国"及华北、华中地区。中国共产党领导下的抗日根据地政权名义上接受国民政府的领导,事实上在政权建设、人事组织、经济建设、军事战略等方面均是独立自主的。众多与国民党政权不同的新特点、新面貌令这片火红的土地焕发出蓬勃的生机,一个崭新社会的雏形已悄然诞生。

20世纪30年代末,延安只有三万七八千人口。其中,3万余人是中共中央和陕甘宁边区各机关、学校的干部,散居在延安及其郊区;市区居民约有7000人左右,大部分居住在城南。中共及其领导下的边区政府,在延安建立起了党政双轨、各自垂直的行政管理体系,3万余名干部分属各自的单位,是"公家人",均有自己的"伙食单位",过着一种以供给制为特征的军事共产主义的生活。

1937年后,大批知识青年仰慕共产主义的思想意识形态而投奔延安,成为了当时中国社会的一道奇观。为了安置这些青年,陕甘宁边区在延安创办了10余所学校,这些学校的规模与数量都远远超过了江西瑞金时期,延安几乎成了一座学校城。延安显然不同于国统区下的任何一座城市。当时,丁玲曾将自己对陕甘宁边区的印象告诉毛泽东,说这里就是一个有别于国民党统治的"小朝廷",毛泽东对此说法"很感兴趣"①。当然,所谓"小朝廷"并不是指"封建割据"和"国中之国",而是就抗日根据地人民民主政权的性质及革命氛围而言的。

与国民党政权相比,中共领导的抗日根据地政权最引人注目者有两点:一是民主,二是清廉。

选举是民主的主要标志。国民党政权借口民众民主素质低下,迟迟不给人民选举、监督、罢免政府的权利,一再推迟实施宪政;共产党则做出极大的努力,走街串巷、挨家挨户地进行宣传,千方百计唤起基层民众的政治热情,提高他们的民主觉悟,鼓励他们积极参加选举。

各种适应基层民众文化水平的选举方法被采用,进一步保证了人民选举的真实有效。据不完全统计,1940年晋察冀边区民主大选,参加区选的选民,占全部选民的80%以上;参加县选的选民,占全部选民的86.3%;参加边区参议会选举的选民,占全部选民的91.1%。中心区的阜平、平山,参加选举的选民,占选民总数的98%,有的区村达到100%。即便在游击区的县份,进行秘密选举,参加选举的人数一般也达到70%以上。② 在普遍、平等、直接、无记名地选举出自己信任的各级政权人员后,人民还享有对政权工作人员监督、罢免的权利。

---

① 李锐:《直言——李锐六十年的忧与思》,今日中国出版社1998年版,第368页。
② 谢忠厚、肖银成主编:《晋察冀抗日根据地史》,改革出版社1992年版,第203页。

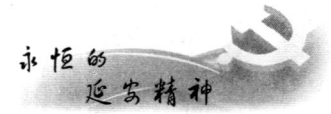

民主也体现在政权的开放性和代表的广泛性上。

不可否认,抗战时期,国民党政权做出了"开放政治"的姿态:允许中国共产党等抗日党派参加抗战;成立了最高咨询机关——国民参政会,共商国是;在政府的一般性机关,任用少量非国民党人士。但是,它始终不承认其他党派的合法、平等地位,中枢领导机构完全由国民党独占,工人、农民、小资产阶级、民族资产阶级根本无法参与政权建设和大政方针的决策,国民党实行的"党国"体制与战前相比并没有根本性的改变。

抗日民主政权则尽最大努力扩大代表性,增进广泛性。抗战前,苏维埃政权以工农兵为主体,参加的阶级、阶层不广大。而抗日民主政权是抗日民族统一战线性质的政权,它是在日本企图灭亡中国的形势下建立的,具有空前广泛的代表性。它包括了一切赞成抗日民主、不投降、不反共的阶级、党派、团体和个人。就阶级来说,既有工人、农民、小资产阶级,也有地主、大资产阶级;就政党来说,既有共产党,又有国民党,还有无党派人士。1941 年陕甘宁边区第二次民主选举中,据吴堡、华池、新正、赤水、淳耀、同宜耀 6 县的统计,乡政府委员中,工人 6 名,占 0.61%;雇农 50 名,占 5.13%;佃农 33 名,占 3.39%;贫农 627 名,占 64.37%;中农 220 名,占 22.59%;富农 29 名,占 2.98%;地主 5 名,占 0.51%;商人 2 名,占 0.21%;绅士 2 名,占 0.21%。①

为了确保政权代表的广泛性,1940 年 3 月 6 日,中共中央在《抗日根据地的政权问题》的指示中,明确规定了"三三制"原则,即共产党员、非党的左派分子、中间派各占 1/3。1940 年晋察冀边区民主选举中,5 个专区 19 个县的 924 名县议员中,共产党员占 55.3%,进步分子占 26.1%,中间分子占 18.5%,有些县份差不多完全达到了"三三制"的比例要求。②

---

① 宋金寿等主编:《陕甘宁边区政权建设史》,陕西人民出版社 1990 年版,第 244 页。
② 谢忠厚、肖银成主编:《晋察冀抗日根据地史》,改革出版社 1992 年版,第 205 页。

根据地的民主实践是在中国共产党的领导下进行的,但这并不意味着它是中国共产党的一党专政。实际上,当时国民党实行的一党专政正是中共所领导的民主运动的批评对象。邓子恢在路东临时参议会上明确表示:"我们不赞成国民党一党专政,同时也不主张共产党一党专政。"①那么,中国共产党对根据地的领导权是如何实现的呢?对此,毛泽东有精辟的论述:"所谓领导权,不是要一天到晚当作口号去高喊,也不是盛气凌人地要人家服从我们,而是以党的正确政策和自己的模范工作,说服和教育党外人士,使他们愿意接受我们的建议。"②

根据地政权工作人员的民主作风体现得更为直观和感性。他们摒弃了官僚主义和命令主义,主动走到群众中去,甘当群众的小学生,尊重群众的创造精神,任何决策必须先根据人民的意志和需要做出,然后再拿到老百姓中去执行。比如陕甘宁边区的两项重大决策——变工队和民办小学,都是从老百姓那里来的。

在晋察冀边区,所有困难问题的解决,所有优良措施与方法的采用,都是利用民主的方式开会讨论的结果。会议制度是晋察冀边区政权工作重要的领导方式之一,它奠定了民主政治的运作基础。在县里,每个月有一次县政会议,每半个月召开县政府的县务会议。每月还有一次政民联席会议,是政权机关和民众团体讨论政民联系配合工作的会议。由于工作上的需要,还可随时召开军政民联席会议。县对区的领导形式之一是每月召开区长联席会,每两个月轮流召开区助理员联席会。一个村公所,一个区政府,一个县政府以至专员公署,就是一级一级的小型行政委员会的组织。在行政委员会中有

---

① 邓子恢:《抗日民主政府一年来施政工作总报告(节录)》,《淮南抗日根据地》编审委员会编:《淮南抗日根据地》,中共党史资料出版社 1987 年版,第 87 页。
② 《抗日根据地的政权问题》(1940 年 3 月 6 日),《毛泽东选集》(第 2 卷),人民出版社 1991 年版,第 742 页。

它本身的例会,有定期的专员联席会。

在会议制度、汇报制度之外,晋察冀边区还进一步建立了工作巡视制度。这一制度的实施不仅使每个法令、每种工作的贯彻得到有效的监督和保证,每一级的同志还可以更具体地了解实际工作情形,不致使理论与实践脱节。这种制度推动了工作更快更深入地开展,使边区的行政机构形成了一个上下贯通、如脑使手般灵活的有机体。

因此,晋察冀边区的任何一种工作,诸如交纳公粮、募集公债、动员武装、区村民选……随便哪一种工作的进行,是没有单凭一纸公文或一道命令的,都是要在进行之前先经过周密、深入而广泛的政治动员的。所以,每一桩工作总能按时甚至提前完成。民主的作风不仅没有降低工作效率,反而提高了工作效率。

通过各根据地政权在民主政治方面的诸种举措,中国共产党向人民表达了自己对民意的理解,显示了一种建设中国特色民主政治的诚意。由于怀有这样的诚意,中国共产党不仅在各抗日根据地得到各抗日阶级、阶层的热烈拥护,而且影响到国民党统治区的各民主党派和抗日阶层。邹韬奋到苏北抗日根据地参观后写信给陈毅:"过去十年来从事民主运动,今天才在实际中看到了真正的民主政治。"①

毛泽东在讲到抗日根据地与国统区的区别时说:"利用抗战发国难财,官吏即商人,贪污成风,廉耻扫地,这是国民党区域的特色之一。艰苦奋斗,以身作则,工作之外,还要生产,奖励廉洁,禁绝贪污,这是中国解放区的特色之一。"②廉洁政府是根据地政权的一大突出特色。

---

① 中共江苏省委党史资料征集研究委员会苏中组编:《苏中抗日斗争》,江苏人民出版社1987年版,第107页。

② 《论联合政府》(1945年4月24日),《毛泽东选集》(第3卷),人民出版社1991年版,第1048页。

八、风采:万众一心得胜利

抗日根据地政权的工作人员严格实行最低薪金制度。陕甘宁边区抗日根据地的工作人员,上至边区主席,下至乡长,每月津贴只有1元5角到5元。边区政府还严禁贪污,规定贪污500元以上的,就要被处以死刑。① 在晋察冀抗日根据地,边区政府主席每月生活费只有18元,各县行政工作人员生活费普遍为10元左右,一切个人的应酬、膳食、衣服均自备,许多廉洁的县长还把节约下来的一部分生活费捐给抗日事业和群众团体。② 一般说来,老百姓比党政工作人员的生活要好得多。工作人员在工作之余还要种粮、种菜、打柴、养鸡、养羊、织毛衣,以生产收入来减轻公家负担。1941年4月的《陕甘宁边区政府工作报告》写道:"有些绅士经过我们县长几次'说情婉拒'、'进贿峻拒'之后而感叹起来(如陇东)。有些劳动人民见我们生活太苦,说:'你们如何不派点款,难道你们最低生活我们都不能负担吗?'(如绥德)有些外来参观者,实地看见了这些情况,才恍然说:'天下竟有这样的官!'"③真正人民公仆的风范在各抗日根据地表现得淋漓尽致。

抗战时期,在经济领域,各根据地最重要的举措就是实行减租减息政策。这一政策引起了农村土地关系和阶级结构的深刻变化。

新的政策实行以后,出现了土地所有权变动的新趋势,土地由原来的向地主和旧式富农集中转变为向广大农民分散。据晋察冀边区巩固区内45村的调查,抗战前地主占有土地总数的16.43%,到1942年就下降为10.17%,地主的土地减少了38%左右。而在同时期内,中农及其他贫苦农民的土地占有率则由61.79%上升为69.26%,加上富农占有的19.56%的土地,整个农

---

① 左健之:《陕甘宁边区民主政治的特点及其在乡的具体实施》,《解放》第104期。
② 彭真:《论晋察冀边区抗日根据地的政权》(1938年10月13日),中央档案馆等编:《晋察冀抗日根据地》(第1册)(上),中共党史资料出版社1989年版,第212页。
③ 陕西省档案馆、陕西省社会科学院合编:《陕甘宁边区政府文件》(第3辑),档案出版社1986年版,第173页。

民占有的土地已接近90%,其中中农的土地占土地总数的近50%。①

土地关系的变化,导致农村阶级结构的变化。一方面是封建地主阶级所占比重下降,另一方面是随着经济状况的变化中农及贫苦农民人数下降而阶级地位上升。同样是据晋察冀边区巩固区内45村的调查,1937年到1942年,农村各阶级户数比率的变化是:地主由2.42%下降为1.91%,旧式富农由5.91%下降为5.80%,贫农、雇农则由47.53%减到40.95%,唯有中农由35.42%上升为44.31%。农村各阶级人口比率的变化是:地主由3.61%降至2.51%,旧式富农由8.45%降为7.88%,贫农、雇农由40.53%降为36.35%,中农则由40.57%上升为47.47%。②

各根据地不仅仅阶级结构发生了变化,几千年的等级观念也受到冲击。普通劳动人民得到应有的尊重。"三百六十行,行行出状元"这句话在各根据地成了活生生的现实——英雄模范运动轰轰烈烈地开展起来,劳动成为无上光荣的事情,成为国统区从未见过的新鲜事。

吴满有是陕甘宁边区家喻户晓的劳动英雄。他原籍横山,1928年逃难到延安柳林区二乡吴家枣园务农,仍难以为生,曾卖过女儿。1935年5月,共产党在陕北建立苏区,吴满有分得了70多垧荒山,从此开始了他的新生活。吴满有吃苦耐劳,起早贪黑,把40多垧荒山变成了熟地;他又善于经营,不违农时,勤除草,积肥上粪,精耕细作,收成时,别人每垧收粮5斗,他收6斗。到1938年,他就已经拥有了2头牛、1匹马、50只羊,雇了一个拦羊娃,成了凭自己双手劳动致富的新农民。1942年,吴满有的牲口增加到牛5头、马2匹、驴1头、羊200只,雇了1个长工、1个拦羊娃和1个拦牛娃,种了11垧地,收获

---

① 温锐:《略论晋察冀边区的土地变革运动》,南开大学历史系编:《中外学者论抗日根据地》,档案出版社1993年版,第421—422页。

② 温锐:《略论晋察冀边区的土地变革运动》,南开大学历史系编:《中外学者论抗日根据地》,档案出版社1993年版,第422页。

了42石粮。吴满有致富不忘革命的好处,不忘共产党的恩情,积极缴纳公粮。1942年,他收获小麦12石、粗粮18石,却交了14.3石公粮、500千克公草、665元公盐代金,买了155元公债。他本人是抗属,不要公家的优待,自己却当上了乡的优抗主任,对本乡的抗属照顾得十分周到。

1942年12月,毛泽东在西北中央局高干会的报告中说道:"延安的吴满有、卯克呼,甘泉的杜发福,都是经过第一次农展会奖励过的,他们现在都成了很好的富农,缴公粮均在5担(每担300斤)以上,并在农村中推动了其他农户发展生产。"①经毛泽东的肯定和倡导,陕甘宁边区开展了学习吴满有的运动。

1943年1月11日,延安《解放日报》发表了题为《开展吴满有运动》的社论,明确指出:"吴满有这种响应政府号召,努力生产、周密计划的精神,是值得大家学习的,他的方向,就是今年边区全体农民的方向。"社论还具体介绍了"吴满有方向"的内容:肯劳动、会经营、会计划、公民模范。

表彰了吴满有,提倡"吴满有方向"后,陕甘宁边区又表彰了移民劳动英雄马丕恩、马杏儿父女。1942年9月,在工人中又开展"赵占魁运动",学习模范工人赵占魁。

1943年,陕甘宁边区掀起大生产运动的高潮。在生产大竞赛中,涌现出大批的劳动英雄,他们成了领导生产、领导开展各项政治运动的"群众领袖",起到了带头作用、骨干作用和桥梁作用。劳动英雄运动还推广到机关、团体、部队、学校,人人都可以争当劳动英雄和模范工作者,并由个人发展成为英雄集体。如模范合作社延安南区合作社,模范劳动合作组织吴家枣园式的变工

---

① 《毛泽东选集》,东北书店1948年版,第756页。

队①、白塬村式的变工队、马家沟式的变工队等。

1943年11月26日至12月16日,陕甘宁边区举行了规模空前的第一届劳动英雄大会。著名的农业劳动英雄吴满有、刘玉厚、张振财、贺保元,工业劳动英雄赵占魁,部队劳动英雄李位,机关劳动英雄黄立德,合作社劳动英雄刘建章,劳动英雄、模范共产党员申长林,移民劳动英雄冯云鹏,妇女劳动英雄郭凤英、张芝兰等185名劳动英雄出席大会。边区群众3万人参加了大会的揭幕式。一些劳动英雄还获得数目不等的奖励。11月29日,毛泽东同朱德、刘少奇、周恩来等把全体劳动英雄请到杨家岭中央大礼堂,设盛宴招待。

1944年,劳动英雄运动从农村、工厂、部队、机关、学校的生产运动发展到文化、政治、军事及其他各项建设事业全面开花。虽然劳动英雄和模范工作者的条件和标准更高了,但劳动英雄和模范工作者数量不减,并由一个或几个劳动英雄带动出一批模范村、模范乡、模范班、模范排、模范连和机关学校中的模范单位。

1944年12月22日至1945年1月14日,陕甘宁边区召开了劳动英雄与模范工作者大会,大家称之为"群英会"。476名劳动英雄和模范工作者出席了大会。会议分为农业、工业、运输合作、纺织、部队、机关学校、财政、金融贸易、司法、保安、文教及其他11个组,劳动英模们聚集一堂,分别交流经验和介绍典型。

在晋察冀边区,1944年2月10日至14日,党政军民联合在阜平召开了第一届群英大会。北岳区战斗英雄、战斗模范共104人,因一部分还在医院养伤,实际到会者70余人。冀中、冀东和平北根据地因尚被敌人分割,交通不便,未能选派英雄模范到会。大会期间,战斗英雄、战斗模范交流了在1943年

---

① 变工是中国农村一种劳动互助形式,以人工或畜工互换方式,轮流为各家耕种。变工队则由若干户农民组成,按等价交换原则进行评工计分,秋收后结算。

反"扫荡"中的英雄事迹和战斗经验。李勇、邓世军、戎冠秀受到特别的表彰。3月8日,边区抗联会召开了"三八"国际劳动妇女节扩大纪念会议,表彰了模范妇女干部张树凤等10余人。3月31日至4月7日,又举行边区各界模范妇女大会,表彰了北岳区各地新发现的50名妇女模范干部和妇女劳动英雄。

1944年12月20日至1945年1月30日,晋察冀边区盛况空前的第二届群英大会在阜平县史家寨村隆重举行。除冀热辽区因反"扫荡"未能派英模代表出席外,冀中区、冀晋区、冀察区的代表均按时到会。到会的英雄模范和参观者389人,各区干部200人,边区级干部52人,列席人员175人,总计参加会议的共有816人。大会期间,张瑞、寇善卿、王致和、陈福全等70余位英模代表发言,介绍了战斗、生产、文教卫生、拥军等各方面的事迹和经验。

劳动英雄模范运动也可折射出根据地新民主主义的建设方向。

各抗日根据地确立了新民主主义经济体制,从经济成分构成来看,主要有由政府或机关、学校、部队经营的公营经济;建立在私有制上的集体活动的合作经济;私人资本主义经济;劳动人民的个体经济。同时,为贯彻抗日民族统一战线方针,还部分留存有地主、富农的封建经济。

陕甘宁边区在提倡学习吴满有时,就有人认为,不能把富农方向("吴满有方向")作为全体农民的发展方向。这实际上是边区经济政策存在着"左"的错误,即怕发展生产,怕富,尤其怕成为富农,发展资本主义。针对这一点,《解放日报》编辑部发表文章指出:"吴满有是新民主主义政权下一种新型的富农,他与旧式的富农,在本质上是有区别的。"吴满有最近时期的经济"是建立在自己劳动与雇佣劳动的基础上的",其雇佣劳动的部分是有剥削存在的,吴满有式的经济发展是资本主义性的发展。然而,在民主革命阶段,民主革命就是要反对帝国主义的剥削压迫和封建的压迫剥削,就是为了扫清资本主义发展的道路。而边区正是因为经过了反封建革命,扫除了资本主义发展的障碍,所以才有吴满有式的富农经济的发展。这种富农经济虽然是剥削雇佣

劳动的,但比之未经土地分配区域的地主经济,却是前进了一步;比起未经减租减息区域的地主经济,更是一个进步。因此,"吴满有式的这类经济的发展,是必然的,也是必要的。这就是新民主主义内容的一个方面"[①]。

延安南区合作社冲破了合作社的教条主义、公式主义的束缚,把合作事业发展到人民经济生活的各个方面;不斤斤计较合作社本身的利益,尽量将赢利分给社员;不限制股份的红利,一律照股分红;有入股的自由,又有退股的自由;也不限制社员的资格,各阶层人民、机关团体都可以加入。延安南区合作社坚持面向群众、替人民谋利益的方向,根据人民的意见来改善合作社的组织和管理,为群众所爱戴;又实行"公私两利"的方针,做沟通政府与人民经济的桥梁。总之,延安南区合作社的道路代表了合作社事业的发展方向。

在旧社会,劳动人民被看作"下等人";在延安及其他的抗日根据地,劳动人民成了社会的主人,劳动英雄是新时代的"状元",受到尊敬和爱戴。在群英会上,他们的肖像同共产党和政府领导人的肖像一起挂到了主席台上。"劳动者卑贱""穷是命里注定的",这种封建残余思想在根据地已被肃清,"劳动光荣""劳动者致富"展现出根据地特有的新民主主义的新观念和社会新风尚。在这一时期,除了对毛泽东已有习惯的"毛主席"称呼外,其他的中央领导都可以被直呼为"同志",一般较少用官职称呼。

当然,各根据地对社会风习的移易并不仅限于此。改造懒汉活动,是各根据地为提高全民素质、提升道德水准、促进社会习俗改变的一个重要工作。

懒汉(俗称"二流子")现象是当时普遍存在的社会现象。1937年前,仅延安市就有500多名"二流子",占延安市总人口的16%。据太行区的"榆社十个村的统计,有懒汉七十人,涉县八个村的统计,有懒汉一百三十二人,和西全县懒汉一百二十八人,辽西九十三人"。这些人或因穷苦而潦倒;或因家财

---

① 《关于吴满有的方向》,《解放日报》1943年3月15日。

败尽而浪荡;或原为干部,"特殊惯了,逐渐变成懒汉"①。他们好吃懒做,游手好闲,挑拨离间,宣传迷信,敲诈钱财,赌博吸毒,不务正业,成为一大社会问题。

从 1937 年起,陕甘宁边区就开始了对懒汉的改造,主要办法是群众性的说服教育和监督。区乡干部对本地及职权范围内的懒汉分片包干,同时调动全社会的力量对懒汉进行教育监督:经济部门下达生产任务,政治部门负责日常的说服教育,文化教育部门施以科学文化、医药卫生、劳动观点、生产知识的教育,文艺部门编排改造懒汉的剧目等等。到 1944 年,边区改造懒汉的工作取得了很大的成绩,90%的懒汉被改造成了自食其力的劳动者,而且他们中涌现出了不少劳动英雄。

参照陕甘宁边区的经验,华北各根据地随后也在生产运动中注重解决懒汉的问题。如晋察冀边区提出了"没有一个懒汉"的口号②,以照顾生活、在村中公开批评、纳入互助组等办法,使本区的流氓地痞、巫婆神汉"大量的减少"③。太行区采取了以劳动英雄帮带懒汉、将懒汉纳入互助组、检查和奖罚并重等措施,用动员和强制相结合的方法督促改造了一批懒汉。据统计,左权、襄垣、武乡、邢西四县仅 1945 年就将原有的 708 名懒汉改造了 495 名。黎城霍家窑村在 1943 年减租之前有懒汉 21 人,流氓 11 人,巫婆 2 人,经过几年改造后,懒汉、流氓及巫婆都没有了。④ 涉县索堡村、岭底村、台华等村还将懒汉编成生产队,在开荒生产中改造他们,效果很好。

---

① 赖若愚:《生产运动的初步总结》(1944 年 8 月),太行革命根据地史总编委会编:《群众运动》,山西人民出版社 1989 年版,第 226—227 页。

② 李公朴:《华北敌后——晋察冀》,生活·读书·新知三联书店 1979 年版,第 122 页。

③ 刘澜涛:《晋察冀北岳区阶级关系的新变化和党的政策》,魏宏运主编:《抗日战争时期晋察冀边区财政经济史资料选编(农业编)》,南开大学出版社 1984 年版,第 205 页。

④ 《太行山区 1945 年生产运动的概况》,魏宏运主编:《抗日战争时期晋察冀边区财政经济史资料选编(农业编)》,南开大学出版社 1984 年版,第 169—170 页。

妇女观念的变化与妇女地位的提高,也是各根据地一个显著的社会变化。

华北各根据地先后制定了婚姻条例和法规,如晋西北根据地颁布的《婚姻暂行条例》(1941年4月)、《晋察冀边区婚姻条例》(1941年7月)、《晋冀鲁豫边区婚姻暂行条例》(1942年1月)和《山东省婚姻暂行条例》(1945年3月)等;山东省还于1945年3月颁布了《山东省女子继承暂行条例》。利用法律对传统道德伦理观念进行变革,男女平等、一夫一妻制、婚姻自主、妇女财产继承权和婚姻自由的基本精神得以确立与强制执行,都较大程度地改变了传统婚姻制度和人际关系,对根据地区域传统的社会与家庭、男女关系与男女地位都产生了巨大冲击。

在延安,女青年感受着与国统区完全不同的气氛,最令人振奋的是人与人之间一种同志式的平等精神。特别是从中小城镇来的女同志,更是觉得"卸掉了束缚在身上的枷锁,分外感到自由"①。一首流传在延安的歌曲真实地反映了当年她们的感受:

冰河,在春天里解冻,

万物,在春天里复生,

全世界被压迫的妇女,在"三八"发出自由的吼声……

从此,我们……我们定要……打碎这锁人的牢笼!②

具有平等和尊重妇女意义的新称谓如"爱人"等,在各区域内被推广开来。在延安和一些根据地的首府,男女青年的交往是自由的。在晋冀鲁豫和晋察冀边区的一些县,原来的男人先吃饭妇女后吃饭、男人吃干女人喝汤等旧习俗也受到了冲击。据调查,冀东山区农村女人缠足的习惯是在抗日民主

---

① 文白:《金色年华——马列学院的八小时以外》,吴介民主编:《延安马列学院回忆录》,中国社会科学出版社1991年版,第189页。

② 文白:《金色年华——马列学院的八小时以外》,吴介民主编:《延安马列学院回忆录》,中国社会科学出版社1991年版,第189页。

政权的推动之下才被彻底破除的。1942年,武乡县妇女救国会在全县开展了一次争取婚姻自主,特别是"寡妇再嫁"的活动,使数以百计的寡妇摆脱了旧有道德与礼俗的束缚,达到了再婚的目的。① 据晋察冀边区易县司法科统计,从1940年11月到1941年2月中旬三个半月间,"离婚案件总共十五起,在这十五起离婚案件中,原告都是妇女"。②

以前,妇女地位较低,常有"嫁汉嫁汉,穿衣吃饭"的被动意识,只要男人有钱有势,即使他是汉奸也不在乎。但此时的妇女,也知道讲究中国人的气节,她们鄙视汉奸,以与抗日军人结婚为荣。

妇女地位提高后,她们对抗战极为关注并投入了极大的热情。1940年晋察冀边区进行民主选举时,"广大妇女在高度的参政热忱下,争先恐后参加选举。盲者、孕妇、产妇、病妇都没有放弃自己的权利。很多新媳妇,为了参选,不惜远道赶回婆家。许多优秀的妇女干部和会员,勇敢地走上了竞选台,大胆发表自己的主张"③。据冀中区定南、深极、安平、饶阳、博野、清宛、蠡县7个县的统计,女选民参加选举的比例非常高,村选是82.9%,区选为80.89%,仅比男性公民低2%左右。④

应该看到,妇女观念与妇女地位的变化是局部的,有的地方旧有观念仍很严重,各根据地的妇女解放只能看作全国妇女解放的一个先声,但这在中国历史上毕竟是前所未有的。

农民的信仰是极为功利性的,他们长期信奉神灵却无法摆脱贫穷,而抗日政权的土地与经济政策令他们受益匪浅的事实使神权威信大减。

---

① 《太行革命根据地群众运动史略》,太行革命根据地史总编委会编:《群众运动》,山西人民出版社1989年版,第37页。
② 王炜:《易县的婚姻问题》,《晋察冀日报》1941年3月15日。
③ 于林:《二年来的北岳区妇运》(1942年6月20日),《解放日报》1942年9月26日。
④ 魏宏运、左志远主编:《华北抗日根据地史》,档案出版社1990年版,第146页。

1943年，太行山区发现大面积蝗害。农民对付不了肆虐的蝗虫，就在无奈之中祭起了迷信的大旗。"有很多地方烧香磕头,许愿戏,插杏黄旗"①。他们对蝗虫顶礼膜拜,称之为"神虫"。许多农民认定旱灾、蝗灾是"天定劫数",积极参加求神活动,但蝗虫的活动丝毫不减。"北县'神娘娘''李善人'最初坚决不打,烧香拜神,别人的苗子保全了,他们的苗子被蝗虫吃得很厉害。"②在这种迷信活动流行之时,太行区组织了大规模的灭蝗运动并取得显赫的成绩。在困难面前要靠自己的奋斗而不能靠天恩赐,铁的事实使不少农民改变了观念。③

各地还用事实破除了许多迷信做法,不准神汉巫婆们进行活动,因陋就简将祠庙改做小学以发展教育,甚至在一些地方捣毁了庙宇。秧歌剧等文艺活动以活泼的形式向人们传播巫神的虚伪无用,同时宣传科学的卫生医药知识。1944年到延安访问的美国记者哈里逊·福尔曼在他的《来自红色中国的报告》一书中,很有兴趣地描述了一出打击巫医的秧歌剧的演出情形。④ 在陕甘宁边区,开展了"崔岳瑞运动"。崔岳瑞是定边县卜掌村的中医、县参议员,他深入群众,调查并揭露巫神的骗人伎俩,受到边区文教大会的表彰。这个运动用科学提高了群众的觉悟,之后巫神活动大大减少。

1943年5月19日,《解放日报》发表了陕甘宁边区绥德县延家川二乡张家圪崂的一篇村民公约：

一、全村人,勤生产,丰衣足食,生活美满。

---

① 赖若愚：《生产运动的初步总结》(1944年8月),太行革命根据地史总编委会编：《群众运动》,山西人民出版社1989年版,第226—227页。

② 《晋冀鲁豫边区的剿蝗斗争》(1944年11月),魏宏运主编：《抗日战争时期晋冀鲁豫边区财政经济史资料选编》(第2辑),中国财政经济出版社1990年版,第415页。

③ 参见江沛：《平北抗日根据地区域的社会变动》,《抗日战争研究》2000年第2期。

④ [美]哈里逊·福尔曼著,熊建华译：《来自红色中国的报告》,解放军出版社1985年版,第82—86页。

二、不吸烟,不赌钱,人人务正,没个懒汉。

三、不吵嘴,不撕斗,邻里和睦,互相亲善。

四、多上粪,仔细按,人畜变工,大家方便。

五、秋翻地,锄四遍,龙口夺食,抢收夏田。

六、婆姨们,多纺线,不买布匹,自织自穿。

七、多栽树,多植棉,禾苗树木,不许糟践。

八、识字班,好好办,不误生产,又把书念。

九、抗工属,优待遍,吃的又饱,穿的也暖。

十、公家事,认真干,公粮公款,交纳在先。

十一、生产事,议员管,服从检查,接受意见。

十二、好公约,要实现,谁不遵守,大家惩办。①

此村民公约字里行间,透露出中国共产党领导下的各区域人民对新型社会积极向上的新风尚的推崇和对生活的无限热爱。

延安及其他抗日根据地区域社会的巨大变化,通过诸如埃德加·斯诺的《西行漫记》、范长江的《中国的西北角》和《塞上行》等论著展现在国人面前,强烈吸引着国统区的广大青年,他们怀着对新生活的憧憬,从天南地北奔向延安。延安到处充满着青年人的欢笑,这里似乎成为了一座青年人的乐园。

明朗的天:崭新的精神风貌

解放区的天是明朗的天,

解放区的人民好喜欢,

---

① 田方:《延安生活回顾(三篇)》,中国延安精神研究会编:《延安颂歌——继承和发扬延安精神》,新华出版社1992年版,第285页。

人民政府爱人民,

共产党的恩情说不完。

……

这首曾经广为传唱的歌曲,每一个音符都那么欢快,张扬着各根据地人民生机蓬勃的精神风貌。

延安的人们是上进的,学习成为一种时尚,蔚然成风。毛泽东曾说过,"延安就像所革命大学"[1]。《新民报》主撰赵超构于1944年延安一行后,也得出了"整个延安城都是在那里学习"[2]的观感。从四面八方、五湖四海涌来的人们,一进入这所特殊的"大学",就会感受到浓浓的学习氛围。

干部们在如饥似渴地学习。干部的素质,对于党的路线、方针、政策的实施,对于党、军队和根据地的建设,意义之重大不言自明。当时,共产党的大量干部出身于农民和工人,文化程度较低,尤其是基层干部,绝大多数是文盲,这一教育背景严重制约了他们对马列主义理论和时势政策的掌握与运用,很难适应抗日民族民主革命和根据地建设的要求。毛泽东和党中央对干部的培养和提高十分重视,将干部教育工作放在全部教育工作的第一位。毛泽东身体力行,率先垂范。延安时期,是毛泽东读书、写作最充实的时期。他在百忙中集中精力系统地研读了马克思、恩格斯、列宁、斯大林的10余种著作,以及《鲁迅全集》、蔡东藩的《中国历代通俗演义》、李达的《社会学大纲》、沈志远的《新经济学大纲》,还有许多古书、诗词。在总结中国革命经验的基础上,他写出了《实践论》《矛盾论》《新民主主义论》《在延安文艺座谈会上的讲话》《论联合政府》等大量有名的著作。据统计,《毛泽东选集》(1—4卷)所收的158篇文章,有112篇是这一时期写的。《毛泽东书信选集》收集的372

---

[1] 黄霖:《延安轶事》,解放军文艺社1982年版,第75页。

[2] J.L:《延安市的特点》,《延安文萃》(下),北京出版社1984年版,第848页。

篇书信,有142篇是这一时期写的。他还和中央其他领导人与有关学者一起,组织各种学术研究会,进一步开展马克思主义基本理论的研究。同时,毛泽东还提倡理论和实际相结合的学习方法,反对教条主义、党八股、夸夸其谈、瞎子摸鱼、粗枝大叶的学习,并号召进行全党的学习竞赛。这样,延安的所有新老干部都懂得了自身的价值和所肩负的繁重革命任务,掀起了广泛而持久的学习热潮。

一部分干部脱产进入干部学校专职学习。干部学校主要集中在延安,有中央党校、抗日军政大学、陕北公学、鲁迅艺术学院、中央女子大学、泽东青年干部学校、延安大学等。在华北、华中各抗日根据地内,党创办了各种干部学校和训练班,较著名的有抗大分校、华北联合大学、苏中公学等。各校配备了雄厚的师资力量。如在培养干部的"重工业"抗日军政大学,就有徐向前、罗瑞卿、李逸民、冯达飞、何长工、王智涛、谢翰文、张如心、吴亮平、艾思奇、任白戈、徐懋庸、张庆孚等知名人士任教。毛泽东、张闻天、陈云等领导人也经常到各校作报告。大量投奔延安的有志青年也多数进入各个学校学习,接受这个革命大熔炉的锤炼,被培养成干部队伍的后备军。大家都十分珍惜这一难得的机会。当时在陕北公学总校高级部二队学习的陈辛火这样深情地回忆:"没有课堂,就在窑洞前的坪地上、在树阴下的空地上上课。就是在1938年11月20日,日本飞机轰炸延安的第二天,我们也照常到一个山坡上坚持上课。没有桌子、凳子,就席地而坐,膝盖就是活动'桌子'。纸张困难,就用淡蓝色的马兰草造的纸写字,有时还用桦树皮写诗。现在回想起来,那一张张桦树皮,本身就是串串诗句啊!图书也不多,每月发的一点有限的津贴费差不多全用来买了书。只要新华书店到了新书,如《联共(布)党史简明教程》《政治经济学》和《钢铁是怎样炼成的》等,很快就被抢购一空。那时夜间照明条件很差,可是大家读书认真。晚上一般用空墨水瓶做的煤油灯照明,有时还用老麻籽油点灯。光线虽然不够亮,但是大家为革命如饥似渴地学习,常

常围着豆粒大的灯光读到深夜……那时我们的背包很简单,几件衣服,一条薄被子,但是我们每个人的背包里却鼓鼓囊囊地装着好些马恩列斯著作和毛泽东、刘少奇的著作,行起军来,走到哪里背到哪里,就是在战斗紧张的情况下,也舍不得丢掉一本。"①

进入学校专职学习的干部毕竟有限,绝大多数干部只能在岗位上边工作边学习。文化程度低的乡级干部,主要是提高文化水平,以消灭文盲为主;文化程度较高的高、中级干部,主要学习理论。有的地方还制定了细致的学习制度和学习内容。如陕甘宁边区,各县在乡一级成立在职干部学习小组,由乡长任组长。依文化程度(不论职位)分为初、中、高三级:文盲或半文盲的在职干部为初级,相当于高小毕业程度的为中级,初中毕业以上程度的为高级。业务、政治、文化、理论四种学习以文化学习为主,其余为辅。业务学习,根据"做什么,学什么"的原则进行;时事学习,以自己阅读报纸为主,并请人讲解;理论学习,以调查研究入手。在学习制度上,坚持每日2小时;半日校、夜校或补习班,每周至少上3次,每次2小时;实行成绩考核,分为日常考、临时试验、学期考试、毕业考试等,确立优劣,给以奖惩。② 在职干部学习的热情很高,业务能力和理论水平显著提升。

一些民众也在积极学习文化。中国共产党为占人口绝大多数的成人文盲和失学儿童创造了从未有过的好条件。中国共产党人无论到什么地方,首要的工作便是开办针对成人文盲和失学儿童的成人小学和儿童小学,并力图培养受教育充分的教师来广泛地、迅速地传播一切有益的知识,而中国低层民众十分渴望接受最起码的教育,因此共产党大得人心。

---

① 陈辛火:《艰苦的岁月,难忘的记忆》,中国延安精神研究会编:《延安颂歌——继承和发扬延安精神》,新华出版社1992年版,第298页。

② 宋金寿主编:《抗战时期的陕甘宁边区》,北京出版社1995年版,第653页。

八、风采:万众一心得胜利

识字组、夜校、半日校、民众教育馆和黑板报是人们日常的学习形式。识字组以当地识字的人为中心组成,既学习识字,又学时事政治,还可以进行生产和日常知识的学习。晋察冀边区当时流传着这样的佳话:唐县某村婆媳两个都是该村妇女识字班的学生,可是每次上课的时候,总需要留下一个人看家,烧饭洗衣,拾掇缝补。于是媳妇让婆婆去上课,自己留在家里干活,婆婆说年纪轻的该读书识字,年纪老的要留在家里做事。最后还是媳妇拗不过婆婆的好意,于是就拿起课本抱起孩子去上课了。"妈,等我回来,再教给你!"就是这样,婆媳两个都识了字。[①] 民教馆类似现在的图书馆,备有书报,发行刊物,组织演讲,举办各种文化展览等。群众还创造了冬学这种突击性的学习运动。冬学就是利用冬季农闲时节,开展大规模的有计划、有目的的文化教育活动,重点是扫盲。在各根据地,没有堂皇的教室,随便一间房子,一片树林,一处河滩,或是山坡,或是山顶,所有的工作场合,随处都是人民的课堂。人们不仅学到了文化,也认识了世界,认识了中国,认识了抗战,而且还认识了他们自己,了解了自己的力量。

到1939年底,晋察冀边区冬学增至5379个,入冬学人数由1938年的18万人上升到39万余人。[②] 据1941年晋绥边区神池等19个县的统计,共开办冬学3116处,学员达17万余人,其中妇女约占1/3。[③] 陕甘宁边区还普遍推行一种"小先生制"。所谓"小先生",是指一些识字较多的小学生,特别是完小的高年级生,他们在自己的家里,教爸爸、妈妈、叔叔、伯伯、哥哥、姐姐识字,为家人读报,在自己家的附近或本村,组织识字组,教识字组的叔叔、阿姨、哥哥、姐姐识字。

---

① 李公朴:《华北敌后——晋察冀》,生活·读书·新知三联书店1979年版,第143页。
② 中共晋察冀边区党委:《关于边区冬学运动总结摘要》,《新中华报》1940年6月11日。
③ 《晋绥边区社会教育概况》,《老解放区教育资料(二)》(下册),教育科学出版社1986年版,第159页。

永恒的延安精神

延安是"红色中国"的文化中心,也是学习风气最浓厚的地方。在那里,谁要是有一本好书,得到一支钢笔,就会成为周围同志十分羡慕的事。延安许多生活用品缺乏,书店却不少。抗战时期到过延安的德国友人王安娜这样说:"延安城内并没有什么可看的。小城镇,到处都一样……特别引我注目的,是有许多书店。学生和红军的战士们,正挤在柜台前购买马克思主义经典著作的普及版。国民党地区发行的杂志也可以看到,不过要晚一个月。"[①]尼姆·韦尔斯则看到,"在延安,夜校随处可见。一天辛劳之后,泥水匠和学徒工、商人的儿子和贫苦的农民,都认认真真地坐在桌前学习读书写字。中国现在新旧两种文字都有,可老百姓人多愿意他们的孩子学习旧文字"[②]。干部、战士、学生、民众一起,汇成火热激情的学习潮流。而坚定的理想信仰及对美好未来的憧憬、对理论文化的兴趣,是他们学习的不竭动力。

美军驻延安观察组组长戴维·包瑞德上校也承认,"许多人,包括我本人,对延安共产党政权基本上持赞赏态度的一个原因是,那里的一切事物所具有的外貌是绝大多数美国人都倾向于赞同的"[③]。这种"外貌",就是指美国人推崇的民主与平等的观念。延安是一个民主、平等的大家庭。这里没有高低贵贱之分,正如毛泽东所说,大家来自五湖四海,为了同一个革命的目标走到了一起。上下级之间,多不以职务相称,而以"同志"相称,大家同工作,同学习,同劳动,同生活,同娱乐,同甘共苦,没有上下隔阂,关系亲密无间。那时延安传唱的一首苏联歌曲中有这样两句:人们骄傲的称呼是同志,它比一切尊称都光荣。有这称呼各处都是家庭,无非人种黑白棕黄红。[④] 这一表述,可以说是最生动、最准确的写照。

---

① [德]王安娜:《中国——我的第二故乡》,生活·读书·新知三联书店1980年版,第154—155页。
② [美]尼姆·韦尔斯著,马庆军、万高潮译:《红色中国内幕》,华文出版社1991年版,第135页。
③ [美]D.包瑞德著,万高潮等译:《美军观察组在延安》,解放军出版社1984年版,第109页。
④ 韦君宜:《思痛录》,北京十月文艺出版社1998年版,第5—6页。

八、风采：万众一心得胜利

党的领袖的作风是民主平易的。1944年,美联社、《曼彻斯特导报》《基督教箴言报》记者冈瑟·斯坦因作为中外记者团成员访问延安时看到,毛泽东和朱德走动时,"并无副官或秘书跟在身边,穿的是没有徽章的制服,这种制服对于一切等级的人,都是一律的";毛泽东"总会有时间和一切领域之实际的领导者,和非党人士,和纯朴的农民,以及和任何向他请教或有所谘商的人们,进行谈话";中共的党员,对于毛泽东的理论学说和实际政策,是"以一种无限的热情"和"为任何中国人所罕有的那种纪律性,加以信服的",这"主要是自发的,因为党员天天可以看到,在制定政策时,毛泽东如何探寻与采用他们的意见";士兵对八路军总司令朱德将军"咸敬爱如'父'"。① 美军驻延安观察组组长包瑞德也说,"在重庆,我们所到之处都能看见警察和卫兵;在延安,我所见到的任何地方,包括第十八集团军总指挥部,都没有一个卫兵。在毛泽东朴素简陋的住处前面,即或有什么人在站岗,这对于一个偶然的过路人来说,也是不显眼的"②。

一般说来,军队中是等级森严、最缺乏平等精神的地方。抗战初期美国记者斯特朗曾在八路军总部住了10天,却留下大不相同的印象。她注意到,朱德、贺龙、刘伯承等将领之间"不存在内部的倾轧,没有吵架或者粗暴的行为",战士们在谈到他们的指挥官的时候,脸上流露出"喜悦神色";完全不存在官僚主义,上下级之间亲密团结,从等级最低的士兵到最高级的指挥员都发挥出"主动精神"。③ 的确,中国共产党的军队是当时民主和集中结合得最好的队伍。在延安,还经常举行篮球、排球比赛,朱德总司令、贺龙师长等许多领导同志经常和战士们在一起打篮球,你简直无法分清哪个是战士,哪个

---

① [美]G.斯坦因:《八千六百万人民随着他的道路前进》,中国社会科学院新闻研究所、中国报刊史研究室编:《延安文萃》(下),北京出版社1984年版,第892—895页。
② [美]D.包瑞德著,万高潮等译:《美军观察组在延安》,解放军出版社1984年版,第109页。
③ 李寿葆、施如璋主编:《斯特朗在中国》,生活·读书·新知三联书店1985年版,第134页。

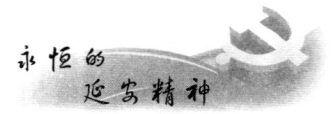

是领导。宝塔山下、延河水畔,到处洋溢着革命同志亲密无间、团结友爱的深厚情谊。在延安,青年人心中的偶像是"'两万五'穿草鞋和会打草鞋的人","一到了自己的队伍里,就天真烂漫得很,虔诚到了家,对自己的领袖人物更是从心里往外热爱他们,一想到烈士,就肃然起敬"①。

如果将延安誉为"革命熔炉",那抗大可以称为"熔炉中的熔炉"。那里的教职学员来自五湖四海的特征最为明显。虽然工作、职务上的分工不同,但他们情同手足,像一个团结友爱的大家庭。当时的延安机关、学校都有个晚饭后散步的好习惯。每当夕阳辉映着山头塔影的时候,同志们就三五成群地漫步在晚霞斜照的延水河畔,沿着蜿蜒起伏的山间小道和古老城墙,或指点江山,或纵情高歌,或谈古论今,或研讨切磋,到处充满着战友的温情,到处是一派盎然的生机。特别是延水岸边一处刻着"宛如云霞"四个大字的长方形石窟,顶部岩石经过千百年风化,自然呈鱼鳞状,当它被落日的余晖染红,酷似晚霞,与延水泛起的粼粼波光相辉映,显得分外绚丽。许多青年很喜欢攀上此处古迹胜地,俯瞰如带的延河滚滚奔流,心潮起伏,都情不自禁地吟诗作赋,抒发革命情怀,互相鼓励,要携手并肩为拯救中华而奋斗。抗大这个革命大家庭有着一个又一个的好"家长"。副校长罗瑞卿同志既严肃又可亲,经常与同学们一起参加操课,一起打球、散步、谈心,人家都亲切地称他"罗头",很愿意接近他。政治部主任张际春同志非常和蔼可亲,经常找干部谈心,关心他们政治上、工作上的进步,所以大家都乐意接近他,亲切地称他"老妈妈",心里有话也愿意对他讲。他的窑洞里常常聚满年轻人,他像个慈祥的长者,给大家讲革命故事,说革命道理,循循善诱;他对有缺点、错误的同志,也从不

---

① 宋振庭:《真理是朴素的,历史是无情的——为长诗〈于立鹤〉再版说几句话》,严慰冰:《魂归江南》,上海文艺出版社1987年版,第3页。

发脾气训人,而是耐心地说服教育,具体地帮助。①

在延安,每个人在人格上都是平等的,都得到应有的尊重。包瑞德对一个细节印象深刻。他们一行人到达延安后,共产党联络员首先提醒他们一件事,那就是他们想要什么东西时,不要用住在远东的外国人常用的口气喊"伙计",而要用一种合适的音调叫"招待员"。② 斯特朗也看到,担任勤杂人员的"小鬼"们,在别的地方被人们叫作苦力,而在延安的舞会上,他们与别人一样,也加入跳舞的行列,快活地旋转着。③

延安是所有革命者的家,延安是个和平、安全的地方,投入她的怀抱,就会感到放松、惬意。在南京担任首席谈判代表的周恩来,筋疲力尽地从谈判桌边回到延安后,把一群跑得上气不接下气的记者留在机场,他一个人到窑洞里睡觉去了,一睡就是大半天。北平军调部的工作人员黄华,经过一年紧张而没有成果的谈判以后,在抵达延安时感到身体不适。一周后他说:"真是奇迹,我觉得舒服极了,吃得那么多,睡得那么香!"当时,延安正遭到轰炸。作为政治协商会议的代表在重庆和南京待了5个月的陆定一,回到延安休假时对斯特朗说:"一个人在国民党统治区待上五个月,比在这里待五年还容易老。"斯特朗还认为,共产党的官员们之所以在艰苦的物质条件下能工作很长时间,而且即使在敌人即将入侵的情况下,工作起来也不怎么紧张,"首先是由于在延安的十二年中,他们已经使自己的全部理论经受了实践的考验,并为农民所接受。他们在老百姓家中感到自在,来来去去,无所畏惧";此外,还"部分由于他们过着一种接近自然的宁静而简朴的生活;部分是由于相互间有着同志般的社交生活"。④ 这种干部与群众之间、革命者互相之间亲切自然

---

① 李志民:《革命熔炉》,中共党史资料出版社1986年版,第309—310页。
② [美]D. 包瑞德著,万高潮等译:《美国观察组在延安》,解放军出版社1984年版,第34页。
③ 李寿葆、施如璋主编:《斯特朗在中国》,生活·读书·新知三联书店1985年版,第178页。
④ 李寿葆、施如璋主编:《斯特朗在中国》,生活·读书·新知三联书店1985年版,第177页。

的关系,正是延安精神的一大表征。

延安的物质生活的确十分艰苦。大家过着一种军事共产主义性质的供给制生活。住的是土窑洞,吃的主要是小米饭,只有逢年过节时才能吃到大米饭,穿的是粗布衣服。但是,物质上的困难并没有使人们灰心丧气,畏首不前,反而激发了人们的豪情壮志,赋予人们真正的乐观主义精神和革命的豪迈之情。

歌唱成为人们日常生活的一部分,堪称革命浪漫主义的突出表现。延安是全国著名音乐家荟萃之地,如冼星海、贺绿汀、吕骥、郑律成、李焕之、马可、麦新、张寒晖、李海、王莘、周巍峙、刘炽、李德伦等等。他们创作的大量歌曲,雄壮有力,情深意切,百唱不厌,流传甚广,如贺敬之、马可的《南泥湾》,秀山、华恩的《共产党像太阳》,方冰、李劫夫的《歌唱二小放牛郎》,莫耶、郑律成的《延安颂》,贺绿汀的《新民主主义进行曲》,塞克、冼星海的《生产大合唱》,光未然、冼星海的《黄河大合唱》等等。尤其是《黄河大合唱》,周恩来称赞它是"为抗战发出怒吼,为大众谱出呼声"的典范①,郭沫若誉之为"抗战中所产生的最成功的一个新型歌曲"②。

美国人埃德加·斯诺于1936年第一次踏上"红色中国"的土地,碰到了一支红军的队伍。他惊异地发现,这支队伍"在路上几乎整天都唱歌,能唱的歌无穷无尽。他们唱歌没有人指挥,都是自发的,唱的很好。只要有一个人什么时候劲儿来了,或者想到一个合适的歌,他就突然唱起来,指挥员和战士们就都跟着唱。他们在夜里也唱,从农民那里学新的民歌,这时农民就拿出来陕西琵琶"③。斯诺认为,这些战士是他看到的第一批"真正感到快活的中国

---

① 《冼星海:为抗战发出怒吼,为大众谱出呼声》,《人民日报》2016年7月20日第9版。

② 杜兴梅:《珠联璧合,相得益彰——简论〈黄河大合唱〉的词与乐》,《音乐探索(四川音乐学院学报)》2002年第3期。

③ [美]埃德加·斯诺著,董乐山译:《西行漫记》,生活·读书·新知三联书店1979年版,第57页。

八、风采：万众一心得胜利

无产者",这意味着他们"对于生存有着一种自信的感觉"①。美国著名学者特里尔则称之为"红色军队斯多噶式的英雄主义"②。在延安,只要看到大路上有队伍在行走,群众就要拍手欢迎唱歌,队伍就会唱了一首又一首。有时道路两旁、山坡上下,歌声和着歌声,歌声引着歌声,汇成一片。

学校、机关等单位的歌咏队、拉拉队也十分活跃。抗大歌咏活动的群众性是闻名于延安和各抗日根据地的。操场上、课堂里一休息就有响亮的歌声。特别是集会、上大课的休息时间,各个队之间互相拉歌,歌声此起彼伏,更是热闹。有一次,抗大师生在凤凰山工地上劳动,罗瑞卿、莫文骅、胡耀邦等校领导带头劳动,并在工地上组织竞赛。教职学员同心协力,你追我赶地干;有的抱病继续出工,负伤不下火线;有的在开窑洞口时不慎滚下山坡,爬上山来继续干;至于争先上工,推迟下工,休息时间不休息,下雨下雪天坚持作业,星期日和晚上加班的劳动事例更多。更热闹的是整个工地歌声嘹亮,令人热血沸腾。毛泽东和中央首长有时路过凤凰山下,听到漫山遍野歌声飞扬,看到山坡上一排排窑洞正在修筑,都很高兴。③ 陕北公学每逢召开群众大会,或是课前饭后列队行进时,总是歌声嘹亮,慷慨激昂,振奋人心。1939年春天,延安干部、战士都进行生产开荒,天还没亮,干部、战士就扛着镢头、铁锹奔向荒山,钻进山沟,山谷田野到处是意气风发的劳动大军,到处荡漾着《开荒歌》《生产大合唱》的歌声。④ 青年们还自制胡琴、提琴、象棋、扑克,自己编写文艺节目。人民音乐家冼星海指挥的500人的大型业余合唱团,经常为群众演唱。《黄河大合唱》就是一个代表性曲目,大家都会唱。鲁迅艺术学

---

① [美]埃德加·斯诺著,董乐山译:《西行漫记》,生活·读书·新知三联书店1979年版,第57页。
② [美]R.特里尔著,刘路新等译:《毛泽东传》,河北人民出版社1989年版,第181页。
③ 李志民:《革命熔炉》,中共党史资料出版社1986年版,第291页。
④ 李易方、姬也力:《陕甘宁边区的农业》,《陕甘宁边区抗日民主根据地(回忆录卷)》,中共党史资料出版社1990年版,第212页。

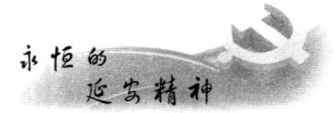

院、八路军留守兵团部队艺术学校等院校,有时也排演新节目,如《带枪的人》《太平天国》等节目,每次演出,都受到热烈欢迎。

李公朴到晋察冀边区考察,发现"歌咏已经形成了晋察冀人民大众的日常生活"。不论男女老少,很少有不会唱歌的。救亡歌曲和抗日小调已代替了过去人们消闲或工作中间口头所唱的一切腐词滥调。农村歌咏队普遍地在乡村里成立了,在人民大众的队伍中也产生出他们自己的歌咏指挥者。每一村的自卫队和儿童团也都有他们自己的歌咏指挥。阜平城南农民歌咏队的指挥,便是该村一个打烧饼卖的小商人。这些歌咏队不但能够简单地合唱,而且能够轮唱,能够两部合唱以至四部合唱。会唱歌的最多的是妇女们,其次是儿童,人们总是赶不上他们。随便你走到田野,走进村庄,尤其是在会场上,总是充满响亮雄壮的歌声,彼此挑战,彼此竞赛,有的子弟兵团还比不上群众唱得多,唱得整齐。①

人们为什么那么爱唱歌?何其芳写过一篇著名的散文《我歌唱延安》,文中的话是最好的回答:"我想,延安的人们那样爱唱歌,大概由于生活太苦。然而我错了,刚刚相反地,是由于生活太快乐。"②延安精神就在这苦与乐的强烈反差中闪耀着夺目的光华。

在延安,每逢元旦、春节、五一、五四等节日、纪念日,或召开重要会议,都会有色彩纷呈的文艺演出。秧歌剧、合唱、对唱、小提琴、大提琴、二胡独奏、平剧(京剧的别称)、话剧、眉户,多姿多彩,锣鼓声、歌唱声处处可闻。其中,大秧歌运动最具中国作风和民族气派,最能体现根据地人民火红的精神面貌。新秧歌剧加进了"五四"以来新文艺形式的要素,熔戏剧、音乐、舞蹈于一炉,是一种新型的、小型的广场剧。1943年春节,鲁艺编排的《兄妹开荒》第一

---

① 李公朴:《华北敌后——晋察冀》,生活·读书·新知三联书店1979年版,第155—156页。
② 何其芳:《我歌唱延安》,《延安文艺丛书》第4卷《散文卷》,湖南人民出版社1984年版,第62页。

次走向延安街头,毛泽东、周恩来、朱德、陈云等中央领导与群众一起观看了演出,边看边叫好。群众性的秧歌运动更是遍及整个陕甘宁边区。1944年春节,延安八大秧歌队在杨家岭会演。保安处的《冯光琪锄奸》、中央党校的《牛永贵挂彩》、西北党校的《刘生海转变》、边区直属分区的《红军大反攻》、枣园机关的《动员起来》、行政学院的《好庄稼》、西北局的《女状元》、留守兵团政治部的《刘连长开荒》,均获得好评。延安春节秧歌会演,将新年变成了群众性的艺术节。

周恩来还将秧歌剧从延安带到了重庆。他组织延安来的文艺工作者和在办事处、《新华日报》工作的同志,在周公馆的过道里演出小型歌剧。接着又在新华日报社的空场上和红岩八路军办事处的草地上,先后举行两次大规模的秧歌演出,招待国统区文艺界人士。节目有《兄妹开荒》《牛永贵挂彩》《一朵红花》。当演到集体秧歌舞时,周恩来和几位领导同志"首先从座中参加进秧歌队,兴致勃勃欢欣鼓舞地扭了起来。在座的多数演员也坐立不住了,纷纷插进队伍去,队伍越来越长,情绪越来越热烈,观舞者的心情仿佛飞到了延安,在毛主席身边大扭秧歌了"[①]。秧歌剧中蕴涵的延安精神感染了国统区的人们。

随着大秧歌运动的深化,崛起了以《白毛女》为代表的新歌剧。《白毛女》吸收了以往小调剧、小歌剧的许多长处。它以民间故事为基础,以民歌、戏曲为基调,突出了"旧社会把人变成鬼,新社会把鬼变成人"的反封建主题,在剧作、音乐、表演、舞美等方面都有新的突破,将我国歌剧艺术推进到一个崭新阶段。《白毛女》同《刘胡兰》《英雄刘四虎》《孙大伯的儿子》《无敌民兵》《红鞋女妖精》等歌剧一道,受到了群众的热烈欢迎。无论在战斗的前线还是在土改的农村,到处是"为喜儿报仇!""为刘胡兰报仇!"的呼声。

---

① 艾克恩编纂:《延安文艺运动纪盛》,文化艺术出版社1987年版,第573页。

不仅仅新歌剧、秧歌剧、歌曲、戏剧、快板、电影等其他文艺形式,都将文化活动与政治、生产、教育融于一体,人们喜闻乐见,真正做到了寓教于乐。斯诺、韦尔斯、爱泼斯坦、福尔曼、李公朴等到延安及各根据地参观访问的中外人士都对它们的生动有效赞誉有加。福尔曼用白描的笔法勾勒出一幕街头剧的情形。戏中所表现的八路军的作风和军民情谊,浅显易懂。福尔曼评论说:"这当然是宣传,是最好的宣传!……然而也必须记住,这些演员所演的角色正是他们在实际生活中所实践的。"①

斯诺则称赞"在共产主义运动中,没有比红军剧社更有力的宣传武器了,也没有更巧妙的武器了"。他看到,由于不断地改换节目,几乎每天变更活报剧,许多军事、政治、经济、社会上的新问题都成了演戏的材料。红军占领一个地方后,往往首先是红军剧社消除了人们的疑虑,使人们对红军纲领有了基本的了解。红军剧社通过大量传播革命思想,进行反宣传,争取了人民的信任。例如,在红军东征山西时,成百上千的农民听说随军来了红军剧社,都成群结队来看他们演出,自愿接受用他们所喜闻乐见的戏剧形式进行的宣传。②美国学者特里尔也用抒情的语言描绘这种情形:"八路军中的新闻宣传员,像中世纪的游吟诗人一样,把刚结束的战役编成快板,并在锣鼓的伴奏下,唱给战士们听。留下来的画有中国共产党领导人的海报,使无生气的村庄得到愉悦。"③平时大家乐于传唱的歌曲,也都是爱国、抗日的革命歌曲,比如《黄河大合唱》《共产党像太阳》等。

学习也同样与政治、生产结合在一起,形式生动活泼。在冬学运动中,识字课上,首先认最常见、最急需的字,如自己的名字、街头生意招牌字号,摆小

---

① [美]哈里逊·福尔曼著,熊建华译:《来自红色中国的报告》,解放军出版社1985年版,第39页。
② [美]埃德加·斯诺著,董乐山译:《西行漫记》,生活·读书·新知三联书店1979年版,第99页。
③ [美]R. 特里尔著,刘路新、高庆国等译:《毛泽东传》,河北人民出版社1989年版,第182页。

八、风采：万众一心得胜利

摊的先学买卖记账的常用字,劳动生产者先认作物、农具类等常用字。学习方法也是多种多样,通过成语、熟语、顺口溜、歌曲、唱词等方式来认字,是学习识字的好方法。结合生活实际,学认路条、认契约、记账目、写信件;练兵中认"枪法""踏雷";妇女们做鞋时就认"做鞋",纺花时认"纺花"。或写在纸牌上挂在面前,或制成文字卡片,一面工作,一面学习。

在晋察冀边区,李公朴这样记述道:"当你走进一座村庄的时候,查验路条之后,你要认为没有事了拔腿要走,那位站岗的小孩子,会把枪一横,照常的拦住你:'对不起同志,耽误你一会儿工夫,请你背一背国民公约!'假如你背过来了,你便可以扬长而去,不然的话,有时一些更天真的孩子会把你带到村公所去。他的理由很简单:中国人就应该记住国民公约。要是大一些的孩子,除了客气和蔼的给你讲一篇要背熟国民公约的道理之外,他还教给你第一条是不违背三民主义,第二条是不违背政府法令……而且一条一条的解释给你听……晋察冀每个村口都挂着一块黑板,没有黑板的就用青灰刷出一块牌来,作成一块黑板的样子。每天的上下午,上面都写上不同的字,每次换岗时,上一班的人便教给下一班的人。这样递教下去,过路人查完路条时,他也要问:'同志,请你念一念这三个字!'如果你不认识,他就当起先生来,教你认。你就念给他听,说是'打日本'。他接着就进行口头考试。'为什么要打日本?'……有时你说的和他所晓得的有出入时,那个小孩子是不会放你走的,他一定要把他知道的讲给你听。"[①]

通过不同的文艺活动和活泼的学习形式,革命者与党之间,人民与党、政府、军队之间顺畅地交流互动,达到了同歌同哭、休戚与共的境界;每个人的喜怒哀乐都与集体息息相关,正如斯诺所说:"有某种东西使得个人的痛苦或胜利成了大家集体的负担或喜悦,有某种力量消除了个人的差别;使他们真

---

① 李公朴:《华北敌后——晋察冀》,生活·读书·新知三联书店1979年版,第142—143页。

正忘记了自己的存在,但是却又发现存在于他们与别人共自由同患难之中。"①而斯诺所说的"某种东西""某种力量",正是延安及各根据地独有的品质,那就是革命的理想主义和对人民深沉的爱,这也是人们昂扬上进、乐观豪迈的根本源泉所在。所以,一些来自国统区的文艺家们,"到延安一进边区,就匍匐在地上亲吻土地"②。一些青年为表示与旧社会一刀两断,许多人甚至改了自己的姓名。艰苦的物质生活非但没有减弱知识青年的热情,相反,在这种充满平等精神的新环境里,他们体验到了心灵净化的崇高,对中国共产党人的奋斗目标更加认同。在他们理想化的社会追求中,延安就是这样一个与"克里姆林宫塔尖上的红星光芒"照耀下的苏联社会近似的理想社会。在这里,充满着社会正义的原则,人们个性自由,到处都可以"自由呼吸"③。诗人柯仲平更是直接将延安比作但丁《神曲》中的天堂④。

宝塔之光:战时中国的希望

1938年3月1日,一本以"复社"名义翻译出版的名为《西行漫记》的书在上海问世。它所引起的轰动是罕见的,一年之内连印四次。在香港及海外华人集中的地点,则出现了无数重印本和翻印本。这本书是根据1937年10月由伦敦戈兰茨公司出版的英文首版《红星照耀中国》翻译的,作者是美国记者埃德加·斯诺。

斯诺在为中译本初版所写的序文里充满感情地说:"从字面上讲起来,这

---

① [美]埃德加·斯诺著,董乐山译:《西行漫记》,生活·读书·新知三联书店1979年版,第49页。
② 周扬:《与赵浩生谈历史功过》,艾克恩编:《延安文艺回忆录》,中国社会科学出版社1992年版,第36页。
③ 碧野:《人生的花与果——我的生活道路和创作生涯》,《新文学史料》1992年第2期。
④ 王琳:《狂飙诗人柯仲平——我的生活道路和创作生涯》,中国文联出版社1992年版,第416页。

八、风采:万众一心得胜利

一本书是我写的,这是真的。可是从最实际主义的意义来讲,这些故事却是中国革命青年们所创造,所写下的。这些革命青年们使本书所描写的故事活着。所以这一本书如果是一种正确的记录和解释,那就是因为这是他们的书……他们的斗争生活就是本书描写的对象……此外还有毛泽东、彭德怀等人所作的长篇谈话,用春水一般清澈的言辞,解释中国革命的原因和目的。还有几十篇和无名的红色战士、农民、工人、知识分子所作的对话。从这些对话里面,读者可以约略窥知使他们成为不可征服的那种精神,那种力量,那种欲望,那种热情。——凡是这些,断不是一个作家所能创造出来的。这些是人类历史本身的丰富而灿烂的精华。"[①]

这本感动了作者本人也感动了世界的书,第一次将中国共产党领导下的"红色中国"的真实生活状貌,将活生生的各种人物展现于世人面前。那时的"红色中国",还仅限于贫瘠苦寒的陕北。1935年10月,中共中央长征到达那里。1936年7月13日,斯诺到达陕北根据地的中心、当时中共中央所在地——保安,10月中旬离开保安。三个多月的时间里,斯诺采访了毛泽东、周恩来、朱德、彭德怀、洛甫、贺龙、林彪、徐向前、徐海东、林伯渠、徐特立、谢觉哉等党和军队的领导人,接触了大量普通的战士和农民,参观了红军大学、红军剧社和红军办的工厂;还骑马去吴起镇和宁夏的预旺堡,记了十几本笔记和日记,拍了30卷胶卷,带走了大量的共产党杂志、报纸和文件。经西安返回北平燕京大学后,他写出了这本足以流传千古的名著。

《西行漫记》风行海内外的背景在于,十年内战时期,国民党利用自己的宣传优势,对中国共产党及其领导下的根据地状况大肆丑化,中共各个根据地因受国民党军队的严密封锁,几乎处于与世隔绝的状态,外人根本不知道

---

① 《一九三八年中译本作者序》,[美]埃德加·斯诺著、董乐山译:《西行漫记》,生活·读书·新知三联书店1979年版,第7页。

红色区域究竟发生了什么事情。正如斯诺所说:"在世界各国中,恐怕没有比红色中国的情况是更大的谜,更混乱的传说了。"①作为第一位进入中共根据地进行实地采访的外国记者,斯诺将国民党封锁共产党的黑幕戳出了一个小窟窿,透给外部世界一丝光明。

斯诺进入陕北的时候,中国政局已开始发生变化。随后,国内外形势的变化可谓翻天覆地,抗日民族统一战线的形成使各抗日根据地,特别是其大本营延安②,处于一个相对开放的大环境中。中国共产党还以八路军、新四军名义在全国各地建立了50多个办事机构,地域分布在武汉、广州、香港、重庆、太原、西安、桂林、长沙、上海、南京、兰州、南昌、福州、贵阳以及新乡、平江、温州等大中小城镇。这些办事处和办事机构除完成日常后勤、联络任务外,还成为中国共产党在广大国统区的窗口。通过他们的工作,党和广大地区的人民群众及各界人士加强了联系和交流,党的影响力得以扩大。

作为一支重要的抗日力量,共产党及其领导下的"红色中国"的真实面貌究竟怎样?国内外各界爱国人士无不关心这一问题。抗战期间,曾有络绎不绝的参观访问者前往各根据地。陕甘宁边区,特别是红都延安,是各根据地的大本营,也是对外交往的窗口。据统计,1938—1941年的4年中,国内外友好人士到边区和延安参观、访问的达7316人。其中,1938年为1660人,1939年1378人,1940年1412人,1941年2866人。③ 1941年后,由于国民党军队的封锁和包围,前来参观的人大大减少。

继斯诺之后,美国记者艾格尼丝·史沫特莱也来到延安和边区。当时史沫特莱因受美国政府迫害,在德国任《法兰克福日报》记者,1929年她来到中

---

① [美]埃德加·斯诺著,董乐山译:《西行漫记》,生活·读书·新知三联书店1979年版,第1页。
② 1937年1月13日,中共中央正式从保安迁至延安。
③ 宋金寿主编:《抗战时期的陕甘宁边区》,北京出版社1995年版,第714页。

国,与知名人士宋庆龄、鲁迅、丁玲等人都有深交。1936年12月,在现场报道"西安事变"时,她同中共代表周恩来、叶剑英等结识,并提出了访问延安的要求。1937年1月至8月,她在延安及抗日前线采访近八个月。1943年,史沫特莱出版了《中国的战歌》一书,此书成为第二次世界大战期间战地报道的最佳作品之一。史沫特莱为朱德作传的力作《伟大的道路》更是倾注了她毕生的心血,可惜因她本人受到美国麦卡锡主义的迫害,此书在她有生之年未能出版,直到1955年,首次以日文译本问世,次年出英文版,以后又有德、法、俄、西班牙、孟加拉、丹麦、意大利等八种文字的版本问世,而中文版直到1979年中美建交后才与中国人民见面。

访问延安的外国人中,第一个有官方身份的是埃文斯·卡尔逊。卡尔逊自20世纪30年代初就在美国驻华使馆任职,1935年回国。后任总统卫队指挥官,与罗斯福总统个人相交甚密。1937年初,卡尔逊受罗斯福总统所托来华,搜集有关中国正在发生的抗日方面的情报,并直接向总统汇报。8月,被正式任命为搜集中日冲突资料的情报官。卡尔逊想去延安考察,缘起于斯诺在《红星照耀中国》一书中的精彩描述。经上司同意和蒋介石批准,1937年7月至1938年8月间,卡尔逊考察了华北敌后战场。后经斯诺引荐,在得到毛泽东的默许后,卡尔逊以美国海军战场观察员的身份于1938年5月来到延安,进行军事活动考察,同中共中央、中央军委和八路军总部的领导人进行了广泛接触。

1946年6月,国民党挑起全面内战。1947年3月,在胡宗南率领的国民党军队的大举进攻下,中国共产党战略性地撤离延安。撤离延安前,最后一位访问延安的外国记者是美国的安娜·路易斯·斯特朗,毛泽东在会见她时发表了举世闻名的"纸老虎"论断。

最早进入边区和延安的国统区记者是《大公报》的范长江。他在采访西安事变时遇到了周恩来,周恩来向他谈及中国的前途和抗日的主张,新闻记

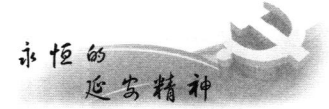

者的敏感使他认为有必要访问延安。经与周恩来联系,1937年2月9日,范长江抵达延安,中共中央设宴欢迎。当晚,与毛泽东竟夜长谈。范长江在延安逗留了三天,接触了洛甫、朱德、林伯渠、刘伯承、林彪、吴亮平、廖承志等中共中央的领导人和红军将领。回到上海后,范长江连夜写了《动荡中之西北大局》,发表于2月15日出版的《大公报》上,向全国介绍了中国共产党的抗日民族统一战线主张。随后他又写了《西北近影》《陕北之行》等文章。名记名报的效应,使这些文章在国统区传播一时。毛泽东等人也深受感动,与范长江建立了密切的联系,多有书信往来。

文化界、思想界的知名人士中,最早访问延安的是"乡建派"领袖梁漱溟。20世纪30年代以来,梁漱溟一直致力于乡村建设运动,日本侵华战争的爆发打断了他的乡建实践,自此他遂一直为抗战而奔走。看到抗战初期大片国土沦丧,政府西迁,他对国民党大失所望,对国家的前途命运感到悲观失望。为了与中共领导人探讨中国的前途命运,同时考察中共的大政方针是否真地发生改变,1938年1月5日,梁漱溟以国民参政会参政员的身份抵达延安进行访问,1月25日离开。他同不少中共中央领导人进行了交谈,与毛泽东谈得最多,先后8次,除迎送2次外,其余6次,最少2个小时,最长者通宵达旦。毛泽东对抗战前途高屋建瓴的分析,令梁漱溟大为振奋。

抗战时期,新加坡的华侨领袖陈嘉庚也访问了延安。九一八事变以后,陈嘉庚在新加坡召开侨民大会,号召侨民出钱出力,抵制日货,开展抗日救国活动。1938年,陈嘉庚在新加坡成立了"南洋华侨筹赈祖国难民总会",简称"南侨总会",他本人任主席。1940年3月,率南洋华侨回国慰劳考察团到祖国各地考察,并慰劳抗日军民。陈嘉庚当时最关心的是国共两党能否团结抗战到底。在重庆期间,国民参政会的中共参政员林伯渠、董必武、叶剑英、邓颖超等拜访了陈嘉庚,与中国共产党人的初次接触使他对中国共产党的抗日立场有了初步了解。但陈嘉庚在同国民党人士接触时,听到的多为对共产

八、风采:万众一心得胜利

党、八路军的攻击之辞。为了认清真相,他在应邀出席中国共产党和八路军驻渝办事处在红岩村举行的茶话会上,正式提出了访问延安的愿望。

1940年5月31日,陈嘉庚一行经西安到达延安,受到延安各界人士的夹道欢迎,中共中央在中央党校大礼堂举行了隆重的欢迎大会。在延安期间,毛泽东、朱德等领导人多次会见陈嘉庚,并进行长时间的交谈,阐释了共产党以斗争求团结的方针。在朱德的陪同下,陈嘉庚还参观了延安的机关学校,考察了边区的工业和农业,参观了安塞的钢铁厂,并私下观察了延安的市容,直接与市民接触。陈嘉庚在《南侨回忆录》中对延安的新气象及毛泽东、朱德等人的领袖风采倍加赞赏。

1944年6月9日,在国民党中央的特许下,一支由21名中外记者组成的中外记者西北参观团终于实现了访问边区和延安的目标,这是抗战后期的又一盛事。记者团21名成员分别为:领队2人,即谢保樵(国民政府外交部外事局副局长)和邓友德(国民党中央宣传部新闻检查局副局长);外国记者6人,即冈瑟·斯坦因(美联社、《曼彻斯特导报》、《基督教箴言报》记者)、伊斯雷尔·爱泼斯坦(美国《时代》杂志、《纽约时报》、《同盟劳工新闻》记者)、哈里逊·福尔曼(公众社、《泰晤士报》、《先驱论坛报》记者)、武道(路透社、多伦多《明星》周刊、《巴尔的摩太阳报》记者)、科马克·夏南汉神甫(美国天主教《信号》杂志、《中国通讯》记者)和普金科(苏联塔斯社记者);中国记者9人,即孔昭恺(《大公报》记者)、张文伯(《中央日报》记者)、谢爽秋(《扫荡报》记者)、周本渊(《国民公报》记者)、赵炳(《时事新报》记者)、赵超构(《新民报》记者)、金东平(《商务日报》记者)、徐兆镛和杨嘉勇(中央社记者);陪同人员4人,即魏素蒙、陶启湘、张湖生和杨西昆。

6月9日下午,八路军参谋长叶剑英在边区政府交际处举行招待会,为中外记者团洗尘。10日,朱德在王家坪军委礼堂为中外记者团举行欢迎会,周恩来、邓颖超、秦邦宪、贺龙、徐向前等出席。12日,毛泽东在杨家岭中央大礼

267

堂接见了中外记者团全体成员,长达3个小时。22日,八路军参谋长叶剑英在王家坪大礼堂向中外记者团介绍了中共抗战的情况。24日,延安文化界人士吴玉章、周扬、范文澜、丁玲、艾青、柯仲平、周立波、吴伯箫、陈家康、玉实味等与记者团在边区银行大楼举行座谈。

6月26日至7月初,中外记者团参观了新华社、解放日报社、中央印刷厂、边区政府、自然科学院、日本工农学校、中国医科大学、被服厂、难民工厂、皮革厂、振华纸厂、光华农场、中央医院、中央总卫生处门诊部、白求恩国际和平医院、洛杉矶托儿所等处,多次观看了文艺演出。期间,李鼎铭、李维汉和各厅局长作了关于边区政府情况的报告,谭政作了关于八路军政治工作的报告。

7月12日,全部中国记者和外国记者夏南汉返回重庆,其余记者留下继续访问。斯坦因、福尔曼等外国记者还单独采访了毛泽东、朱德、周恩来、叶剑英等领导人。8月中旬,斯坦因、爱泼斯坦、福尔曼、武道、普金科5名外国记者,以及国民党中央宣传部的张湖生离开延安到边区各地访问。8月30日,离开边区,进入晋西北根据地。10月下旬,外国记者回到延安后不久返回重庆。

中外记者在延安及各边区进行采访后,撰写了大量的稿件,冲破了国民党的新闻封锁,把"红都"延安和各边区的真实社会面貌展现给了全世界。毛泽东于6月12日对中外记者团的谈话,在7月1日伦敦出版的《泰晤士报》上刊登了出来。8月3日,美国旧金山电台在《美国之呼声》的广播中,播发了《纽约时报》《纽约论坛报》《基督教警世报》发自延安的通讯。《新民报》主撰赵超构公开出版了《延安一月》一书,客观而又巧妙地介绍了他在延安参观访问的感受。后来,外国记者返回大后方和本国后,许多人写了不少关于延安和敌后根据地的书。如福尔曼1945年出版了《来自红色中国的报告》,斯坦因写了《红色中国的挑战》,武道写了《我从陕北回来》,爱泼斯坦写了《中国未完成的革命》。这些书都产生了类似斯诺的《红星照耀中国》的巨大宣传效果。

美军观察组是抗战期间进入延安的唯一官方代表团。美军观察组全称为"中缅印战区美军驻延安观察组",代号"迪克西使团"①,由美军上校戴维·包瑞德任组长。1944年7月22日,美军观察组第一批成员到达延安:戴维·包瑞德、约翰·谢伟思(使馆二等秘书兼中缅印战区美军司令部政治顾问)、梅尔文·卡斯伯格少校、雷·克罗姆林少校、约翰·科林上尉等9人。8月7日,第二批成员到达延安:雷蒙德·卢登(大使馆二等秘书兼中缅印战区司令部顾问)、雷金纳德·福斯中校、威尔伯·彼得金少校、查尔斯·多尔少校、布鲁克·多兰上尉、西蒙·希契上尉等9人。观察组共18人。

观察组的实际工作重点是了解中国共产党及其军队和根据地的情况。观察组的分工分别是,包瑞德注重军事方面的情况,谢伟思注意政治方面的情况。观察组向中缅印战区美军司令部和美国国务院发回了大批的军事政治报告。1944年11月,毛泽东与赫尔利会谈的协议遭蒋介石拒绝以后,美军观察组的地位和作用开始下降,一些主要成员被撤走。1945年4月1日下午,毛泽东、周恩来、朱德、董必武同谢伟思进行了最后一次谈话。4月2日,赫尔利在华盛顿宣布美国政府只同国民党合作。随后,美国联邦调查局以"泄密"的罪名逮捕了原观察组成员谢伟思等6人。此后,美军观察组名存实亡。1946年6月,美军观察组全部撤离延安。

抗战时期,最后访问延安的知名人士是褚辅成、黄炎培、冷遹、傅斯年、左舜生、章伯钧6名参政员,他们是为了推动国共战后合作而来。1945年7月1日,6名参政员飞抵延安,毛泽东、朱德、刘少奇、张闻天、林伯渠等中共中央和边区政府的领导人到机场迎接,并在中央党校大礼堂召开了欢迎大会。毛泽东、周恩来、朱德、刘少奇、任弼时等与6名参政员会见并自由探讨有关国共战

---

① 迪克西,原指美国南北战争期间的南部反叛各州,这里指延安。

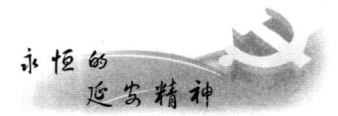

后合作事宜。黄炎培与毛泽东的有关"周期率"的著名谈话,就是发生在这个时候。7月5日,6名参政员返回重庆。随后,黄炎培写成《延安归来》一书并拒不送审,由他主持的中华职业教育社国讯书店突击出版发行。这本仅74页的小册子在重庆就发行了2万册,以后又在上海翻印,前后达十几万册,无论在大后方还是在沦陷区,以及香港和海外的华侨中都引起了强烈的反响。

当然,不仅仅延安和陕甘宁边区,其他根据地也不乏访问者。比如李公朴对晋察冀边区的考察。

访问延安的中外人士,来延安之前政治倾向各不相同,在延安停留的时间长短不一,感受各异,但延安之行几乎无一例外地给他们留下了不可磨灭的记忆。虽然每个人观察延安的角度和侧重点不同,但多数人对延安社会在以下几个方面发生的变化印象深刻。

最直观的感受是延安物质条件的艰苦与人们生机勃勃的精神状态之间的强烈对照。

尼姆·韦尔斯在其被誉为"续西行漫记"的《红色中国内幕》一书中写道:"在延安,人们过着简单到了极点的生活。个人私有财产根本不存在,生活必需品的供应仅够维持生命。食物、衣服和一条棉被由国家供给,住所由本地居民提供,夺取枪支弹药和各种军用品是战士自己的责任,燃料只够煮熟食物。到了寒冷的天气,为了取暖,战士们只能更紧地挤在泥地上和土炕上,并在食物里额外多加些辣椒。""中国的共产主义是更为原始的共产主义,任何一件细小的东西都必须平均分配","整整十年,每个人都依其能力和最低限度的需要过着极为苛刻的战时共产主义生活"。"除开军人穿灰蓝色制服,政工人员穿黑色制服以外,大家的衣食住行也的确一个模样。""香烟被认为是知识分子的必需品之一,脑力劳动者每月能得到五元钱的香烟津贴。经过特别允许,医生照料下的病人可以得到鸡蛋和鱼肝油。""在延安,全体军人每天只能吃上两三顿数量极少的小米粥,外加微乎其微的几片蔬菜。至于肉,只

八、风采：万众一心得胜利

有星期天才能吃上几小片。"她感慨万千地说："我相信，只有共产党人才能在这种艰苦的环境之下，使这么多人挤在一间屋子里生活，并用一只饭碗喂养这么多张嘴。"①斯特朗也看到："在延安，党的官员们工作时间很长，但维持生存的口粮却很少；到了冬季每天减为两顿饭，主要吃小米和瓜菜。他们在寒冷的窑洞里工作，坐在木凳或长凳上，点的是昏暗的小油灯。"②

然而，异常艰苦的物质条件并未使人们萎靡不振，大家的精神状态是蓬勃向上的，整个社会风气是淳朴的。在厌倦了陪都重庆的阴郁气氛后，他们在这里发现了一个新奇的世界，一个清新、活泼、充满朝气的世界。黄炎培到达延安时，延安有5万人口，其中3万多是公教人员和他们的家属等。他的观感是，公教人员"都是制服，女子学生装短发"，都代表"十足的朝气"。当地的老百姓，衣服也很整洁，衣料是蓝或白的土布，绝对没有褴褛污秽的流浪者。女子皆天足。此等人士，是"代表朴实和体格的健全，却从没有发现过绅士式的男子，和涂脂抹粉、洒香水、着高跟鞋等摩登装束的女子"。③

聂志超的话更具概括性："就陕甘宁边区及延市的一般人看来，不论公务人员、学生与军民人等，决不像大后方一般人士的愁眉锁眼，叫苦连天，闹着经济困难，也不像另一部分人贪污腐化，狂嫖乱赌，日趋没落的现象，而都是欢天喜地，刻苦朴素，为着和平民主，为着建设边区，为着解放全国的人民，为着将来人类的幸福，有组织、有计划，实事求是的紧张的工作着；同时延市及边区更见不到盗匪、乞丐，这一种安定丰衣足食的社会，刻苦蓬勃欣欣向荣的现象，正是中华民国走向新的道路新的社会的一种新生气象。"④赵超构的言辞则富有诗意。他将延安只有4个警察的治安状况，称之为"真像是一首传奇

---

① [美]尼姆·韦尔斯著，马庆军、万高潮译：《红色中国内幕》，华文出版社1991年版，第73—74页。
② 李寿葆、施如璋主编：《斯特朗在中国》，生活·读书·新知三联书店1985年版，第177页。
③ 黄炎培：《八十年来（附〈延安归来〉）》，文史资料出版社1982年版，第114页。
④ 聂志超：《延安参观后的我见》，《延安文萃》（下），北京出版社1984年版，第842页。

的童话诗";整个延安的生活,被他比喻为"一首朴素的歌"。①

延安的人们休闲娱乐,乐在其中,并非像外间想象的那样,过着清教徒一样的生活。

韦尔斯对大家室外运动场景的描写饶有兴趣:"在延安,凡是可以利用的地方都设有排球场和篮球场。但是大家最喜爱的地方却是城外的运动场。城外这一边,延河里到处是皮肤晒得紫黑的洗澡人;城外另一边,大体育场上开展着各种各样的运动:气度尊严而动作迟缓的人在悠悠然然地玩着网球,或骑着自行车在大道上来来往往;严肃认真的运动员在一本正经地踢足球。在这里你可以见到朱德,他正满怀渴求地等待别人选他加入篮球队;您还可以见到洛甫,大夫叫他工作一段时间便停下来休息脑子,他遵从医嘱,正在一丝不苟的骑着自行车兜圈圈。在体育场的那一头,红军大学的学生和延安卫戍部队的战士在玩比较严肃的战争游戏。"②

室内娱乐通常是聚餐、跳舞、打牌、看戏,但却带有一种延安的特色。"聚餐一般是在食堂里,五六十人围在几个圆桌上入座。很多人会说笑话,真是谈笑风生。喝的是白干酒,但喝的量极少。玩么,有的打桥牌,更多人喜欢玩'百分'。"在上述这些场合里,没有人打扮,也没有人换衣服,男女穿的都是政府发的一套结实的蓝布服装。在一周的主要社交活动——星期六晚上的舞会上,许多党的领导人都参加。朱德几乎每周必到,毛泽东每月约参加两次。舞会上,"中国乐器和西洋乐器混合演奏。有圆舞曲,也有二步舞、一步舞和一种四步的秧歌舞曲。人们自由自在地跳着。愿意把脚步放重的,就重重地跳;愿意静静移动的,就轻轻地滑步。剧院的一些职业舞蹈演员则跳得灵活而轻快"。"尽管生活条件艰苦,但是欢快的友情却使艰苦变成了乐趣。舞厅

---

① J. L.:《延安市的特点》,《延安文萃》(下),北京出版社1984年版,第849页。
② [美]尼姆·韦尔斯著,马庆军、万高潮译:《红色中国内幕》,华文出版社1991年版,第71页。

八、风采:万众一心得胜利

里的窗子即使在冬天也是敞开的,因为人们都穿着棉衣跳舞。有一次为了减少灰尘,就往地上洒水,结果靠窗的一边地面结了冰,跳舞的人滑倒时,逗得大伙都乐了。最后往往是大家围成一圈扭秧歌,越扭越快,于是晚会结束。"[1]

在共产党治理下,延安及各边区的民众生活得到了较大的改善,人民与政权之间水乳交融,也与国统区的情况形成鲜明对比,令来访者难忘。

在陕西、山西两省访问了5个月后,美国《巴尔的摩太阳报》记者武道认为"人民大众生活的进步"是"最动人的事情"。他看到,"人口相当稀疏的陕西东北部和山西西北部的人民,已经不再简单地靠小米和黑豆混日子,同时,也再没有衣着不足的苦痛了"。[2] 爱泼斯坦也发现,整个陕甘宁边区"比中国西北其他任何地方更密集和广泛地得到耕种",所到之处,"看到的不是仅仅一个农民扶着他的犁步行,而且一群一群地在干活,边干边唱";西北其他地方的农民通常穿得破破烂烂,但他们"在边区偶尔也看到有人穿打补丁的衣服,但绝不是破烂";中国到处是乞丐,但是他们在边区和各解放区的5个月中,行程1000英里,大概经过百来个村镇,没有见到一个乞丐;在整个旅程中,也没有看到过一个农民或士兵显得营养不良。[3] 李公朴也说,只要一蹚进晋察冀边区的境界,随时随地反映在眼帘里的都是"民众的活跃";晋察冀人民再也不是在喘息中挣扎,而是"兴奋地在战地中求生"。虽然处在敌后的战斗环境里,人们反而提高了劳动的兴趣,"没有一个懒汉!""没有一寸荒地!"[4]这是晋察冀的生产口号之一。

那么,人民生活的改善从何而来呢?正如斯坦因所说,连重庆国民党的不少领袖都承认,"共产党已获得使他们在经济领域中享有盛名的惊人的伟

---

[1] 李寿葆、施如璋主编:《斯特朗在中国》,生活·读书·新知三联书店1985年版,第177—178页。
[2] 武道:《我从陕北回来》,《延安文萃》(下),北京出版社1984年版,第821页。
[3] 伊斯雷尔·爱泼斯坦:《中国未完成的革命》,新华出版社1987年版,第288页。
[4] 李公朴:《华北敌后——晋察冀》,生活·读书·新知三联书店1979年版,第122页。

大成就。中国某些大的经济问题,似乎在近代史上第一次走向解决的途中。这是共产党政权力量的伟大源泉之一,而且是它的前途的佳兆"①。共产党政权不仅带领人民改善了物质生活,工作人员民主、廉洁的新作风更使人民对政权产生前所未有的亲切感和信任感,人民与政府亲密无间。爱泼斯坦对在边区看到的一幕永远不会忘记。一位老农捶拍着同村出身贫苦的年轻县长的背说:"你看这家伙背了多少筐粪到我们地里?有谁以前看见过这样的官?从前,当官的闻的是他们姨太太的香水味,怎能闻这鲜大粪呢?"年轻县长希望不要用这样赤裸裸的语言同一位外国"贵宾"谈话,但老人对于什么是值得称道的有他自己的想法,因此不听劝告继续讲下去。爱泼斯坦感慨道:"在中国几千年的历史中,以前从来没有过这样的官员,也没有人见到过这样的情景。"②在国统区,国民政府的多数官员消极沉闷、不思进取,某些腐败官员只知作威作福,压迫剥削人民,人民怨声载道,视政府人员为敌人。而在共产党领导下的各边区,人民将政府视为民众自己的政府,政府在人民中享有无上的威信,人民对政府人员处处关心爱戴,相依为命,政府与群众之间传统的鸿沟被填平了。

共产党领袖人物的风度气质也为有幸目睹其风采者所津津乐道。到红都延安,拜访中共领袖当然是令人感兴趣的,而有机会见过国民党官员的人则很自然地将两者加以比较。包瑞德看到,毛泽东在公开场合出现时,"经常是步行,或者乘坐一辆封闭式救护车";而据他所知,这辆车是共产党唯一的机械化交通工具。"这里没有豪华的、常常以高速行驶的黑色大轿车;而在重庆,当委员长(指蒋介石——笔者注)从街上穿过时,人们总能看到这样的场面。这里也没有卫兵和便衣人员组成的封锁线;而委员长在公开场合出现

---

① 斯坦因:《中国共产党与解放区》,《延安文萃》(下),北京出版社1984年版,第817页。
② 伊斯雷尔·爱泼斯坦著,陈瑶华等译:《中国未完成的革命》,新华出版社1987年版,第276页。

时,却总是被这种封锁线包围着。"①美国研究远东问题的专家、《外交政策汇报》与《新共和杂志》等期刊的特约撰稿人、哥伦比亚大学教授罗辛格在被问到对中共领袖们的印象时说:"南京的官员们,实际毫无事做,却像煞有介事地摆出忙劲头;但中共的领袖,和蔼可亲,能和你作娓娓的长谈。"②

对于中共领袖平易近人的作风,斯特朗有更贴近、更鲜活的感受。她到达八路军司令部的时候,身穿蓝色衣服的男人、妇女和孩子,从土屋中向他们跑来,其中"有一个人满身尘土,穿着灰蓝色的衣服,很像一个朴实的农民",他俯身隔着司机同斯特朗握手,用不标准的德语同她打招呼,这个"和蔼、朴素,看上去像农民一样的人","一点都没有架子,和农民们一起在漫天灰尘中跑出来迎接一个刚刚抵达的外国朋友"的人,就是令敌人闻风丧胆的朱德!③斯特朗在八路军司令部住了10天,朱德、贺龙、刘伯承等领导人的朴素和直率,以及他们的毫无架子,给她留下了极其深刻的印象。韦尔斯也评价朱德,与其说他"是一位至高无上的司令官,还不如说他是一位民众的领袖","他的性格与习惯都是十分民主的"。④ 黄炎培见到了毛泽东、朱德、贺龙、彭德怀、聂荣臻、林彪、刘伯承等党和军队领导人,他说,在一般人想象中,这些人一定脱不了飞扬跋扈的姿态,料不到,"这几位先生都是从沉静笃实中带着些文雅,一点没有粗犷傲慢样子";与这些人见面谈笑,"真是古人所说'如坐春风中'"。⑤

共产党领袖也是有血有肉、充满活力的,并非如外界想象的那样冷冰冰、硬邦邦。斯特朗描绘了中共四大领袖在延安舞会上的舞姿,有声有色地刻画

---

① [美]D. 包瑞德著,万高潮等译:《美国观察组在延安》,解放军出版社1984年版,第109页。
② 张香山、孙铭:《外国记者看延安》,《延安文萃》(下),北京出版社1984年版,第809页。
③ 李寿葆、施如璋主编:《斯特朗在中国》,生活·读书·新知三联书店1985年版,第131页。
④ [美]尼姆·韦尔斯著,马庆军、万高潮译:《红色中国内幕》,华文出版社1991年版,第104页。
⑤ 黄炎培:《八十年来(附〈延安归来〉)》,文史资料出版社1982年版,第115、143页。

出他们的气质风采。

毛泽东在舞会上多数时候坐在一旁观看,有很多人要和他谈话。"他跳舞时表现轻松,步伐坚定。有些人说他没有节奏感,我不同意。他有自己的一种坚定而微妙的节奏感,同乐队保持最友好的联系却从不盲目服从。作为他的舞伴,你必须密切注意,小心地顺从,随着微小的暗示而移动。如果你懂得他的节奏,他就会和你成功地跳到结束。"朱德跳起舞来,"像是在进行闻名的长征。无论乐队演奏什么曲子,他总是固定不变地跳他的一步舞","他的节奏具有一种耐力性,既不费劲又能持久,比静坐不动还自在"。刘少奇跳起舞来,"有一种科学的精确性,一板一眼地,犹如二加二等于四",但"有时也会来几下兴奋而奔放的舞步,就像他写的文章那样,精练,在确切的散文中,偶尔使用鲜明的比喻"。周恩来跳舞"具有外交家的风度,他华尔兹舞跳得棒极了,但有时好得过于拘谨。和他跳过一支曲子后,你可能会喜欢和扭秧歌的演员或俄国医生舞上一曲";但是,人们还是认为周恩来是第一流的舞蹈家,"他跳舞时掌握的分寸,他的优雅自如的风度,使人能想象到这些正是他在南京谈判中所具有的才华"。[1]

虽然多数海内外来访者对延安及各根据地的考察难以深入,有走马观花之憾,但有些人还是凭借敏锐的洞察力,对共产党和"红色中国"做出了颇具预见性的总体评价。爱泼斯坦认为,"他们使中国朝着孙中山等先驱者曾经希望和计划的把巨大潜能释放出来的方向前进了很大一步。毫无疑问,他们已经点亮了殖民地和半殖民地的亚洲要摆脱奴役和封建主义必须走的道路上的指路灯"[2]。罗辛格则称赞"延安是中国进步的象征,是中国光明的指

---

[1] 李寿葆、施如璋主编:《斯特朗在中国》,生活·读书·新知三联书店1985年版,第178—179页。
[2] 伊斯雷尔·爱泼斯坦著,陈瑶华等译:《中国未完成的革命》,新华出版社1987年版,第317页。

针"①。斯特朗更是认定"解决远东命运的,解决中国命运的,不在于美国,不在于南京,而在延安"②。

延安及"红色中国"之行,对于考察访问者来说,也是一次接受心灵洗礼和头脑革命的难忘行程,不少人的思想感情、人生轨迹因此发生了改变。如一个到过延安的外国记者对董必武说,他在来延安前,觉得中国共产党的宣传有些夸大,来延安后,他觉得中国共产党的宣传太不够了。③ 斯诺、史沫特莱、斯特朗不只一次访问延安,最终成了中国共产党和中国人民的好朋友;范长江则于1939年经周恩来介绍加入了中国共产党;埃文斯·卡尔逊除了向罗斯福总统密报之外,还不顾外交官的身份,与云集在汉口的欧美记者讲解他的所见所闻,毫不掩饰自己对中国共产党政治、军事的赞许,直至遭到上司的指责,最后辞去军职。1938年12月卡尔逊回国后,"像一个着了魔的人",向公众发表演说,为几家杂志撰稿,最后还出版了《中国军队》和《中国的双星》两本书,产生了极为广泛的影响。那位仅在延安访问过10天的美国记者斯蒂尔如此感慨道:"真的,我要是在延安住上十一天,那我一定也将变成为一个共产主义者!"④关爱劳动大众、热心社会改造的中间派知识分子梁漱溟、李公朴、黄炎培都对延安及各根据地的社会变迁产生程度不同的认同和共鸣。黄炎培认为,共产党现时所走的路线,不求好听好看,只切实寻觅解决民众痛苦的办法,寻觅实际知识,从事实际工作,"这都是我们多年的主张","是距离我理想相当近的"。⑤

---

① 转引自杨明伟:《"团结、紧张、严肃、活泼"八个字的来龙去脉》,《党史博览》2017年第5期。

② 张香山、孙铭:《外国记者看延安》,《延安民主模式研究资料选编》,西北大学出版社2004年版,第231页。

③ 金城:《外国记者参观团访问延安》,《陕甘宁边区抗日民主根据地(回忆录卷)》,中共党史资料出版社1990年版,第482页。

④ 张香山、孙铭:《外国记者看延安》,《延安文萃》(下),北京出版社1984年版,第812页。

⑤ 黄炎培:《八十年来(附〈延安归来〉)》,文史资料出版社1982年版,第149页。

战时的中国处于深重的外忧内患之下,人民对中国的前途和个人的命运感到迷茫,人们渴望找到一支力量,来坚定地带领人民抗日救亡,建设一个民主平等的新社会。希望在哪里?适逢其时,访问考察者带回有关各根据地的客观真实报道,加之其他渠道,国民党对共产党污蔑丑化的不实之词不断被揭破,延安及"红色中国"的神秘面纱慢慢地被撩开了,一个与重庆及国统区截然不同的新社会展现在人们面前。越来越多的有识之士达成了共识:希望在陕北,希望在延安。"到延安去"成为当时一切向往革命的热血青年和有识之士的共同选择!他们从祖国的四面八方,从万里海外,如潮水般奔赴延安,很快在全国形成了"天下人心归延安"的壮观景象。

处在民族革命高涨时期的青年,抱有"天下兴亡,匹夫有责"的思想和献身精神,这是自然而然的事情。特别是身在海外,亲身经历歧视和屈辱的青年,更是满腔热情地要为抗战服务,报效祖国。据调查,抗战期间来延安学习工作和战斗的归侨青年约为600人。①

奔赴延安的华侨以南洋华侨居多。南洋各侨居地与延安相隔万里之遥。一边是碧波连天,绿水环抱;一边是尘土飞扬,黄坡土窑。两地气候、生活条件、风俗习惯,相去甚远。但在抗战时期,生活工作在优越条件下的南洋中华儿女,毅然回国和抗日根据地军民生活在一起。迢迢征途万里,重重障碍阻隔,滚滚烽烟弥漫,都阻挡不了他们的脚步。马来亚华侨青年陈明回国探亲时,受到中共抗日救亡主张的感召,于1938年春返回侨居地,联络进步同学,告别双亲和女友,一起回国来到延安。同年8月,菲律宾华侨青年白刃、林有声等5人从厦门集美中学来到西安,接着步行八九天到达延安,进入抗大第五期学习。

---

① 彭光涵:《华侨青年与延安》,《峥嵘岁月——华侨青年回国参加抗战纪实》,中国文史出版社1988年版,第163页。

八、风采:万众一心得胜利

在投奔延安的知识青年中,还有翟默然、霍丁、杨宪吾等一批从国外留学回国的中国留学生,其中一个名叫黄鼐的中国留学生十分引人注目。他原名黄一寰,是与孙中山并称的中华民国元勋黄兴的儿子。他于1936年东渡日本留学,参加左翼学生团体,其间曾被日方逮捕拘禁,后经营救回国。1938年春到了延安,进抗大第四期学习。

当然,奔赴延安的青年和知识分子绝大多数还是来自国统区。这些人都怀有美好的社会理想,抗日救国、建立民主平等的新社会是他们共同的追求,而当时的延安是最接近他们理想的一方天地,是最能为他们的抱负提供支撑的精神家园。于是,他们不顾关山重重,奔赴他们心中的圣地。母女相约,夫妻相约,姐妹相约,兄弟相约,亲友相约,师生相约,以至官长和部属相约,成群结队前往的情况也不少见。如孙炳文烈士的女儿孙维世,于1937年经周恩来介绍从国统区来到延安,进入抗大第三期学习,同她母亲任锐同队。浙江省上虞县女学生傅涯,年仅十八九岁,1937年11月携弟傅乐、妹傅英,辗转千余里来到延安,一时传为佳话。1937年10月上海沦陷后,一批来自上海的爱国青年,以救亡团体的名义,告别故土,历时13个月,徒步1万多里,终于来到延安。

著名作家魏巍曾说:"我曾三次在北上途中被敌人抓到并关押,但每次都设法逃出来,当时只有一个想法,只要还有一口气在,就是爬也一定要爬到延安去。"①

一位名叫樊成的广东青年,从广东经西安赴延安,因长途跋涉,气候不适,一病不起。在生命的最后时刻,他执着地面向延安方向,双手抠进黄土,艰难地向前爬了28米,最后倒在通往延安的路上。

在投奔延安的有志青年中,有一部分原是国民党军政人员,有的还是国

---

① 王春明:《到延安去:一代热血爱国青年的心灵呼唤》,《中华魂》2007年第12期。

民党员、三青团员、青年党员或特工人员,他们怀着对蒋介石消极抗日、积极反共的义愤,毅然脱离国民党,奔向延安,投入抗日救国的洪流。

抗战初期,文艺界的革命青年是宣传抗日、唤起民众的一支轻骑兵。他们在中共地下组织的领导下,组织了许多战地服务团、救亡演剧队。仅郭沫若领导的国民政府军事委员会政治部第三厅,就组织了十几个救亡演剧队。他们中间不少人都先后到了延安,有整个演剧队一起去的,也有个人单独去的。他们中有大量文艺界名流,如电影、话剧演员吕班、田方、孙维世、蓝苹,摄影师徐肖冰,作曲家贺绿汀、郑律成,还有芒苏、裴东篱、欧阳山尊、莫耶、史若虚、汪洋、张平、颜一烟、林寒流、凌霞、严熹、范杏仙等人。

从西安到延安,蜿蜒起伏的近400千米山路,成为追求救国真理的人们用意志和鲜血铺就的一条信仰之路、理想之路。1938年,印度援华医疗队的几位大夫乘坐着满载医疗器械和药品的汽车赶赴延安的途中,看到在崎岖的山路上一队队时隐时现赶赴延安的青年队伍时,队长爱德华先生不禁赞叹:"奇迹,奇迹,这简直是奇迹!这是20世纪中国的耶路撒冷!"①

何其芳用文学的语言形象地描述了这种情景:"延安的城门成天开着,成天有从各个方向走来的青年,背着行李,燃烧着希望,走进这城门。学习,歌唱,过着紧张的快活的日子。然后一群一群地,穿着军服,燃烧着热情,走散到各个方向去。"②

对于广大爱国青年来说,"到延安去",是一种豪迈的行动;做延安人,是一种无上的光荣;革命者到了延安,就像到了渴望已久的家。延安成为中国革命的圣地,延安像一支曲意崇高的名曲,在神州大地响彻着洪亮动人的旋律。人们是抱着满腔幸福的感觉,以游子还家的心态投奔延安的。仅在抗战

---

① 王春明:《到延安去:一代热血爱国青年的心灵呼唤》,《中华魂》2007年第12期。
② 何其芳:《我歌唱延安》,《延安文艺丛书》第4卷《散文卷》,湖南人民出版社1984年版,第57页。

爆发后的两年间，延安就接纳了三四万名爱国青年和知识分子。

奔赴延安，对于那一代人来说，显然是一种具有政治倾向性的选择。他们怀着满腔热血，把个人命运与国家兴衰、民族兴亡紧紧联系在一起，在黑暗中选择光明，在亡国面前选择抗战，在苟延的生活中选择献身，这一切给我们留下了无穷的回味和思考。

当年在延安生活和战斗过的人们，对那巍巍宝塔山，悠悠延河水，梦绕魂牵；对那火热的生活，革命的激情，刻骨铭心。今天，宝塔的光辉并未暗淡，延安仍像一块巨大的磁石，吸引着和平年代的人们踏上"红色之旅"，到那方热土，去追忆那难忘的年代，领略中国革命的真谛。光阴流逝，时代变迁，但人们对美好理想的憧憬不会改变，对闪光品质的追求不会改变。于是，延安精神的感召力跨越了时空，化作民族精神宝库中一颗璀璨的明珠，长久地照亮着人们的心灵。

九、拓展:再创新时期辉煌

20世纪以来,现代化的进程已成为世界发展的大趋势。如果说1949年之前的中国社会,在"中国本位"与"全盘西化"的纷争、在优先工业化还是农业化的激辩中,产生了一种朦胧的中国式现代化的共识,并为此后中国社会的现代化进程奠定了基础的话,那么中华人民共和国成立后的中国共产党人,则始终如一地在具体的政治实践中追求着中国社会的现代化进程。以毛泽东为代表的中国共产党第一代领导集体,由于受国内外诸多矛盾及因素的制约,在追求国家工业化的进程中,经历了不少的困难与挫折,但也积累了丰富的经验。进入80年代后,以邓小平为首的第二代领导集体,以更加明确的现代化观念,以强有力的改革开放政策,推动着整个中国社会的巨大变革,展开了有中国特色社会主义经济建设的新画卷,从旧体制下解放出来的生产力所产生的冲击波造就了令世界震惊的中国经济奇迹。

20世纪90年代以后,在以江泽民为核心的第三代领导集体的领导下,中国经济与社会的发展依旧保持着良好态势和强劲增长,中国特色社会主义被成功地全面推向21世纪。中共十六大以来,以胡锦涛为总书记的党中央,依旧积极稳妥、坚定有力地推动中国社会的现代化进程,在全面建设小康社会进程中扎实创新,把中国特色社会主义不断推向前进。

中共十八大以来,以习近平为核心的党中央,勇于担当,直面问题,通过深化各个领域的改革、创新,解决了许多长期想解决而没有解决的难题,办成了许多过去想办而没有办成的大事,使党和国家事业发生历史性变革,推动中国特色社会主义进入了新时代。当前,中国人民比历史上任何时期都更接近、更有信心和能力实现中华民族伟大复兴中国梦的目标!

在这一过程中,中国经历了许许多多的艰难与困苦,失败与挫折,也取得了不少令世人瞩目的成功。在中国共产党的领导下,中国人民在前人未及的社会主义建设道路上摸索前进,这一过程充满了艰辛,要实现国家强盛、人民富裕、政治民主的理想,没有一点艰苦奋斗的精神,没有一个坚定的政治领导,没有一个稳定的政治局面,没有对中国革命传统的弘扬,是难以顺利完成这一前所未有的壮举的。因此,以自力更生、艰苦奋斗、实事求是、统一战线、为人民服务为突出特色的延安精神,既已成为中国共产党人精神传统的组成部分和思维特征,也必然成为新时代影响中国特色社会主义现代化建设的重要精神资源。

二次飞跃:延续奋斗精神

1949年,当中国共产党终于取得胜利时,除了它身上所体现出来的共产主义文化与精神外,它还向全体中国人和国际社会展现出了全新的精神风貌。这就是在长期革命斗争中形成的英雄主义传统,被中国共产党人奉为中国革命胜利的法宝——延安精神。几乎所有的中国共产党人都深受这一革命传统的影响,他们既把延安精神看作壮丽的革命年代的象征,也把延安精神看作应该永远继承的革命遗产。

如前所述,我们将延安精神的基本内涵大致概括为:以艰苦奋斗为特色,以实事求是为原则,以党的建设为保证,以服务人民为宗旨,以统一战线为力量五个方面。这五个方面,相互联系,互为表里,为中国共产党人奠定了中国革命成功的思想与政治基础。中华人民共和国成立以后,党的建设及统一战线两个方面,因为拥有了和平环境而获得了制度性的保证;然而,实事求是的原则、艰苦奋斗的特色和为人民服务的宗旨,更多地属于思维方式、道德品质、精神信仰和基本执政理念的问题,属于意识形态的层面,只有体现在具体的执政实践中才能发挥作用。正是由于坚持对这三方面的继承,中国共产党人形成了自己独有的政治特色,有力地保证了中国共产党人在执政的前30年间奠定社会主义制度的根基,也造就了改革开放40年来中国特色社会主义理论体系的开创及丰富、中国综合国力不断增强和中国社会空前繁荣的新形势。

当全国革命即将胜利之时,为了防止党内出现轻敌浮躁、骄傲自大的思想意识,延安精神的缔造者毛泽东即提醒全党:"夺取全国胜利,这只是万里长征走完了第一步。如果这一步也值得骄傲,那是比较渺小的,更值得骄傲的还在后头。在过了几十年之后来看中国人民民主革命的胜利,就会使人感觉那好像只是一出长剧的一个短小的序幕。剧是必须从序幕开始的,但序幕还不是高潮。中国的革命是伟大的,但革命之后的路程更长,工作更伟大,更艰苦。这一点现在就必须向党内讲明白,务必使同志们继续保持谦虚、谨慎、不骄、不躁的作风,务必使同志们继续保持艰苦奋斗的作风。"[①]在中共中央从西柏坡移往北京的路上,毛泽东曾对周恩来等人说,我们要认真地做好城市接管的一切工作,要让人民看到一个新的政治形象,特别要保持艰苦奋斗、谦虚谨慎的工作作风,我们决不做李自成。[②]

中华人民共和国成立初期,中国共产党人面对着的是战争留下的废墟,经济的极度虚弱和物价飞涨,国民党残余势力仍在活动,不得不卷入朝鲜战争等国内外一系列重大的棘手问题;国内民众期盼着中国共产党人迅速稳定政治、经济和社会秩序,重建家园,不少人甚至怀疑中国共产党人是否具备治

---

① 《在中国共产党第七届中央委员会第二次会议上的报告》(1949年3月5日),《毛泽东选集》(第4卷),人民出版社1993年版,第1438—1439页。

② 中共中央文献研究室编:《毛泽东年谱(1893—1949)》(下卷),中共中央文献出版社2002年版,第469页。

理国家的能力;国外反共及反华势力,更是大肆宣扬中共不久即将失败的舆论,冷眼等待着中国共产党人在国家建设上的失败。

此时,中共的工作中心开始由农村移向城市,由战争移向经济建设。但中国共产党人及其政权本身也存在着一系列的问题,诸如党的群体绝大多数是农民,农民意识在党内影响极大,如"老子打天下""老子坐天下"的传统政治意识;接管城市后管理干部严重不足,对经济运行中的问题缺乏有效的解决手段,只能将一部分军队干部转业并充实到这一领域,同时利用旧政权原有公务员进行管理;在农村基层,主要依靠缺乏训练的当地干部进行管理,在取得很大成绩的土地改革中,也出现了相当严重的"左"倾错误等。这些都严重地影响着中国共产党人的执政能力。

在此情况下,一方面尽快地建立起社会主义制度,稳定物价,恢复经济建设,安定民心;一方面清除各种反动势力,恢复社会秩序,这的确是当时中国共产党人不太擅长、比革命战争更为复杂的工作。要在艰苦的环境中开拓前所未有的社会主义建设事业,没有一点儿干劲,一种精神,不设法凝聚党心与民心,是难以从困难中走出来的。

具有革命优良传统的中国共产党人,此时高度评价以延安精神为代表的革命传统,并以之对广大青少年和群众展开精神素质的教育。中共中央十分清楚,延安精神既体现了中国共产党人在革命战争年代创造的一系列制度方面的经验,也包括了中国共产党人所信仰的建设社会主义事业的价值观念,还包括了中国共产党人在革命过程中形成的思想方法与领导方法。这三个方面是一个紧密联系的有机体,无法将其截然分开。延安精神是在革命年代中国共产党自身建设中所取得的理论与实践成果,是中国共产党在毛泽东领导下独立探索党的建设道路而形成的正确的理论原则和实践经验,它的基本内涵同样适用于中国社会主义制度的建设事业。

在各级党支部和党员的指导下,一个发扬战争年代革命精神建设社会主义事业的思想教育运动,在全国范围内展开。这场运动并没有一个固定的、有形的形式,而是融合于一系列的政治、经济和文化运动中,融入日常的思想教育、学校教育和民众宣传中。延安精神成了中国革命的象征,也成了革命传统教育的核心理念。在中国共产党的领导下,全国各族人民全力以赴进行生产恢复,迅速地扭转了经济困难,并展开了工业化的建设。这一时期,在进行抗美援朝战争的同时,中国经济建设的成就也是令人瞩目的,各地基本上控制了物价的上涨,保证了各大城市的粮食及日常用品的供给,社会秩序日益安定。在经济体制方面,"三大改造"顺利完成,公有制体制初步确立,中国在社会主义经济建设的道路上迈出了最初而重要的一大步。1949—1956年间,被多数中国人认为是中华人民共和国成立以来前30年间社会、经济与政治各方面发展最好的时期,是以延安精神为特征的革命传统教育与社会主义思想教育深入人心的时期,也是党心、民心空前团结,凝聚力空前强大的时期。权威的《中国共产党简史》对这一时期的评价是:"在以毛泽东为核心的第一代中央领导集体的领导下,新民主主义革命取得伟大胜利,建立了新中国,并确立了社会主义基本制度。这是中国社会在二十世纪实现的第二次历史性的巨大变化。"[1]

  1956年4月,当社会主义经济建设取得了一系列重大成就后,一些人认为中国社会已进入了社会主义的建设阶段,所取得的成就也表明共产党人不仅可以打天下,也可以治理天下,思想上开始出现松散状况,一些党的干部中出现贪污腐败的现象。这一问题引起了毛泽东主席的高度重视,他及时指出:"我们历来提倡艰苦奋斗,反对把个人物质利益看得高于一切,同时我们也历来提倡关心群众生活,反对不关心群体痛痒的官僚主义。"[2]"根本的是我

---

[1] 中共中央党史研究室:《中国共产党简史》,中共党史出版社2010年版,第86页。
[2] 《论十大关系》(1956年4月25日),《毛泽东文集》(第7卷),人民出版社1999年版,第28页。

们要提倡艰苦奋斗,艰苦奋斗是我们的政治本色。"①"要使全体干部和全体人民经常想到我国是一个社会主义的大国,但又是一个经济落后的穷国,这是一个很大的矛盾。要使我国富强起来,需要几十年的艰苦奋斗的时间,其中包括执行厉行节约、反对浪费这样一个勤俭建国的方针。"②在此,毛泽东对艰苦奋斗精神的阐述已突破思想、道德的领域,上升到了政治层面和大政方针的范畴。

1956—1957年间,国内外形势发生变化,由于主观上希望尽快建成社会主义强国,以抵御苏联及美国的外来压力,同时为共产主义运动开创一条新的道路,1958年前后,毛泽东在政治思想上出现了重大转变,指导思想严重脱离实际,提出了"以阶级斗争为纲"的政治方针,同时违背经济建设本身的规律,放弃了实事求是的思想原则,一味地通过提高生产关系公有化程度的方式来促进生产力的发展,要求展开工农业的"大跃进"运动,"共产风""浮夸风"劲吹,造成了极为严重的经济与社会后果。

面对严重的困难,全党上下决心认真调查研究,纠正错误,调整政策。1960年6月,对各地经济中出现的问题严重性有所顿悟的毛泽东,在《十年总结》一文中说,对于社会主义时期的革命和建设,还有一个很大的未被认识的必然王国,要以10年时间去调查研究它。③ 11月,中央发出《关于农村人民公社当前政策问题的紧急指示信》,要求坚决纠正各种"左"的偏差。1961年1月,中共八届九中全会提出了对国民经济实行"调整、巩固、充实、提高"的八

---

① 《艰苦奋斗是我们的本色》(1956年11月15日),《毛泽东文集》(第7卷),人民出版社1999年版,第162页。

② 《关于正确处理人民内部矛盾的问题》(1957年2月27日),《毛泽东文集》(第7卷),人民出版社1999年版,第240页。

③ 《主动权来自实事求是》(1960年6月18日),《毛泽东文集》(第8卷),人民出版社1999年版,第198页。

字方针。这表明,三年来造成严重后果的"大跃进"运动实际上已被停止,国民经济开始转入调整的新轨道。

在中共八届九中全会上,毛泽东强调要恢复实事求是的优良传统,号召大兴调查研究之风。会后,毛泽东、刘少奇、周恩来、朱德、邓小平等中央领导人带头深入基层调查研究。1961年3月,毛泽东在广州主持起草《农村人民公社工作条例(草案)》(简称"农业六十条")。6月,取消了农村部分供给制和公共食堂。9月,将人民公社的基本核算单位下放到相当于原来初级社规模的生产队。"八字方针"贯彻之初,工业的调整力度不够。9月,中央做出关于当前工业问题的指示,强调必须当机立断,把工业生产和基本建设的指标降到适当的水平上。同时,中央发布试行《国营工业企业工作条例(草案)》(即"工业七十条")。这个条例实行后,国营企业一系列规章制度恢复和建立起来,工业调整有了明显的起色。此后几年间,中共中央大力推行工业化政策,在全国各地建成几十个大中型项目,如三门峡水库、东方红拖拉机厂、长春第一汽车制造厂等,奠定了工业化基础,工业化体系初步形成,经济建设也恢复到了1957年的水平,民众的生活水平开始有所提高。

此后的"文化大革命"十年间,由于政治体制及毛泽东个人的权力集中,整个政治决策体系出现了以政治意志压倒一切,过分强调改变生产关系,无视实事求是原则,忽视生产力发展,忽视人民生活水平的提高等严重问题,使中国经济与社会走到崩溃的边缘。

实践证明,忽视了实事求是的原则,忽视了对生产力发展的关注,忽视了人民群众的利益,不仅在政治体制和决策上会出现严重的偏向,也会严重地影响国家及民族的整体利益。

1978年后,以邓小平为代表的中共第二代领导集体,在纠正了晚年毛泽东的错误路线的基础上,重新恢复和发展党的实事求是原则,果断结束以政治压倒一切的"文化大革命",彻底否定了"以阶级斗争为纲"的极"左"错误路

九、拓展：再创新时期辉煌

线，实施改革开放政策，将以阶级斗争为中心的政策转到以经济建设为中心的社会主义现代化建设道路上来。这一转折，可以说是中国共产党以延安精神的灵魂——实事求是原则对错误路线的自我纠正，是中国社会近百年发展道路上极为关键的一次革命性转变。从此，中国社会走上了正确的发展道路，融入了世界现代化发展的大趋势中。而包含着实事求是原则的延安精神，也再次引起了人们的广泛关注。

"文化大革命"结束后，中国经济与世界发达国家的水平已有相当差距，国家在各方面的建设上缺乏投入，各方面建设均处于极其落后的状况。因此，实现中国经济与社会的现代化，就必然要在落后的基础上埋头苦干，必须要有一种拼搏的精神。

为此，邓小平在不同场合多次阐述道："要有艰苦奋斗的创业精神。我们要搞中国式的现代化，我们还很穷，就是要老老实实地创业，就要吃点苦，否则不可能有今后的甜。人民生活只有随着生产的不断发展，才能得到逐步改善。"[①]邓小平认为："中国搞四个现代化，要老老实实地创业。我们穷，底子薄，教育、科学、文化都落后，这就决定了我们还要有一个艰苦奋斗的过程。"[②]"我们拥有各种有利条件，一定能够赶上世界上先进国家；但是也要认识到，为了缩短和消除两三个世纪至少一个多世纪所造成的差距，必须下长期奋斗的决心。在相当长的一段时间里，我们不能不提倡和实行艰苦创业。""艰苦创业，首先要我们党员、干部，特别是高级干部带头……我们的党员、干部，特别是高级干部，一定要努力恢复延安的光荣传统，努力学习周恩来等同志的

---

① 《在政协全国委员会举行的新年茶话会上的讲话》(1980年1月1日)，《邓小平思想年谱(1975—1997)》，中央文献出版社1998年版，第141页。

② 《目前的形势与任务》(1980年1月16日)，《邓小平文选》(第2卷)，人民出版社1994年版，第257页。

榜样,在艰苦创业方面起模范作用。"①"艰苦奋斗是我们的传统,艰苦朴素的教育今后要抓紧,一直要抓六十至七十年。我们的国家越发展,越要抓艰苦创业。提倡艰苦创业的精神,也有助于克服腐败现象。"②

显然,邓小平特别强调延安精神和艰苦奋斗精神对现代化建设所具有的重大作用。他认为在改革开放进程中,中国共产党人同样不能缺少这种压倒一切困难的精神气概。他继承和发扬毛泽东的有关思想,把艰苦奋斗的精神升华到建设有中国特色社会主义理论的高度,使之成为这一理论的重要组成部分。

1981年11月,邓小平在接见美国财政部长里甘时指出:"建设中国的社会主义,我们的新提法就是建设一个高度文明、高度民主的社会主义国家。所谓高度文明,就是人民要有理想,要个人利益服从整个国家和民族利益,要守纪律,要有道德,要坚持我们历来的艰苦奋斗的传统。"他认为:"中国如果不普遍地提倡艰苦奋斗、勤俭节约,要在本世纪末实现国民生产总值翻两番的目标就不能达到。"③根据这一讲话精神,由中共十二大首次进行概括、十三大进一步完善提出的社会主义初级阶段基本路线,强调"一个中心、两个基本点",明确倡导要发扬自力更生、艰苦创业的精神,并把这一精神作为实现党的战略目标、建设有中国特色社会主义的基本手段。自力更生、艰苦创业的精神,成为新时期党的基本路线的重要内容之一。

在邓小平理论的指引下,短短十几年中,中国社会发生了天翻地覆的变化,从农村开始的联产承包责任制,焕发出了农民巨大的生产热情,农业连续

---

① 《目前的形势与任务》(1980年1月16日),《邓小平文选》(第2卷),人民出版社1994年版,第260页。

② 《在接见首都戒严部队军以上干部时的讲话》(1989年6月9日),《邓小平文选》(第3卷),人民出版社1994年版,第306页。

③ 《邓小平同志谈高度文明和发扬延安精神》,《文献与研究》1985年第5期。

数年实现大丰收,不仅农民生活得到相当程度的改善,也为工业化的进程提供了坚实的基础。这一时期内,由于特区的设立及沿海城市的开放,大量外资及先进技术涌入中国,使中国落后的工业得以直接嫁接先进技术而完成了更新换代。1990年,人均国民生产总值实现了翻一番的目标。这是近代以来中国在现代化建设道路上实现的第二次飞跃。

在对延安精神的理解与阐述上,毛泽东与邓小平是一脉相承的。在中华人民共和国成立初期的十几年间,以毛泽东为首的第一代领导集体,不断强调要把实事求是、艰苦奋斗、为人民服务等延安精神的基本实质,贯彻于全党的政策与方针中,于是取得了经济恢复和社会主义改造的巨大成就,虽然此后有"大跃进""文化大革命"等全局性错误,但这些错误具有时代局限性,是国内外各种因素共同作用的结果。不管如何,中国共产党人的基本精神并没有失传。1978年后,以邓小平为首的第二代领导集体,继承和发扬了延安精神的基本特征,以实事求是的思想原则坚决纠正过去的路线错误,把国家的重心扭转到建设社会主义现代化的道路上来,号召全体党员艰苦奋斗,以提高人民生活、发展国家经济为根本宗旨,全面建设现代化的中国,在短短十几年间,不仅使中国走出了"文化大革命"的阴影,而且实现了中国社会与经济的飞跃。

与时俱进:传承红色基因

1989年后,以江泽民为核心的党的第三代领导集体继续带领全党和全国各族人民进行有中国特色社会主义现代化建设。由于有了前十几年改革开放的经验及在经济与社会各个领域的积累,这一时期中国社会各个方面的建设明显开始呈现出一个加速度发展的趋势。与世界各发达国家经济普遍低迷的情况形成鲜明对比,中国改革开放政策所带来的效应结出了硕果,外资及先进技术的引入大幅增加,工业总产值持续上升,第一、第二、第三产业的比例及结构不断得到调整,各项经济指标持续上涨,国民生产总值(GDP)以年均近8%的速度增长,人民生活及生存环境也得到改善。2000年,中共中央宣布实现了建设小康社会的目标。

不过,与此同时,在中国社会发展中也不可避免地产生了一系列新的矛盾与问题。如因产业调整而产生的下岗、失业问题,因管理机制滞后而造成的福利保险跟不上的问题,因社会分配机制而带来的贫富差距问题,因经济发展不平衡、地理、交通等因素而造成的城乡差距、东西部差距、南北部差距的问题,一些中共党员干部也在现实的物质诱惑面前失去立场,沦为腐败分子,引起了民众的不满情绪。特别是"苏东事件"后,在由共产党执政的苏联及东欧社会主义国家,共产党纷纷下台,在世界范围内引起了巨大的震动。此时,中国共产党人向何处去?中国共产党如何保持执政党的地位?如何继续赢得人民的充分信任?如何在为人民服务的同时率领中国人民实现国家现代化的既定目标?这些都成为摆在第三代领导集体面前的重大课题。

针对上述情况,江泽民告诫全党:"要把中国的事情办好,关键取决于我们党,取决于党的思想、作风、组织、纪律状况和战斗力、领导水平。"[①]通过持续发展生产力、继续繁荣中国社会,维护人民长期以来对党形成的信任,这就需要全体党员干部在具体的工作中必须坚持实事求是的思想原则,必须继续保持一种艰苦创业的精神,必须始终牢记为人民服务的宗旨。

正是在这个意义上,1989年9月,刚刚成为第三代领导集体核心的江泽民总书记出京考察的第一站就选择在了陕西省延安市。这一行动具有十分重要的政治意义。他说:"自力更生、艰苦奋斗的延安精神没有过时,抗日战

---

① 江泽民:《在新的历史条件下,我们党如何做到"三个代表"》(2000年2月25日),中共中央党史研究室编:《"三个代表"与面向21世纪的中国共产党》,中共中央党校出版社2001年版,第11页。

争、解放战争的艰苦岁月要发扬延安精神;社会主义初级阶段,也离不开延安精神。否则,我们的社会主义是很难建成的。"①江泽民多次重申中国共产党人必须要有艰苦奋斗的精神:"我们党和军队是靠艰苦奋斗起家的,也是靠艰苦奋斗不断发展壮大起来的。今天我们搞社会主义现代化建设,同样要靠艰苦奋斗。"②"艰苦奋斗是我们党的优良传统,在改革开放的新形势下必须发扬光大。"③"对于共产党员和各级干部来说,保持和发扬艰苦奋斗的精神,说到底是牢固树立和坚持马克思主义的世界观、人生观问题。只有从根本上解决世界观、人生观问题,牢固树立群众观点,党的艰苦奋斗的好传统才能在自己的思想上和作风上真正扎根。"④正是以这样的思想原则、工作作风和执政宗旨要求全体党员和干部,才有效地保证了中国共产党的坚强有力,进而实现了中国经济的全面腾飞。到1995年,我国经济提前实现2000年比1980年翻两番的既定目标。

在多年工作经验的基础上,以江泽民为主要代表的中国共产党人形成了"三个代表"重要思想。2000年2月,江泽民总书记在广东省视察时指出:"总结我们党七十多年的历史,可以得出一个重要的结论,这就是:我们党所以赢得人民的拥护,是因为我们党在革命、建设、改革的各个历史时期,总是代表着中国先进生产力的发展要求,代表着中国先进文化的前进方向,代表着中国最广大人民的根本利益,并通过制定正确的路线方针政策,为实现国家和

---

① 《江泽民强调发扬延安精神》,《人民日报》1989年9月15日。

② 江泽民:《必须把思想政治建设摆在全国各项建设的首位》(1994年12月18日),《十四大以来重要文献选编》(中册),人民出版社1997年版,第1129页。

③ 江泽民:《深入进行群众观点和群众路线的教育》(1995年12月5日),《论党的建设》,中央文献出版社2001年版,第193页。

④ 江泽民:《大力发扬艰苦奋斗的精神》(1997年1月29日),《论党的建设》,中央文献出版社2001年版,第246页。

人民的根本利益而不懈奋斗。"①

"三个代表"重要思想是对延安精神的继承与发扬。因为只有坚持实事求是的原则,才能清楚地把握世界与中国经济的动向,选择最为适宜的政策,以适应先进生产力和先进文化发展方向的要求;只有坚持党的为人民服务的宗旨,一切从人民群众的利益出发,才能在具体工作中解决实际的问题,才能真正代表中国最广大人民的根本利益;要做到这些,艰苦奋斗的精神同样不可缺少。2002年4月初,江泽民在陕西省考察时,再次访问延安。他指出:"延安精神,体现了我们党马克思主义政党的性质,体现了我们党与时俱进的思想风范,体现了我们党与人民同呼吸、共命运的优良作风,体现了中国共产党人一往无前的奋斗精神。无论过去、现在与未来,延安精神都不能丢。全党同志,一定要结合新的实际,大力弘扬延安精神,使延安精神成为我们党在新世纪团结和带领人民不断开创有中国特色社会主义事业新局面的强大精神动力,使延安精神永放光芒。"②这实际上也表达了他对新世纪中国共产党人的殷切期望。

2002年11月,中共十六届一中全会选举产生了以胡锦涛为总书记的新的中央领导集体,继续带领中国人民在现代化道路上阔步前进。

中共十六大至十八大的十年间,国家进入改革发展的关键时期。经济体制深刻变革,社会结构深刻变动,利益格局深刻调整,思想观念深刻变化。这种空前的变革和变化,给国家发展进步带来巨大活力的同时,也必然带来新问题。这些问题主要有:经济结构不合理和粗放型经济增长方式还没有根本改变;城乡、区域、经济社会发展不够协调;人口资源环境压力加大;就业、社

---

① 江泽民:《在新的历史条件下,我们党如何做到"三个代表"》(2000年2月25日),中共中央党史研究室编:《"三个代表"与面向21世纪的中国共产党》,中共中央党校出版社2001年版,第11—12页。

② 《结合新实际大力弘扬延安精神,开创新世纪改革发展生动局面》,《人民日报》2002年4月3日。

会保障、教育、医疗等民生问题比较突出。

面对这样的客观实际,以胡锦涛为总书记的党中央,团结带领全国各族人民,在全面建设小康社会的征程上,继续取得了一系列巨大发展成就。十年间,中国的经济总量大幅增长。2011年,我国国内生产总值从2002年的12.03万亿元增加到47.3万亿元,扣除价格因素,增长1.5倍,年均增长10.7%,远高于同期世界经济3.9%的平均增速,经济总量从世界第六位上升到第二位;占世界经济的份额由4.4%提高到10%左右,对世界经济增长的贡献率年平均超过20%。2011年,我国人均国内生产总值达到35083元,扣除价格因素,比2002年增长了1.4倍,年均增长10.1%;按照平均汇率折算,由2002年的1135美元上升至2011年的5432美元。不仅如此,我国的经济发展还呈现出产业结构调整持续推进、城乡及区域结构逐步改善、基础设施和基础产业快速发展、节能减排取得明显进展等"质"的特点。[①] 经济的快速增长,为稳步推进各项事业奠定了雄厚的物质基础。载人航天等科技领域取得突破性进步,社会主义和谐社会建设稳步推进,2008年北京奥运会和2010年上海世博会等国际盛会的成功举办,均彰显了重新崛起于世界的中华民族的力量和风采。

必须看到的是,上述成就是中国共产党带领全体中国人民在国际国内各种风险、困难和挑战频现的情况下取得的。2003年2月至6月,正当各地区各部门按照党的十六大部署大力推进各项事业时,非典型肺炎(简称"非典")病疫灾害在我国爆发。2008年5月12日,四川汶川发生了中华人民共和国成立以来破坏性最强、波及范围最广、救灾难度最大的一次特大地震,震级达里氏8级,最大烈度达11度,余震3万多次,波及10个省区市的417个县(市、区)、4667个乡(镇)、48810个村庄,造成69227人遇难、17923人失踪,直

---

① 林兆木:《取得新的历史性成就的十年》,《光明日报》2012年11月20日。

接经济损失8523多亿元。从2007年开始的美国次贷危机,到2008年演化成一场全球性的金融危机,其来势之猛、扩散之快、影响之深,实属罕见。

多难兴邦,多难砺党。不可否认,上述艰难险阻给人民群众生命财产、国家经济社会发展均造成了巨大损失和影响,但它们也犹如一块块"试金石",试出了进入新世纪的中国共产党人对弘扬以延安精神为代表的革命传统的坚定不移,试出了中国共产党人全心全意为人民服务的宗旨和本色。

中国共产党的伟大,不在于不犯错误,而在于勇敢直面问题、善于解决问题,这是一种强烈的责任担当。2003年7月,在全国防治非典工作会议上,胡锦涛讲道:"艰难困苦,玉汝于成。人类总是在经历和战胜一次又一次的磨难中前进的。抗击非典的艰苦斗争,使我们党和我国人民又一次经受了战斗的洗礼和考验。一个聪明的民族,从灾难和错误中学到的东西会比平时多得多。反思我国非典疫情发生和我们防治非典的过程,既有成功经验,也有深刻教训。总结经验,有利于我们更好推进各项工作。汲取教训,也是我们改进工作的重要途径,而且往往是更重要的途径。通过抗击非典斗争,我们比过去更加深刻地认识到,我国经济发展和社会发展、城市发展和农村发展还不够协调;公共卫生事业发展滞后,公共卫生体系存在缺陷;突发事件应急机制不健全,处理和管理危机能力不强;一些地方和部门缺乏应对突发事件的准备和能力,极少数党员、干部作风不实,在紧急情况下工作不力、举措失当。我们要高度重视存在的问题,采取切实措施加以解决,真正使这次防治非典斗争成为我们改进工作、更好推动事业发展的一个重要契机。"①

胡锦涛恳切的讲话,反映出"非典"这场突发性灾害引起了党和政府对影响经济社会发展的突出矛盾和问题的思考。2003年4月,胡锦涛考察广东时

---

① 《把促进经济社会协调发展摆到更加突出的位置》(2003年7月28日),《胡锦涛文选》(第2卷),人民出版社2016年版,第65页。

提出要坚持全面发展观。同年8月底至9月初,他在江西考察时明确使用"科学发展观"概念,指出要牢固树立协调发展、全面发展、可持续发展的科学发展观。10月,中共十六届三中全会通过的《关于完善社会主义市场经济体制若干问题的决定》,第一次在党的正式文件中完整地提出了科学发展观,要求"坚持以人为本,树立全面、协调、可持续的发展观,促进经济社会和人的全面发展"[①]。至此,以胡锦涛为主要代表的中国共产党人已经初步形成科学发展观这一重大战略思想。

科学发展观,深刻认识和回答了新形势下实现什么样的发展、怎样发展的问题,其核心是"以人为本"。2008年12月,面对国际金融危机所导致的经济增长速度迅速下滑的经济形势,胡锦涛在中央经济工作会议上强调:"越是困难时刻,越要高度关注民生。"[②]为此,中共中央积极准备各方面应对措施,使中国在世界上率先实现经济回升向好,保持了经济平稳较快发展的总体态势,就业规模持续扩大,城乡居民收入不断增加,社会保障体系建设成效日益显著,进而从根本上保证了民生。这也表明,发展是中国共产党执政兴国的第一要务。科学发展观,将坚持以人为本、全面协调可持续的科学发展作为第一要义,切实代表了中国最广大人民的根本利益,与时俱进地体现了中国共产党的性质和宗旨。

科学发展观"最鲜明的精神实质"是"解放思想、实事求是、与时俱进、求真务实",显然与延安精神之精髓一脉相承。胡锦涛高度重视发扬延安精神。2006年1月,他在延安考察工作时指出:"延安精神是我们党的性质和宗旨的集中体现,是我们党的优良传统和作风的集中体现,是中国共产党人崇高品

---

① 中共中央党史研究室:《中国共产党的九十年》,中共党史出版社、党建读物出版社2016年版,第896—898页。

② 《越是困难时刻,越要高度关注民生》(2008年12月8日),《胡锦涛文选》(第3卷),人民出版社2016年版,第145页。

德和伟大情怀的集中体现。革命战争年代需要大力弘扬延安精神,和平建设时期也需要大力弘扬延安精神。在全面建设小康社会的伟大征程中,我们要把延安精神作为凝聚人心、团结奋进的强大动力,作为战胜困难、夺取胜利的重要法宝,让延安精神放射出新的时代光芒。"①

也正是在践行科学发展观和弘扬延安精神的过程中,中共中央不断推进执政党自身建设。党的十六大作出了开展保持共产党员先进性教育活动的决定,并提出"加强党的执政能力建设"的命题,要求各级党组织和领导干部必须不断提高科学判断形势的能力、驾驭市场经济的能力、应对复杂局面的能力、依法执政的能力、总揽全局的能力。② 2004年9月,中共十六届四中全会通过了《关于加强党的执政能力建设的决定》,提出要"通过全党共同努力,使党始终成为立党为公、执政为民的执政党,成为科学执政、民主执政、依法执政的执政党,成为求真务实、开拓创新、勤政高效、清正廉洁的执政党",要"不断提高驾驭社会主义市场经济的能力,发展社会主义民主政治的能力,建设社会主义先进文化的能力,构建社会主义和谐社会的能力,应对国际局势和处理国际事务的能力"。③ 强调提升执政能力,反映出中国共产党人居安思危的忧患意识。胡锦涛曾提醒全党:"一个政党过去先进不等于现在先进,现在先进不等于永远先进;党的领导核心地位不是一劳永逸的,过去拥有不等于现在拥有,现在拥有不等于永远拥有。我们说忧党,首先要严肃认真思考

---

① 《毛泽东、邓小平、江泽民、胡锦涛论延安精神》,人民网,网址:http://dangjian.people.com.cn/GB/15558971.html。

② 江泽民:《全面建设小康社会,开创中国特色社会主义事业新局面》(2002年11月8日),中共中央文献研究室编:《十六大以来重要文献选编》(上册),中央文献出版社2011年版,第39、41页。

③ 《中共中央关于加强党的执政能力建设的决定》(2004年9月19日中国共产党第十六届中央委员会第四次全体会议通过),中共中央文献研究室编:《十六大以来重要文献选编》(中册),中央文献出版社2011年版,第273、276页。

九、拓展:再创新时期辉煌

这个问题,而且一定要想清楚、想明白,从而更加自觉、更有成效地把党建设好。"①这也表明,中国共产党人对于延安时期民主人士提出的"历史周期率"问题的思考,一刻也没有停止过。

加强执政党建设、提高党的执政能力,从根本上讲,还是要与时俱进地发扬党的革命优良传统。十六大闭幕不久,2012年12月5日至6日,胡锦涛率领中央书记处全体成员,冒雪到西柏坡考察和学习。1947年3月,由延安转移出来的中共中央辗转至此。在这里的两年间,毛泽东等人指挥了中国革命的最后决战,建立了新中国。1949年3月,中共七届二中全会在西柏坡召开,毛泽东发表了著名的讲话,要求在中国革命胜利后,全党要"务必使同志们继续地保持谦虚、谨慎、不骄、不躁的作风,务必使同志们继续地保持艰苦奋斗的作风"②。参观学习、重温"两个务必"之后,胡锦涛讲话指出:"历史和现实都表明,一个没有艰苦奋斗精神作支撑的民族,是难以自立自强的;一个没有艰苦奋斗精神作支撑的国家,是难以发展进步的;一个没有艰苦奋斗精神作支撑的政党,是难以兴旺发达的。""我们党是靠艰苦奋斗起家的,也是靠艰苦奋斗发展壮大、成就伟业的。没有艰苦奋斗,就没有我们党今天的局面。艰苦奋斗作为我们党的优良传统和作风,作为我们马克思主义政党的政治本色,是凝聚党心民心,激励全党和全体人民为实现国家富强、民族振兴共同奋斗的强大精神力量,是我们党保持同人民群众血肉联系的一个重要法宝。""越是改革开放和发展社会主义市场经济,越要弘扬艰苦奋斗精神。即使将来我们国家发达了,人民生活富裕了,艰苦奋斗精神也不能丢。那种认为艰苦奋斗是老一套、已经过时了的想法是错误的,也是很有害的。"他还提出了

---

① 《增强忧患意识,把党建设好》(2007年12月17日),《胡锦涛文选》(第3卷),人民出版社2016年版,第11页。

② 《在中国共产党第七届中央委员会第二次全体会议上的报告》(1949年3月5日),《毛泽东选集》(第4卷),人民出版社1993年版,第1438—1439页。

"权为民所用,情为民所系,利为民所谋"的重要论断。①

艰苦奋斗是延安精神的特色。胡锦涛在履新之初就来到革命圣地延安,并在讲话中把"艰苦奋斗"这一中国共产党的红色基因作为主题,不仅反映了他及新的中央领导集体不忘革命传统的根本宗旨,而且还在于强调在中国经济高速增长的同时,必须清醒地认识到中国现代化进程中的困难,在强化执政党的组织与制度建设的同时,还必须强化党的思想建设及作风建设,只有在全党树立起中国革命时期的延安精神、西柏坡精神等价值观念,才能一以贯之地保持党的强大战斗力,进而保证党的执政地位和政治稳定。

在推动全党贯彻落实科学发展观以加强党的执政能力建设过程中,以胡锦涛为总书记的中共中央,尤其重视在全党树立求真务实的作风。2003年11月,针对一些领导干部"工作的出发点不是更多为群众办实事、谋实利,而往往是考虑个人得失,热衷于上项目、铺摊子,搞华而不实、劳民伤财的'形象工程'"问题,胡锦涛讲话强调:各级领导班子要"树立正确政绩观","说到底就是要忠实实践党的宗旨"。"要实事求是,按客观规律办事,坚持讲真话、办实事、求实效,不盲目攀比;要深入实际,深入群众,脚踏实地,艰苦奋斗,不搞花架子;要顾全大局、统筹兼顾,立足当前、着眼长远,不急功近利。"②2004年1月,胡锦涛在十六届中央纪委第三次全体会议上,专门讲了在全党大力弘扬求真务实精神、大兴求真务实之风的问题。他指出:"这个问题对推进党和国家各项工作,包括推进党风廉政建设和反腐败斗争,是一个十分重要而又具有基础性、根本性意义的问题。""在全党大力弘扬求真务实精神、大兴求真务实之风,关键是要引导全党同志不断求我国社会主义初级阶段基本国情之

---

① 《在西柏坡学习考察时的讲话》(2002年12月6日),《胡锦涛文选》(第2卷),人民出版社2016年版,第6—7、9页。

② 《树立正确政绩观》(2003年11月27日),《胡锦涛文选》(第2卷),人民出版社2016年版,第121页。

真,务坚持长期艰苦奋斗之实;求社会主义建设规律和人类社会发展规律之真,务抓好发展这个党执政兴国的第一要务之实;求人民群众的历史地位和作用之真,务发展最广大人民根本利益之实;求共产党执政规律之真,务全面加强和改进党的建设之实。"①

2007年1月,胡锦涛在十六届中央纪委第七次全体会议上,围绕加强党的作风建设问题,提出领导干部在工作中要大力倡导八个方面的良好风气,即勤奋好学、学以致用;心系群众、服务人民;真抓实干、务求实效;艰苦奋斗、勤俭节约;顾全大局、令行禁止;发扬民主、团结共事;秉公用权、廉洁从政;生活正派、情趣健康。② 这一年秋天,中国共产党第十七次全国代表大会即将召开。会议准备期间,胡锦涛强调:这次大会的主题"要鲜明回答我们党应该以什么样的精神状态继续开拓奋进的问题"。他说:"精神状态问题,是关系党和国家事业发展的大问题。"要全面落实科学发展观,"最要紧的就是大力弘扬求真务实、锐意进取的精神。这就是要求全党同志继续解放思想、实事求是、与时俱进,大兴求真务实之风,牢固树立艰苦奋斗、扎实奋斗、顽强奋斗、不懈奋斗的昂扬精神。"③面对国家发展的重要战略机遇期,胡锦涛强调倡导八个方面的良好风气,树立求真务实、锐意进取的精神状态,实际上都是要求全党切实继承并发扬以延安精神为代表的优良革命传统。

中共十七大以后,新一届中央领导集体带领全党在应对国际金融危机等重大挑战和完成抗震救灾等重大任务的实践中,经受住了考验,赢得了人民群众的广泛赞誉。但与此同时,一些不容忽视的生产安全事故、食品药品安

---

① 《求真务实》(2004年1月12日),《胡锦涛文选》(第2卷),人民出版社2016年版,第151、156页。
② 《大力倡导八个方面的良好风气》(2007年1月9日),《胡锦涛文选》(第2卷),人民出版社2016年版,第550—558页。
③ 《关于党的十七大的主题》(2007年3月2日),《胡锦涛文选》(第2卷),人民出版社2016年版,第579页。

全事件、重大群体性事件相继出现,严重影响了社会和谐稳定,损害了党和政府的形象。2009年1月,胡锦涛在十七届中央纪委第三次全体会议上指出:一系列事故和事件的发生"不是偶然的,突出反映出一些领导干部作风不正问题相当严重。""领导干部作风问题,说到底是党性问题。""党性是作风的内在根据,作风是党性的外在表现,作风和党性相互影响、相互作用。党性纯洁则作风端正,党性不纯则作风不正。"在讲话中,胡锦涛再一次强调了发扬艰苦奋斗精神和求真务实作风的问题。他说:"艰苦奋斗是中华民族传统美德,是我们党的传家宝,是凝聚人心、战胜困难的强大力量。无论我国经济发展到什么水平、物质条件改善到什么程度,艰苦奋斗的好传统都不能丢。在当前形势下,坚持艰苦奋斗具有十分重要的现实意义。各级领导干部要牢记我国基本国情,牢记'两个务必',大力发扬艰苦奋斗精神,牢固树立过紧日子的观念,勤俭办一切事业,带头执行中央有关精简经费开支的要求,带头反对铺张浪费和大手大脚,带头抵制享乐主义和奢靡之风,真正把有限的资金和资源用在刀刃上,用在发展经济和改善民生上,以优良作风带领广大党员、群众迎难而上,锐意改革,共克时艰。"胡锦涛还指出:"加强党性修养,树立和弘扬优良作风,关键是要坚持求真务实、真抓实干。""还是那句老话:不干,半点马克思主义也没有。"①

2011年7月,在庆祝中国共产党成立90周年大会上,胡锦涛讲话指出:"我们党保持和发展马克思主义政党先进性的根本点是:坚持解放思想、实事求是、与时俱进,以科学态度对待马克思主义,用发展着的马克思主义指导新的实践,坚持真理、修正错误,坚定不移走自己的路,始终保持党开拓前进的精神动力;坚持为了人民、依靠人民,诚心诚意为人民谋利益,从人民群众中

---

① 《党性修养是每个领导干部的终身课题》(2009年1月13日),《胡锦涛文选》(第3卷),人民出版社2016年版,第196—197、203—205页。

汲取智慧和力量,始终保持党同人民群众的血肉联系;坚持任人唯贤、广纳人才,以事业感召、培养、造就人才,不断增加新鲜血液,始终保持党的蓬勃活力;坚持党要管党、从严治党,正视并及时解决党内存在的突出问题,始终保持党的肌体健康。"①党在长期领导的革命、建设、改革的伟大实践中所取得的这些宝贵经验,与延安精神的内涵实质完全相同。这也充分表明,延安精神的形成与继承绝不是偶然的,内中所蕴含着的思想理论与政治实践的合理性才是其强大生命力所在。

在庆祝大会上,胡锦涛同时告诫全党:"必须清醒地看到,在世情、国情、党情发生深刻变化的新形势下,提高党的领导水平和执政水平、提高拒腐防变和抵御风险能力,加强党的执政能力建设和先进性建设,面临许多前所未有的新情况、新问题、新挑战,执政考验、改革开放考验、市场经济考验、外部环境考验是长期的、复杂的、严峻的。精神懈怠的危险,能力不足的危险,脱离群众的危险,消极腐败的危险,更加尖锐地摆在全党面前,落实党要管党、从严治党的任务比以往任何时候都更为繁重、更为紧迫。"②这充分说明,结合新形势加强党的建设永无止境,从严管党、治党永无止境。因此,在与时俱进地继承、运用、升华延安精神,完善自身进而强国安邦的道路上,中国共产党仍任重而道远。

筑梦强国:开启新的时代

2012年11月15日,在中共十八届一中全会上,时年59岁的习近平当选

---

① 《在庆祝中国共产党成立九十周年大会上的讲话》(2011年7月1日),《胡锦涛文选》(第3卷),人民出版社2016年版,第528页。

② 《在庆祝中国共产党成立九十周年大会上的讲话》(2011年7月1日),《胡锦涛文选》(第3卷),人民出版社2016年版,第528页。

为中共中央总书记,成为首位在中华人民共和国成立后出生的中共最高领导人。经历了以毛泽东、邓小平、江泽民为核心的三代中央领导集体和以胡锦涛为总书记的党中央领导集体后,走过90余年历程的中国共产党迎来新的领航人。此时,中国进入全面建成小康社会的决定性阶段,接过历史接力棒的习近平走到了中国政治舞台中央;同时,作为世界第二大经济体的领导人,他也站到了世界舞台的前沿。如何领导拥有8200多万党员的世界最大政党以更好地为人民服务?如何带领13亿中国人民为实现"两个一百年"伟大目标而奋斗?如何引领中国为世界和平与发展做出应有贡献?全中国、全世界都把目光投向了习近平。[1]

在十八届中央政治局常委同中外记者见面时,习近平表示:"全党同志的重托,全国各族人民的期望,是对我们做好工作的巨大鼓舞,也是我们肩上的重大责任。"在谈到对人民的责任时,习近平用朴实而真挚的语言指出:"人民对美好生活的向往,就是我们的奋斗目标。"[2]不久后,他和其他中央政治局常委一起参观了"复兴之路"展览,提出"实现中华民族伟大复兴,就是中华民族近代以来最伟大的梦想"[3]。为带领全国各族人民实现伟大的"中国梦",以习近平为核心的党中央始终与群众心心相印、同甘共苦、团结奋斗,取得的巨大成就被人民所认可,为世界所瞩目。

"办好中国的事情,关键在党。中国特色社会主义最本质的特征是中国

---

[1] 《"人民群众是我们力量的源泉"——记中共中央总书记习近平》,《习近平谈治国理政》,外文出版社2014年版,第423—424页。

[2] 《人民对美好生活的向往,就是我们的奋斗目标》(2012年11月15日),《习近平谈治国理政》,外文出版社2014年版,第3—4页。

[3] 《实现中华民族伟大复兴是中华民族近代以来最伟大的梦想》(2012年11月29日),《习近平谈治国理政》,外文出版社2014年版,第36页。

共产党领导,中国特色社会主义制度的最大优势是中国共产党领导。"①就任党的总书记伊始,习近平作出了"打铁还需自身硬"的庄严承诺。② 2014年10月,习近平在党的群众路线教育实践活动总结大会上提出"全面推进从严治党"。③ 同年12月,他在江苏调研时首次提出"四个全面"概念,"全面从严治党"成为"四个全面"战略布局的重要组成部分,被提升到一个新的战略高度。习近平这样解释"全面从严治党"的内涵:"全面从严治党,核心是加强党的领导,基础在全面,关键在严,要害在治。""'全面'就是管全党、治全党","覆盖党的建设各个领域、各个方面、各个部门,重点是抓住'关键少数'。""'严'就是真管真严、敢管敢严、长管长严。'治'就是从党中央到省市县党委,从中央部委、国家机关部门党组(党委)到基层党支部,都要肩负起主体责任,党委书记要把抓好党建当作分内之事、必须担当的职责;各级纪委要担负起监督责任,敢于瞪眼黑脸,勇于执纪问责。"面对世情、国情、党情的深刻变化,习近平坚定指出:"全面从严治党永远在路上。"④他还告诫全党:"治国必先治党,治党务必从严。如果管党不力、治党不严,人民群众反映强烈的党内突出问题得不到解决,那我们党迟早会失去执政资格,不可避免被历史淘汰。"⑤

十八大以来,以习近平为核心的中共中央,与时俱进地开启了一段加强党的自身建设的新征程。2012年12月,中央政治局会议审议通过了改进工

---

① 习近平:《在庆祝中国共产党成立九十五周年大会上的讲话》(2016年7月1日),中共中央党史和文献研究院编:《十八大以来重要文献选编》(下),中央文献出版社2018年版,第355页。

② 《人民对美好生活的向往,就是我们的奋斗目标》(2012年11月15日),《习近平谈治国理政》,外文出版社2014年版,第4页。

③ 习近平:《在党的群众路线教育实践活动总结大会上的讲话》(2014年10月8日),人民出版社单行本,第1页。

④ 习近平:《在第十八届中央纪律检查委员会第六次全体会议上的讲话》(2016年1月12日),人民出版社单行本,第16—17页。

⑤ 《不忘初心,继续前进》(2016年7月1日),《习近平谈治国理政》(第2卷),外文出版社2017年版,第43页。

作作风、密切联系群众的"八项规定"。习近平一针见血地指出了改进工作作风的本质要求。在十八届中央纪委第二次全体会议上,他强调:工作作风上的问题绝对不是小事,如果不坚决纠正不良风气,任其发展下去,就会像一座无形的墙把我们党和人民群众隔开,我们党就会失去根基、失去血脉、失去力量。抓改进工作作风,各项工作都很重要,但最根本的要坚持和发扬艰苦奋斗精神。① 同毛泽东、邓小平、江泽民、胡锦涛一样,作为全党领袖的习近平也多次强调艰苦奋斗问题。十九大报告要求"全党一定要保持艰苦奋斗、戒骄戒躁的作风,以时不我待、只争朝夕的精神,奋力走好新时代的长征路"②。在2018年春节团拜会上,习近平又这样阐释"奋斗"的特点:"奋斗是艰辛的,艰难困苦、玉汝于成,没有艰辛就不是真正的奋斗,我们要勇于在艰苦奋斗中净化灵魂、磨砺意志、坚定信念。奋斗是长期的,前人栽树、后人乘凉,伟大事业需要几代人、十几代人、几十代人持续奋斗。奋斗是曲折的,'为有牺牲多壮志,敢教日月换新天',要奋斗就会有牺牲,我们要始终发扬大无畏精神和无私奉献精神。奋斗者是精神最为富足的人,也是最懂得幸福、最享受幸福的人。"③

为了坚持和发扬艰苦奋斗的作风,以习近平为核心的党中央在落实"八项规定"方面率先垂范,以上率下,通过紧盯年节假期,遏制"舌尖上的浪费",刹住"车轮上的腐败",整治"会所里的歪风","八项规定"成为妇孺皆知的政治语汇,在神州大地上荡涤起一股激浊扬清的净化之风,刹住了一些曾被认

---

① 《习近平在第十八届中央纪委第二次全体会议上发表重要讲话》,中央纪委监察部网站,网址:http://www.ccdi.gov.cn/special/dscqthy/dechyhg_dscqthy/201410/t20141024_29294.html。

② 习近平:《决胜全面建成小康社会,夺取新时代中国特色社会主义伟大胜利——在中国共产党第十九次全国代表大会的报告》(2017年10月18日),《中国共产党第十九次全国代表大会文件汇编》,人民出版社2017年版,第56页。

③ 习近平:《在2018年春节团拜会上的讲话》(2018年2月14日),人民网,网址:http://politics.people.com.cn/n1/2018/0214/c1024-29824599.html。

为难以刹住的歪风邪气,攻克了一些曾被认为司空见惯的顽瘴痼疾。天价月饼、天价粽子基本消失了,风景名胜区里的会所少见了,价格畸高的名烟名酒得到了遏制,一些高档酒店也推出了平民餐;干部普遍反映,应酬少了,精气神也饱满了。广大人民群众在一个又一个细节、一件又一件小事中感受到了切切实实的变化。截至2017年6月底,全国累计查处违反中央"八项规定"精神问题17万多起,处分13万多人。平均每天因违反中央"八项规定"精神被查处的问题超过100起。截至2016年12月在查处的15.53万起违反"八项规定"精神的问题中,违纪行为发生在2013—2014年的占78.2%,发生在2015年的占15.1%,发生在2016年的仅占6.7%。增量不断减少,充分表明中央"八项规定"精神在常和长、严和实、深和细中不断落地生根。①

在以作风建设破题的同时,中共中央还以重拳反腐破局,以党内监督为重要抓手,以建章立制、固本培元,在深入推进党的建设新的伟大工程方面,交出了一份为人民所满意、为世界所叹服的答卷。

2012年12月6日,四川省委原副书记李春城因涉嫌严重违纪接受调查。这是党的十八大以后落马的第一位省部级干部。然而,这仅仅是一个开端。2014年6月14日,全国政协原副主席苏荣因涉嫌严重违纪违法接受组织调查;6月30日,中央政治局会议给予中央军委原副主席徐才厚开除党籍处分;7月29日,中央决定对中央政治局原常委、中央政法委原书记周永康严重违纪问题立案审查;12月22日,全国政协原副主席、中央统战部原部长令计划因涉嫌严重违纪接受组织调查。2015年7月30日,中央政治局会议给予中央军委原副主席郭伯雄开除党籍处分……党中央重拳反腐的决心和勇气、惩贪去恶的雷霆之势,一次次刷新了人们的认识。"打虎"无禁区,截至2016年

---

① 《形成反腐败斗争压倒性态势——党的十八大以来全面从严治党成就综述》,新华网,网址:http://www.xinhuanet.com/politics/2017-08/16/c_1121494957.htm。

底,中央纪委共立案审查中管干部240人,打破所谓"刑不上大夫"的猜想;"拍蝇"零容忍,全国纪检监察机关给予纪律处分超过119万人,打破所谓"法不责众"的观念;"猎狐"撒天网,从90多个国家和地区追回外逃人员近3000人,释放"天网恢恢、虽远必追"的强烈信号。2016年,全国纪检监察机关接到的检举控告类信访举报比2015年下降17.5%,实现党的十八大以来首次回落;同年,在高压态势之下,有5.7万名党员主动向组织交代了自己的问题。"反腐败斗争压倒性态势已经形成"——2016年底,中央对形势作出最新判断,不敢腐的目标已经初步实现。

查处违纪党员干部、打击腐败分子卓有成效,与党内监督方式方法的不断改革创新紧密相关。巡视监督的震慑效应不断放大,派驻监督的"探头"作用充分发挥。十八大至十九大期间,中央共开展12轮巡视,对277个党组织进行了"政治体检",对16个省区市开展"回头看",对4个单位进行"机动式"巡视,实现党的历史上首次一届任期内中央巡视全覆盖。各省区市党委也完成对8362个地方、部门、企事业单位党组织的全面巡视任务。中央纪委立案审查的中管干部案件中,超过60%的问题线索来自巡视。根据巡视移交的问题线索,各地纪检监察机关立案厅局级干部1225人,县处级干部8684人。中央纪委还设立47家派驻纪检组,实现对139家中央一级党和国家机关派驻监督全覆盖。实现全面派驻后的2016年,中央纪委派驻纪检组共谈话函询2600件次,立案780件,给予纪律处分730人,分别增长134%、38%、56%。

扎牢制度之笼,是开展制度治党的根本保障。从出台《中国共产党廉洁自律准则》,提出党员和党员领导干部努力践行的高标准,到修订《中国共产党纪律处分条例》,明确划出纪律底线;从出台首部党内问责条例《中国共产党问责条例》,实现问责工作的制度化、程序化,到修订《党政领导干部选拔任用工作条例》、印发《关于防止干部"带病提拔"的意见》等,打造从严治吏、严格干部选拔任用的完整链条。十八大以来的5年间,中央共出台或修订近80

部党内法规,超过现有全部党内法规的四成,全面从严治党越来越有规可循、有据可依。

此外,2013年下半年至2014年,自上而下分批开展党的群众路线教育实践活动;2015年起,在县处级以上领导干部中开展"三严三实"专题教育;2016年全面启动"两学一做"学习教育,2017年将"两学一做"学习教育常态化、制度化。这些党内教育活动,为思想建党打造了牢固根基。①

十八大以来,抓铁有痕、踏石留印般的全面从严治党,成为国家经济社会持续发展的根本保证。据国家统计局数据显示,2013年至2016年,我国国内生产总值年均增长7.2%,高于同期世界2.6%和发展中经济体4%的平均增长水平,平均每年增量44413亿元(按2015年不变价计算)。在此期间,我国对世界经济增长的平均贡献率达到30%左右,超过美国、欧元区各国和日本贡献率的总和,居世界第一位。2016年,我国国内生产总值已达到74万亿元(折合11.2万亿美元),为2012年的1.32倍,占世界经济总量的14.8%,比2012年提高3.4个百分点,稳居世界第二位。经济的稳步发展,使得民生持续改善。一方面,居民生活水平不断提高。2016年,全国居民人均可支配收入为23821元,比2012年增加7311元,年均实际增长7.4%。2017年上半年,居民人均可支配收入同比实际增长7.3%,超过国内生产总值增速0.4个百分点,超过人均国内生产总值增速0.9个百分点。消费升级步伐也随之加快。2016年,全国居民恩格尔系数为30.1%,比2012年下降2.9个百分点,接近联合国划分的20%至30%的富足标准;交通通信、教育文化娱乐、医疗保健支出占居民消费支出的比重分别比2012年提高2.0、0.7和1.3个百分点。另一方面,精准扶贫、精准脱贫成效显著。按每人每年2300元(2010年不变

---

① 《形成反腐败斗争压倒性态势——党的十八大以来全面从严治党成就综述》,新华网,网址:http://www.xinhuanet.com/politics/2017-08/16/c_1121494957.htm。

价)的农村贫困标准计算,2016年农村贫困人口为4335万人,比2012年减少5564万人;贫困发生率下降到4.5%,比2012年下降5.7个百分点。2013年至2016年,贫困地区农村居民人均可支配收入年均实际增长10.7%,比全国农村居民人均可支配收入实际增长快2.7个百分点,贫困地区农民收入增长快于全国。①

以上数据,仅是十八大以来党中央治国理政业绩的一个缩影。综合国力的持续增强,是中国共产党团结带领全国各族人民、各界人士齐心奋斗的结果。在此过程中,习近平及中共中央对统一战线工作的认识也不断深化。2015年5月,习近平表示:"人心向背、力量对比是决定党和人民事业成败的关键,是最大的政治。统战工作的本质要求是大团结大联合,解决的就是人心和力量问题。这是我们党治国理政必须花大心思、下大气力解决好的重大战略问题。"②同时颁布施行的《中国共产党统一战线工作条例(试行)》明确指出:"统一战线是夺取革命、建设、改革事业胜利的重要法宝,是增强党的阶级基础、扩大党的群众基础、巩固党的执政地位的重要法宝,是全面建成小康社会、加快推进社会主义现代化、实现中华民族伟大复兴中国梦的重要法宝。"③三个"重要法宝"的论断,既体现了统战工作的历史脉络,又彰显出统战工作的时代特色。

显著执政成就的取得、对党执政规律认识的深化,是与以习近平为主要代表的中国共产党人矢志不渝地坚持实事求原则是分不开的。2012年5月,

---

① 中华人民共和国国家统计局:《新理念引领新常态,新实践谱写新篇章——党的十八大以来我国经济社会发展成就辉煌》(2017年10月10日),中华人民共和国国家统计局网站,网址:http://www.stats.gov.cn/tjsj/zxfb/201710/t20171010_1540653.html。

② 《深刻认识做好新形势下统战工作的重大意义》(2015年5月18日),《十八大以来重要文献选编》(中),中央文献出版社2016年版,第556页。

③ 中共中央印发《中国共产党统一战线工作条例(试行)》,中共中央统一战线工作部网站,网址:http://www.zytzb.gov.cn/tzb2010/zyjssy/201709/1e7604c6746b463bb448f207b6bce144.shtml。

时任中央党校校长的习近平,在春季学期第二批入学学员开学典礼上,作了"坚持实事求是的思想路线"的专题讲话。他说:"实践反复证明,坚持实事求是,就能兴党兴国;违背实事求是,就会误党误国。"面对众多领导干部,他提出:"没有调查就没有发言权,没有调查也没有决策权。"①2013年12月26日,在纪念毛泽东同志诞辰120周年座谈会上,习近平进一步指明了新形势下坚持实事求是的基本要求。他强调:"实事求是,是马克思主义的根本观点,是中国共产党人认识世界、改造世界的根本要求,是我们党的基本思想方法、工作方法、领导方法。不论过去、现在和将来,我们都要坚持一切从实际出发,理论联系实际,在实践中检验真理和发展真理。"坚持实事求是,就要深入实际了解事物的本来面貌,就要清醒认识和正确把握我国仍处于并将长期处于社会主义初级阶段这个基本国情,就要坚持为了人民利益坚持真理、修正错误,就要不断推进实践基础上的理论创新。②

牢牢把握住了实事求是这一马克思主义中国化理论成果的精髓和灵魂,中共中央从实际出发,适时对国家所处的历史方位和社会主要矛盾作出新的准确判断。2017年10月,中国共产党第十九次全国代表大会胜利召开。十九大报告指出:"中国特色社会主义进入新时代,我国社会主要矛盾已经转化为人民日益增长的美好生活需要和不平衡不充分的发展之间的矛盾。"③大会高度评价了中共十八届中央委员会的工作,认为五年来"改革开放和社会主义现代化建设取得了历史性成就","以习近平同志为核心的党中央以巨大的

---

① 《习近平:坚持实事求是的思想路线》,人民网,网址:http://theory.people.com.cn/GB/49150/17999246.html。

② 习近平:《在纪念毛泽东同志诞辰120周年座谈会上的讲话》(2013年12月26日),人民出版社2013年版,第15—17页。

③ 习近平:《决胜全面建成小康社会,夺取新时代中国特色社会主义伟大胜利——在中国共产党第十九次全国代表大会上的报告》(2017年10月18日),《中国共产党第十九次全国代表大会文件汇编》,人民出版社2017年版,第9页。

政治勇气和强烈的责任担当,提出一系列重大举措,推进一系列重大工作,解决了许多长期想解决而没有解决的难题,办成了许多过去想办而没有办成的大事,推动党和国家事业发生历史性变革。"①

是什么力量在新时代赋予以习近平为主要代表的中国共产党人巨大的政治勇气和强烈的责任担当?是坚如磐石的理想信念。习近平把理想信念比作共产党人精神上的"钙",指出:"没有理想信念,理想信念不坚定,精神上就会'缺钙',就会得'软骨病'。"②在庆祝中国共产党成立95周年大会上,习近平要求全党"永远保持建党时中国共产党人的奋斗精神,永远保持对人民的赤子之心。一切向前走,都不能忘记走过的路;走得再远、走到再光辉的未来,也不能忘记走过的过去,不能忘记为什么出发"。他提出:"面向未来,面对挑战,全党同志一定要不忘初心、继续前进。"坚持做到这一点,就要坚定理想信念。"革命理想高于天。""党是否坚强有力,既要看全党在理想信念上是否坚定不移,更要看每一位党员在理想信念上是否坚定不移。"③在中共十九大上,习近平报告指出:"不忘初心,方得始终。中国共产党人的初心和使命,就是为中国人民谋幸福,为中华民族谋复兴。这个初心和使命是激励中国共产党人不断前进的根本动力。全党同志一定要永远与人民同呼吸、共命运、心连心,永远把人民对美好生活的向往作为奋斗目标,以永不懈怠的精神状态和一往无前的奋斗姿态,继续朝着实现中华民族伟大复兴的宏伟目标奋勇

---

① 《中国共产党第十九次全国代表大会关于十八届中央委员会报告的决议》(2017年10月24日中国共产党第十九次全国代表大会通过),《中国共产党第十九次全国代表大会文件汇编》,人民出版社2017年版,第58—59页。

② 《紧紧围绕坚持和发展中国特色社会主义学习宣传贯彻党的十八大精神》(2012年11月17日),《习近平谈治国理政》,外文出版社2014年版,第15页。

③ 《不忘初心,继续前进》(2016年7月1日),《习近平谈治国理政》(第2卷),外文出版社2017年版,第32—35页。

前进。"①

十九大报告对中国共产党人初心和使命的阐述,充分体现出"全心全意为人民服务"这一党的根本宗旨和根本价值取向。"一切国家机关工作人员,无论身居多高的职位,都必须牢记我们的共和国是中华人民共和国,始终要把人民放在心中最高的位置,始终全心全意为人民服务,始终为人民利益和幸福而努力工作。"②习近平在十三届全国人大一次会议上的讲话,铿锵有力,彰显了大国领袖的为民情怀,也让世界再次看到中国共产党"为中国人民谋幸福,为中华民族谋复兴"的初心和使命。

据中央组织部统计,截至 2016 年底,中国共产党党员总数达到 8944.7 万名。③ 这样一个大党,怎样才能深刻理解自己的"初心"并"不忘初心"?关键就在于从党带领广大人民群众浴血革命的艰辛历程中找寻精神财富。历史反复表明,中国共产党人的理想信念之所以能够历久弥坚,很大程度上缘于始终继承并发扬以延安精神为代表的优良革命传统。前文已述,以艰苦奋斗为特色,以实事求是为原则,以党的建设为保证,以服务人民为宗旨,以统一战线为力量,是延安精神的基本内涵。十八大以来,以习近平为核心的党中央治国理政的理念及行动,处处闪耀着延安精神的光芒。这让人民群众切实感到:中国共产党艰苦奋斗的政治本色、全心全意为人民服务的宗旨、实事求是并直面问题的勇气担当始终没有改变而且永远不会改变。新时代中国共产党人不仅没有忘"延安精神"这个"本",而且始终致力于在前人基础上将它

---

① 习近平:《决胜全面建成小康社会,夺取新时代中国特色社会主义伟大胜利——在中国共产党第十九次全国代表大会上的报告》(2017 年 10 月 18 日),《中国共产党第十九次全国代表大会文件汇编》,人民出版社 2017 年版,第 1—2 页。

② 《十三届全国人大一次会议在京闭幕》,人民网,网址:http://lianghui.people.com.cn/2018npc/n1/2018/0321/c417507-29879340.html。

③ 《中国共产党党员 8944.7 万名基层党组织 451.8 万个》,人民网,网址:http://renshi.people.com.cn/n1/2017/0630/c139617-29375663.html。

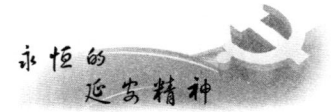

进一步发扬光大。

对于延安精神,习近平的体会是切实的,领悟是深刻的。1969年初,作为知青的习近平来到延安地区延川县梁家河村插队,一干就是7年。在陕北,他深深地受到这片红色热土所具有之精神气质的浸染。他曾说过,7年上山下乡的生活让自己懂得了什么叫实际,什么叫实事求是,什么叫群众。[①] 2007年,经过多年基层和地方工作历练的习近平,当选为中共中央政治局常委,担任中央书记处书记兼中央党校校长。随后,他又担任中华人民共和国副主席和中央军委副主席。2009年11月,他在陕西调研时强调结合新的实际弘扬延安精神,指出:"伟大的延安精神教育滋养了几代中国共产党人,始终是凝聚人心、战胜困难、开拓前进的强大精神力量。弘扬延安精神,要把坚定正确的政治方向放在第一位,牢记全心全意为人民服务宗旨,坚持解放思想、实事求是、与时俱进,始终牢记'两个务必',保持延安时期那么一种忘我精神、那么一股昂扬斗志、那么一种科学精神,为建设和发展中国特色社会主义不懈奋斗。"[②]

当选为中共中央总书记后,习近平曾先后到延安、井冈山等革命圣地考察。2018年10月31日,在十九大胜利闭幕一周之际,习近平带领新一届中央政治局常委专程赶赴上海和嘉兴,瞻仰中共一大会址、南湖红船这两个具有重要标志意义的中国革命原点。站在红船前,习近平的讲话语重心长:"全党同志必须坚持全心全意为人民服务的根本宗旨,不断带领人民创造更加幸福美好的生活;牢记共产主义远大理想,坚定中国特色社会主义共同理想,一步一个脚印向着美好未来和最高理想前进;始终保持谦虚谨慎、不骄不躁的

---

① 中央党校采访实录编辑室:《习近平的七年知青岁月》,中共中央党校出版社2017年版,第422页。

② 《"平语"近人——习近平谈革命战争年代的红色精神》,新华网,网址:http://www.xinhuanet.com/politics/2016-06/30/c_129103280.htm。

作风,不畏艰难、不怕牺牲,为实现'两个一百年'奋斗目标、实现中华民族伟大复兴的中国梦而不懈奋斗。"①

习近平之所以在多种场合阐述对红船精神、井冈山精神、长征精神、延安精神等红色精神的认识,意在让党的革命传统放射出新的时代光芒。他治国兴邦的一大特色,就是既能充分发掘党的革命传统及实践价值,又注重对党在历史上提出的重要命题作出新时代的回应、阐释。基于十八大以来中国经济、政治、文化、社会、生态建设的丰富实践,以习近平为主要代表的中国共产党人,顺应时代发展,创立了习近平新时代中国特色社会主义思想。这一思想与马列主义、毛泽东思想、邓小平理论、"三个代表"重要思想、科学发展观一脉相承,其核心要义是坚持和发展中国特色社会主义,具体体现在它从理论和实践结合上系统回答了新时代坚持和发展什么样的中国特色社会主义、怎样坚持和发展中国特色社会主义这个重大时代课题,回答了新时代坚持和发展中国特色社会主义的总目标、总任务、总体布局、战略布局和发展方向、发展方式、发展动力、战略步骤、外部条件、政治保证等基本问题,并且根据新的实践对经济、政治、法治、科技、文化、教育、民生、民族、宗教、社会、生态文明、国家安全、国防和军队、"一国两制"和祖国统一、统一战线、外交、党的建设等各方面作出理论分析和政策指导,为更好地坚持和发展中国特色社会主义提供了思想武器和行动指南。

习近平新时代中国特色社会主义思想的内涵十分丰富。从本质上讲,习近平新时代中国特色社会主义思想与延安精神在根本宗旨、思想路线上是一致的。这一马克思主义中国化的最新成果,坚持把以人民为中心作为新时代

---

① 《梦想,从这里启航——记习近平总书记带领中共中央政治局常委赴上海瞻仰中共一大会址、赴浙江嘉兴瞻仰南湖红船》,新华网,网址:http://www.xinhuanet.com//politics/2017－11/01/c_1121886406.htm。

坚持和发展中国特色社会主义的根本立场,坚持党对一切工作的领导,并要毫不动摇地把党建设得更加坚强有力。坚持实事求是、调查研究,蕴含着丰富的马克思主义思想方法和工作方法,既是世界观、历史观,也是认识论、方法论。由此可见,习近平新时代中国特色社会主义思想,不仅是对延安精神的升华,而且使延安精神在科学化的层次上进一步深化。在新的历史条件下,深入学习领会习近平新时代中国特色社会主义思想,就是对延安精神的坚定继承;而弘扬以延安精神为代表的革命精神,更是坚持并贯彻习近平新时代中国特色社会主义思想的题中之意。

中国共产党始终代表中国先进文化的前进方向。中国特色社会主义进入了新时代,如何推动社会主义文化的繁荣兴盛,成为至关重要的问题。习近平新时代中国特色社会主义思想,在强调坚持道路自信、理论自信、制度自信的同时,又提出了坚定文化自信。习近平指出:"我们说要坚定中国特色社会主义道路自信、理论自信、制度自信,说到底是要坚定文化自信。文化自信是更基本、更深沉、更持久的力量。"①很显然,"文化自信"中的"文化",是指中国特色社会主义文化。十九大报告指出:"中国特色社会主义文化,源自于中华民族五千多年文明历史所孕育的中华优秀传统文化,熔铸于党领导人民在革命、建设、改革中创造的革命文化和社会主义先进文化,根植于中国特色社会主义伟大实践。"②革命文化是中国特色社会主义文化的重要组成部分,延安精神又是革命文化的重要组成部分。继承并弘扬延安精神,其新时代意义不言自明。

---

① 习近平:《在哲学社会科学工作座谈会上的讲话》(2016年5月17日),人民出版社2016年版,第17页。

② 习近平:《决胜全面建成小康社会,夺取新时代中国特色社会主义伟大胜利——在中国共产党第十九次全国代表大会上的报告》(2017年10月18日),《中国共产党第十九次全国代表大会文件汇编》,人民出版社2017年版,第33页。

九、拓展:再创新时期辉煌

新时代的中国,经济腾飞、科技发展、综合国力日益增强,正处于从"站起来、富起来"到"强起来"的关键历史时期。时代不断变迁,仍有人认为,以延安精神为代表的革命文化及传统早已过时,并不适用于今天。然而,事实绝非如此。2014年10月15日,习近平在北京主持了文艺工作座谈会并发表重要讲话。从讲话的内容不难看出,这次座谈会的召开,有着明确的"问题意识"。习近平在座谈会上讲道:"改革开放以来,我国经济发展很快,人民生活水平提高也很快。同时,我国社会正处在思想大活跃、观念大碰撞、文化大交融的时代,出现了不少问题。其中比较突出的一个问题就是一些人价值观缺失,观念没有善恶,行为没有底线,什么违反党纪国法的事情都敢干,什么缺德的勾当都敢做,没有国家观念、集体观念、家庭观念,不讲对错,不问是非,不知美丑,不辨香臭,浑浑噩噩,穷奢极欲。现在社会上出现的种种问题病根都在这里。这方面的问题如果得不到有效解决,改革开放和社会主义现代化建设就难以顺利推进。"① 在此72年前,中宣部在延安曾召开过一次影响深远的文艺座谈会。毛泽东同志著名的《在延安文艺座谈会上的讲话》,围绕论述文艺工作"为什么人的问题",彰显了中国共产党的性质和宗旨。72年后,为解决中国特色社会主义建设,特别是社会主义文化建设中不容忽视的问题,同样以召开座谈会的形式,习近平明确指出:"社会主义文艺,从本质上讲,就是人民的文艺",要始终"以人民为中心"。人民需要文艺,文艺需要人民,更须热爱人民。② 这是对延安精神的坚定传承和发扬。当前,文艺沦为市场奴隶、沾满铜臭气的危险仍然存在,相关乱象为人民所深恶痛绝。习近平在文艺座谈会上的讲话,浓缩了延安精神的精髓和实质,发出了最广大人民的呼

---

① 习近平:《在文艺工作座谈会上的讲话》(2014年10月15日),中共中央文献研究室编:《十八大以来重要文献选编》(中册),中央文献出版社2016年版,第133—134页。

② 习近平:《在文艺工作座谈会上的讲话》(2014年10月15日),中共中央文献研究室编:《十八大以来重要文献选编》(中册),中央文献出版社2016年版,第127—133页。

声,备受群众的拥护和赞誉。习近平新时代中国特色社会主义思想,坚持用社会主义核心价值观凝聚人心。这一价值观,与延安精神有着一脉相承的精神追求、精神特质、精神脉络。也正因如此,习近平才表示:"要从理论和实践、历史和现实的结合上,加强对社会主义核心价值观内涵的研究阐释","加强中华优秀传统文化和革命文化、社会主义先进文化教育"。①

综上所述,在中国共产党历届领导集体的身上,均可以明显看到中国革命传统教育的影子,可以看到延安精神的代代传承,可以看到毛泽东提出的为人民服务宗旨仍然是今天中国共产党一切政策的根本出发点。通过几代中国共产党人在理论上的数次总结,延安精神已由一种感性的、精神的革命传统文化,演变成为党在新时代锐意进取的理性思考。

延安,这个光辉的名字,成为几十年间历代中国共产党人思想意识上最牢固的纽带。延安,是中国革命的圣地;延安,是传统思想教育的圣城;延安精神,也是中国共产党人时时汲取的最丰富的精神营养的来源。固然,延安精神在不同时代会有不同的内涵及范畴,因而也在不断发展与丰富之中,但在本质性上,实事求是的原则、艰苦奋斗的精神、为人民服务的宗旨,则是中国共产党人永不过时的精神支点。

在中国人民为实现中华民族伟大复兴的中国梦而努力奋斗的新时代,深受延安精神熏陶的中国共产党,仍然会秉承实事求是的原则、艰苦朴素的奋斗精神和为人民服务的基本宗旨,在习近平新时代中国特色社会主义思想的指引下,缔造中华民族光辉灿烂的美好明天。

---

① 《在全国高校思想政治工作会议上的讲话》(2016年12月7日),中共中央文献研究室编:《习近平关于社会主义文化建设论述摘编》,中央文献出版社2017年版,第132页。